Touren für Neugierige

Wander-Geheimtipps

nördlicher Schwarzwald

25 unbekannte Pfade abseits des Trubels

J. BERG

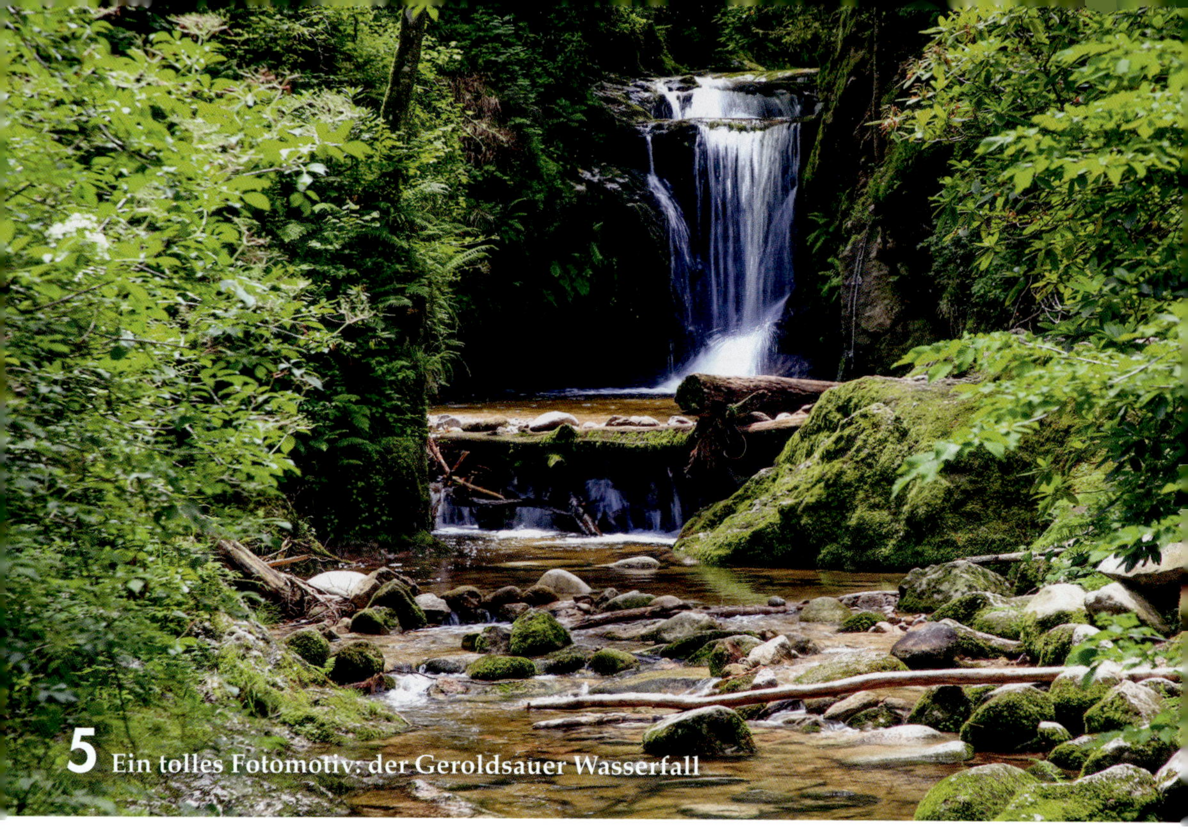

5 Ein tolles Fotomotiv: der Geroldsauer Wasserfall

Inhalt

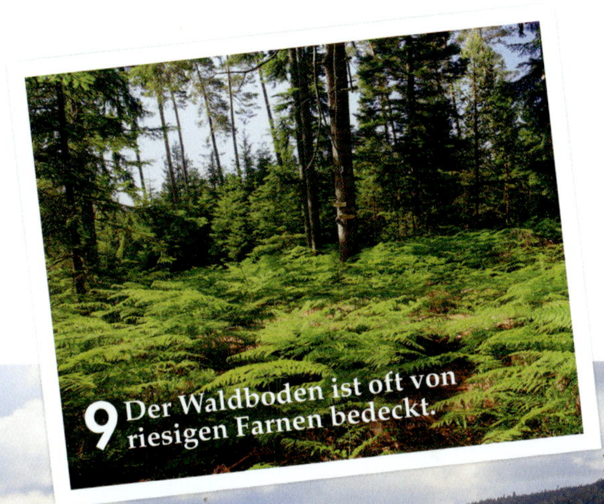

9 Der Waldboden ist oft von riesigen Farnen bedeckt.

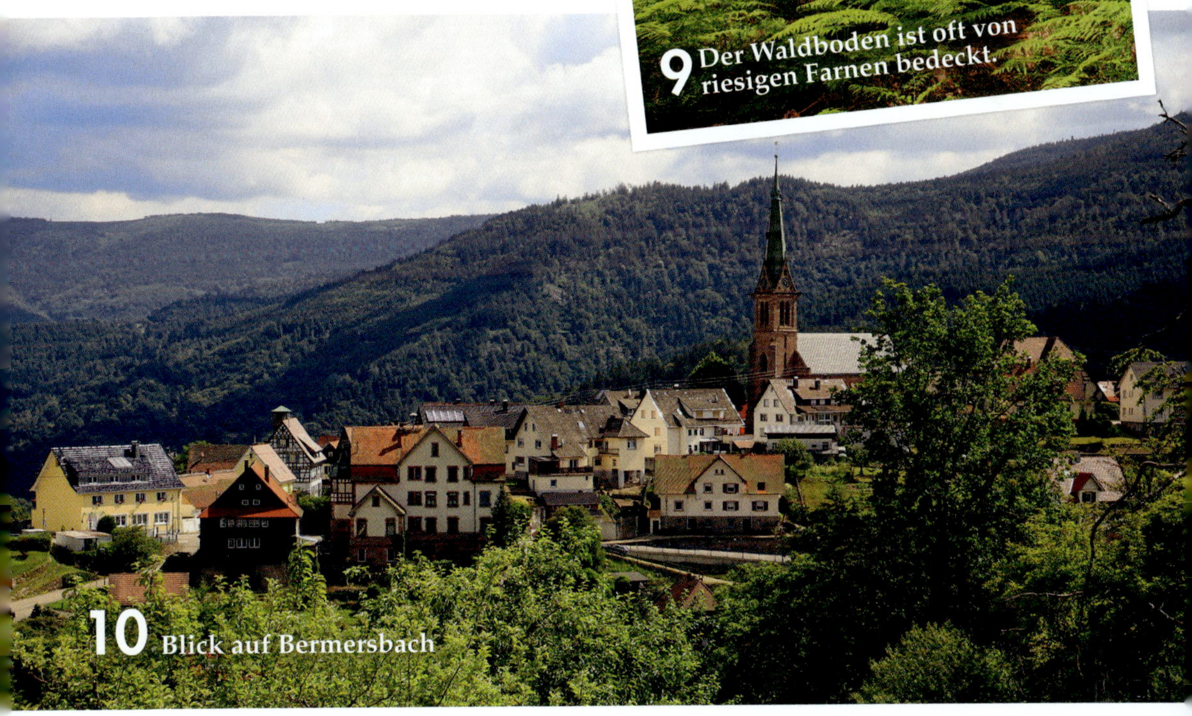

10 Blick auf Bermersbach

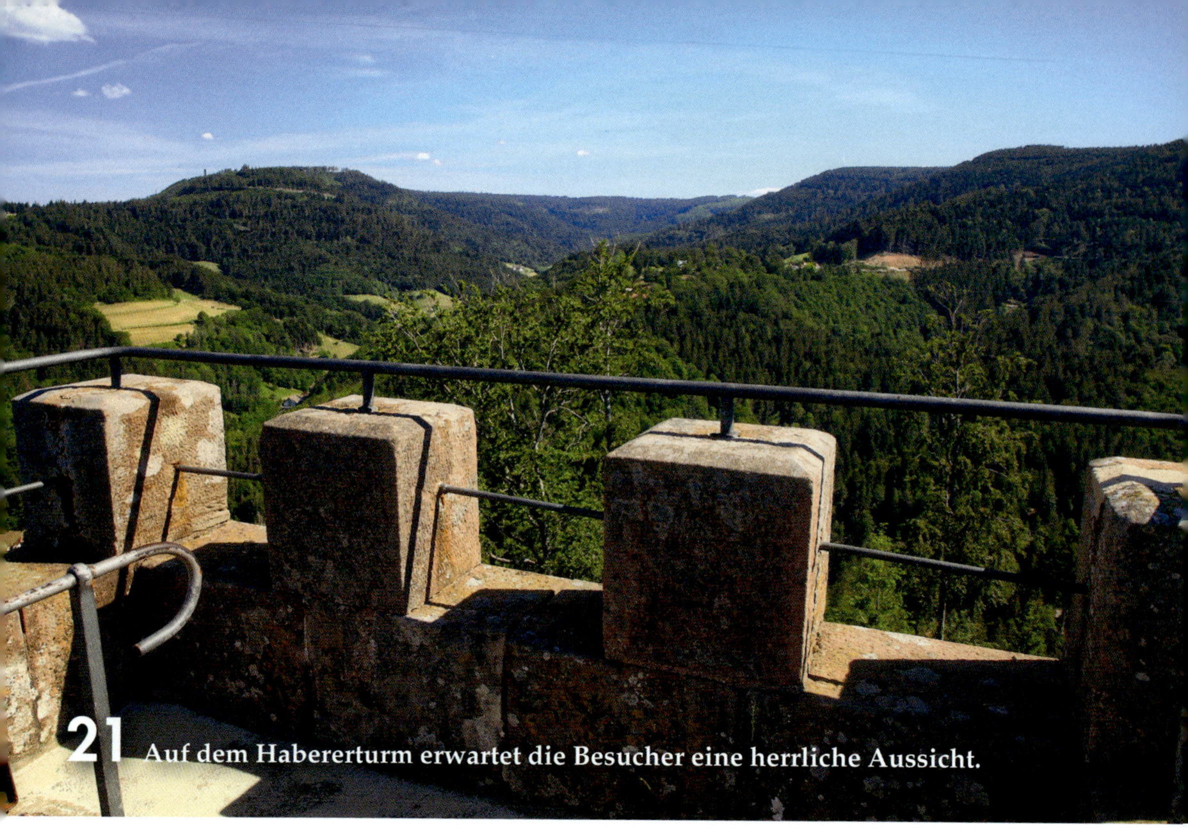

21 Auf dem Habererturm erwartet die Besucher eine herrliche Aussicht.

Tourenüberblick

		Tour	km											
1	•	Bodenfließen im wilden Wald	6	150	1.45	•	•			•	•		•	
2	•	Zu Wasserfall und Aussichtsberg	8,5	170	2.30	•	•		•	•	•		•	
3	•	Rund um den Volzemer Stein	7,8	80	2.10	•	•	•	•	•	•		•	•
4	•	Ein Steinkreis wie in alten Zeiten	8,1	130	2.10	•	•	•	•	•	•		•	
5	•	Schluchtwanderung mit Aussicht	6,8	260	2.15	•	•	•			•		•	
6	•	Murgtaler Felsenrunde	8,4	320	2.40	•	•				•		•	
7	•	Aussicht, Schutzhütten und uriger Wald	8,6	330	2.40	•	•				•		•	
8	•	Um den Meisternkopf zum Riesenstein	11	320	3.15		•	•			•	•	•	
9	•	Wilde Natur und Einkehr im Wald	12,7	370	4	•		•			•		•	
10	•	Urtümliche Steine, Heuhütten und Aussicht	5,7	200	1.45	•	•	•	•	•	•		•	
11	•	Wilder Weg entlang von Heuhütten	3,5	210	1.15	•	•				•		•	
12	•	Durch das Urwalderlebnis Bärlochkar	9,4	260	3		•	•			•		•	
13	•	Ein fast alpiner Weg und eine Burgruine	9,2	240	2.5	•	•	•			•		•	
14	•	Wasserfälle und Weinberge	4,1	240	1.30	•	•	•			•	•	•	
15	•	Für ihn wurde sogar eine Maschine gebaut	12,2	490	4	•	•	•	•		•		•	
16	•	Durch das stille Zinsbachtal	16,5	250	4.30	•		•	•		•		•	
17	•	Karsee und Erinnerung an den Orkan Lothar	8,6	270	2.40	•	•	•	•		•		•	
18	•	Wassererlebnis: Wasserfall und See	7,7	220	2.20		•	•	•		•		•	
19	•	Auf den Spuren des Hofbaumeisters	12,7	160	3.30	•	•	•	•		•		•	
20	•	Von Grenzstein zu Grenzstein	6	60	1.40	•	•	•	•		•		•	
21	•	Auf und Ab mit Aussichtsturm	6,6	330	2.15	•	•	•	•		•		•	
22	•	Hoch zum und um den Glaswaldsee	7,2	270	2.20				•		•			
23	•	Bauernhöfe ohne Zahl	7,7	280	2.20	•	•		•		•			
24	•	Teufelsstein und Aussicht	11	320	3.30	•		•	•		•			
25	•	Vom Kloster zum Aussichtsturm	12,3	360	3.40			•			•		•	

Vorwort

Liebe Leserin, lieber Leser,

Geheimtipps im Schwarzwald? Ja, gibt's die denn noch? Ja, die gibt es! Man muss zwar etwas suchen, aber neben den allbekannten und stark frequentierten Hotspots findet man immer noch stille Pfade, verschwiegene Moore, einsame Aussichtspunkte oder einfach Waldstücke, die unberührt und so belassen sind, wie sie im wahrsten Sinne des Wortes die Natur schuf. Die »Must do's« – ohne an dieser Stelle Namen nennen zu wollen – wurden in das Buch nicht aufgenommen, schließlich kennt jeder die Top-Ziele und beliebten Premiumwanderwege im Schwarzwald. Der Schwarzwald ist einfach ein begehrtes Ziel für Wanderer, nicht nur für die Einheimischen, sondern auch für ein großes Einzugsgebiet in Baden-Württemberg sowie für Besucher aus dem restlichen Deutschland, dem Elsass oder der Schweiz. Und eines der ältesten Urlaubsgebiete ist er sowieso.

In diesem Buch wurde versucht, Kleinode aufzuspüren und Sie dorthin zu leiten. Die Wanderungen führen zu den eher unbekannten Zielen des nördlichen Schwarzwalds, und zwar möglichst auf weniger stark begangenen Wegen. Auf ihnen wird man unter der Woche wohl weitgehend »unter sich« sein. Manchmal will man ja auch alleine sein, sehnt sich nach Ruhe und Besinnlichkeit, möchte nachdenken oder meditieren.

Ab und zu geht es aber nicht ganz ohne Wegstücke, auf denen auch andere Wanderer unterwegs sind, und wenn eines der beliebteren Ziele in der Nähe war, wurde es natürlich miteinbezogen. Wäre ja auch schade drum, wenn man darauf verzichten würde – nicht umsonst erfreuen sich diese Ausflugsziele großer Beliebtheit. Dennoch finden Sie in diesem Buch Wandertipps, die etwas »aus der Reihe tanzen«. Bei den Wegen dorthin wurden nach Möglichkeit die schönen, kleinen Pfade bevorzugt. Aber in einem wirtschaftlich genutzten Waldgebiet ist es nicht zu vermeiden, dass man auch mal auf einer der »Waldautobahnen« wandern muss. Vor allem sonntags kann einem schon der eine oder andere Wanderer begegnen – da darauf geachtet wurde, dass die Wege gut begehbar und nach Möglichkeit vom Schwarz-

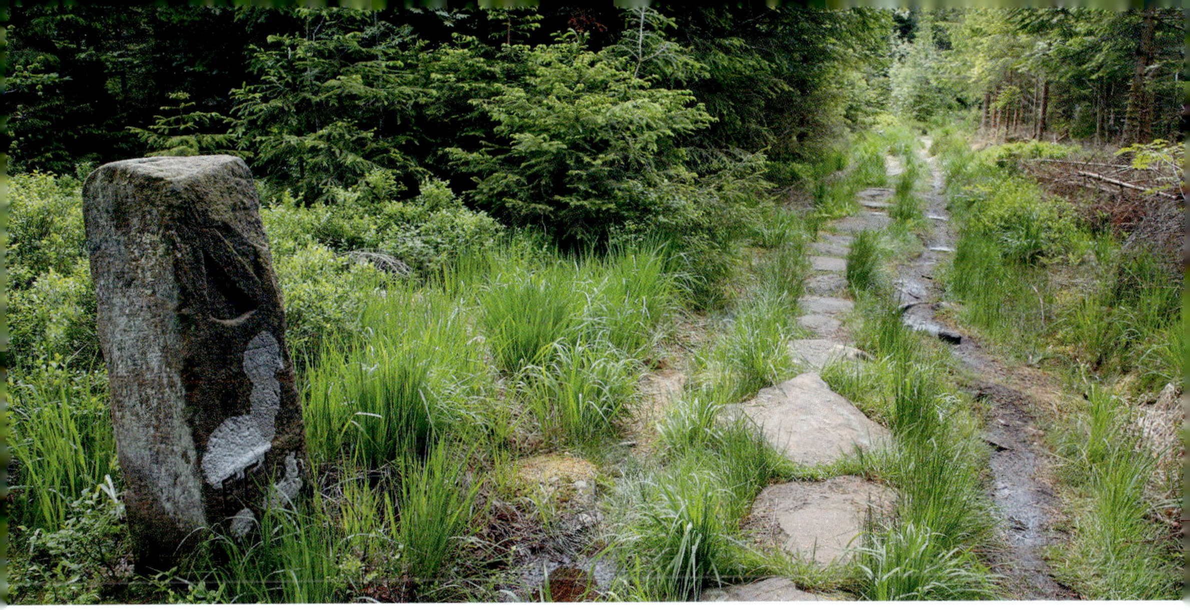

Teilweise wandert man entlang der ehemaligen badisch-württembergischen Grenze – hier ein alter Grenzstein mit dem badischen Wappen.

waldverein markiert sind, verlaufen die Touren nur selten auf wirklich »geheimen« Pfaden. Ungepflegte Wege oder Orientierungsschwierigkeiten wünscht sich ja auch ein Wanderer nicht, der die Waldeinsamkeit sucht.

Ich wünsche Ihnen allzeit gutes Wetter und viele angenehme Begegnungen.

Dieter Buck

Praktische Informationen

Der Schwarzwald gehört nicht nur zu den beliebtesten Ausflugszielen in Baden-Württemberg, sondern ist auch eine der größten Urlaubslandschaften Deutschlands. Er zählt außerdem zu den ersten Gebieten, in denen sich das herausbildete, was früher Sommerfrische genannt wurde – heute bekannt als Tourismus.

Dies hat seinen Grund. Die weiten Wälder, gerade im nördlichen und mittleren Teil des Schwarzwalds, haben schon immer romantisch veranlagte Besucher und Naturfreunde angelockt. Dazu kommen Natursehenswürdigkeiten wie Moore, die an skandinavische Landschaften erinnern, die weiten, baumlosen und vom Wind umtosten Flächen, die Grinden, und am Westabhang eine liebliche Landschaft mit Baumwiesen und Weinbau, deren Klima mild und südlich anmutet. Das Wanderland ist äußerst vielfältig, von kurzen, eher einem Spaziergang ähnelnden Touren bis hin zur gestandenen Tagestour reicht das Spektrum dieses Buches.

Der Schwarzwald

Der Schwarzwald erstreckt sich über eine Länge von beinahe 200 Kilometern parallel zur oberrheinischen Tiefebene. Er reicht von der Vorbergzone mit ihren Weinhängen und dem steilen Westabfall bis an seinen schluchtenreichen Ostrand. Er beginnt im Norden zwischen Ettlingen, Karlsruhe und Pforzheim und endet im Süden bei Lörrach und Waldshut. Während er im Norden etwa 30 Kilometer breit ist, beträgt seine Ausdehnung im Süden immerhin rund 60 Kilometer. Gerade im Norden besitzt er viele waldreiche Berge, die bis an die 1200-Meter-Grenze hinaufreichen, dazwischen findet man die Täler von Enz, Murg und Nagold.

Der Schwarzwald ist nicht nur das höchste Mittelgebirge Süddeutschlands sondern auch das größte zusammenhängende Waldgebiet in Baden-Württemberg. Fast die gesamte Fläche, insgesamt 700 000 Hektar, sind als Naturpark ausgewiesen.

Kleinode im Wald sind die Moore und Moorwälder sowie die Karseen, die sich wie dunkle Augen inmitten der Wälder an den Steilhängen befinden. Sie sind oft nur mit längeren Wanderungen zu erreichen – nicht jedermanns Sache und somit gut geeignet für einen Geheimtipp. Immer wieder kommt man beim Wandern an kleineren und größeren Wasserfällen und Bergbächen vorbei, die eine ganz eigene Idylle entwickeln.

Immer wieder kommt man an alten Bauernhäusern vorbei. Dieses »Austraghaus« für die Eltern des jeweils aktuellen Bauern wird heute als Ferienwohnung genutzt.

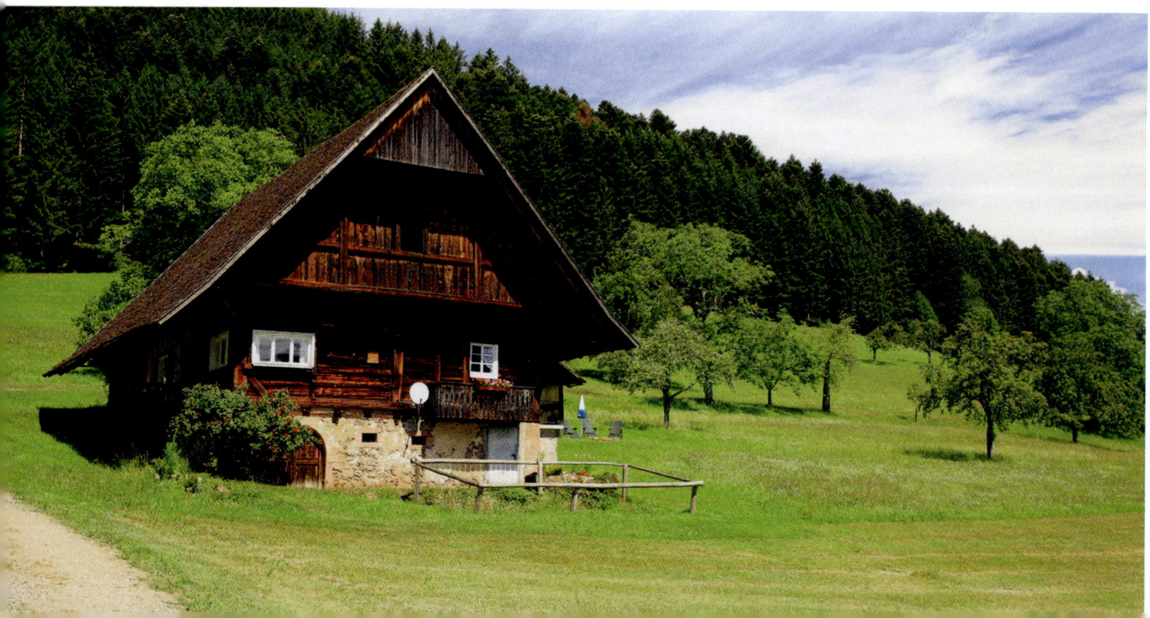

Das Klima des Schwarzwalds zeichnet sich durch größere Regenmengen aus, als man im Land sonst gewohnt ist, und in den Hochlagen und auf den Grindenköpfen mit ihrer Vegetation, die den extremen Witterungsverhältnissen angepasst ist, fühlt man sich fast nach Skandinavien versetzt. Von hier aus hat man oft auch traumhafte Ausblicke über den Schwarzwald und nach Westen über die Rheinebene. Während in den höheren Lagen Wiesen und Wälder vorherrschen, findet man in der Vorgebirgszone Obstgärten und Weinberge.

Naturpark Schwarzwald Mitte/Nord e.V. und Nationalpark Schwarzwald

Der Naturpark Schwarzwald Mitte/Nord ist der größte Naturpark Deutschlands. Er wurde 2006 als erster Naturpark in Baden-Württemberg in einer bundesweiten Aktion als Qualitätsnaturpark ausgezeichnet. Sein Gebiet umfasst den ganzen nördlichen Teil des Schwarzwalds, beginnend mit Karlsruhe im Norden bis zur Südgrenze der Ortenau bzw. der Kinzig, und den nördlichen Teil des Mittleren Schwarzwalds. An seiner Südgrenze geht er nahtlos in den Naturpark Südschwarzwald über. Er ist mit rund 375 000 Hektar der größte Naturpark in Deutschland. Rund 3000 Kilometer Wanderwege durchqueren ihn.

Teilweise berührt man bei den Wanderungen auch den Nationalpark Schwarzwald. 2014 wurde er nach langem Hin und Her gegründet. An manchen Stellen in diesem darf sich die Natur völlig eigenständig entwickeln, einige Wege sind für Besucher auch gesperrt. Im Nationalpark findet man viele Aussichtspunkte und Attraktionen wie Wasserfälle, typische Schwarzwaldbäche, Moore und Grinden, mächtige Bäume und seltene Pflanzen sowie viele seltene, vom Aussterben bedrohte Tierarten. Er besteht aus zwei Teilen, dem 2447 Hektar großen Teilgebiet Nord Hoher Ochsenkopf/Plättig und dem Teilgebiet Süd um den Ruhestein mit einer Größe von 7615 Hektar.

Der besondere Tipp

Selbst auf Geheimtippwanderungen wird man nicht immer alleine sein, denn die Ziele sind – auch wenn sie nicht zu den berühmten Hotspots im Schwarzwald zählen – natürlich auch anderen Menschen bekannt. Insbesondere Einheimische werden sie kennen und lieben. Wer gerne alleine unterwegs ist, geht am besten unter der Woche auf Tour, sofern er dies kann. Ansonsten ist es auch samstags nicht so belebt wie an schönen Sonntagen.

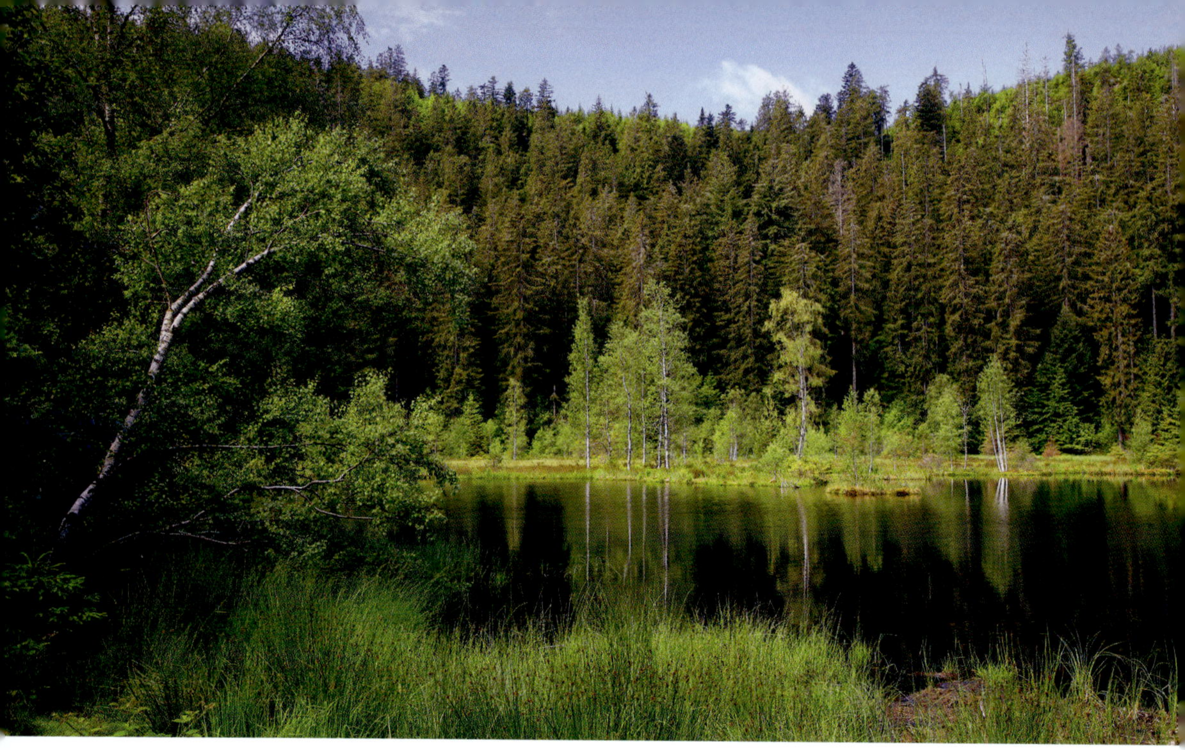

Am Buhlbachsee

Ausrüstung

Was braucht man zum Wandern im Wald? Eigentlich nichts Besonderes, man zieht einfach wandergeeignete Kleidung an: Gut waschbar, bequem und je nach Wetter wind- und regendicht (oder zumindest -abweisend), aber atmungsaktiv. Auch für einen Anorak gilt das. Jeans als Hosen sind, wenn es nicht absolut regensicher ist, weniger geeignet: Sind sie einmal nass, dauert es lange, bis sie wieder trocken sind. Da man auf Waldpfaden manchmal auch auf engen Wegen geht, in die dornige und stachelige Zweige ragen, sollte der Stoff fest sein und nicht gleich kaputtgehen, wenn man mal von einer Brombeere »angegriffen« wird. Gerade bei Geheimtipps, die teilweise auf wenig begangenen Wegen verlaufen, ist dies wichtig. Der Fachhandel hat ein großes Angebot an wandergeeigneter Kleidung auf Lager.

Wichtig sind aber vor allem die Schuhe. Hier sollte man nicht sparen. Gute Wanderschuhe – wasserdicht, sodass man auch einfach mal durch eine Pfütze gehen kann, knöchelhoch und mit einer Sohle, mit der man problemlos über Wurzeln und Steine steigen kann – sind sehr zu empfehlen. Für Kinder, die möglicherweise mitwandern, sind gute, passende Schuhe noch wichtiger. Hier würde man am falschen Platz sparen, es wäre geradezu ein Verbrechen am kindlichen Fuß, dem Nachwuchs nicht das passende Schuhwerk zu besorgen.

Nützlich, vor allem auf den als schwer klassifizierten Touren, sind Teleskopwanderstöcke. Sie bieten nicht nur auf schwierigen Strecken eine gute Unterstützung und Hilfe, sondern entlasten auch beim Bergabgehen die Kniegelenke.

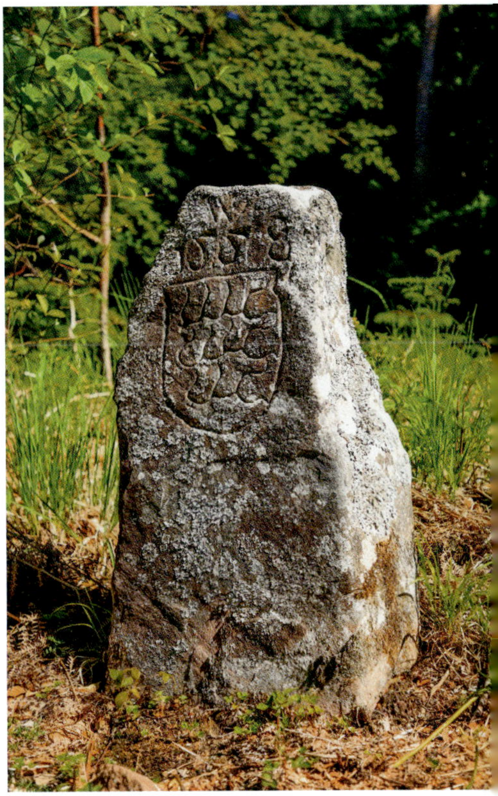

Die Hirschstangen als Wappen weisen auf die württembergischen Herrscher hin.

Als praktisch haben sich schon des Öfteren ein Taschenmesser, eine Schnur und eine Tüte (für den Abfall, aber auch zum Sammeln irgendwelcher Fundstücke, vor allem wenn man Kinder dabeihat) erwiesen. Auch an mögliche Verletzungen sollte man denken. Gerade auf Pfaden hat man sich schnell mal den Fuß vertreten. Eine elastische Binde kann hier Wunder wirken und zumindest den Weg zurück zum Ausgangspunkt ermöglichen. Pflaster oder Verband und ein Desinfektionsmittel sollten im Rucksack auch noch Platz finden.

Einstufung der Touren

Als leicht wurden in diesem Buch solche Touren klassifiziert, die *wirklich* leicht sind: relativ kurze Wanderungen ohne oder mit ganz wenigen Höhenmetern. Ist die Wanderung etwas länger oder bringt sie doch einen mäßigen Höhenunterschied mit sich, wurde sie als mittel eingestuft. Schwer sind die wirklich langen Touren mit den größten Höhenunterschieden, womöglich auf schwierig zu gehenden Pfaden.

Gefahren im Wald

Löwen, Tiger und giftige Spinnen treffen wir in unseren Wäldern zwar nicht an, aber es gibt ein paar Dinge, die in den letzten Jahren an Bedeutung gewonnen haben und über die man sich Gedanken machen sollte.

Der Schwarzwald gilt als Zeckengebiet, und ein Zeckenbiss kann gefährlich werden. Man sollte geschlossene Kleidung tragen und die Hosenbeine in die Schuhe stopfen. Wird man trotzdem gebissen, sollte man in den nächsten Tagen auf Rötungen um die Bissstelle achten – und in diesem Fall zum Arzt gehen. Impfen lassen kann man sich gegen Hirnhautentzündung.

Ursache für eine Infektion mit dem Hantavirus sind oft Rötelmäuse bzw. deren Ausscheidungen. Sie werden beim Wandern zum Beispiel im trockenen Laub aufgewirbelt und der Erreger eingeatmet. Besonders hoch ist die Infektionsgefahr von April bis September.

Informationen

Tourismus GmbH Nördlicher Schwarzwald

Sonnenweg 5
75378 Bad Liebenzell
Tel. 07052/8 169770
www.mein-schwarzwald.de
info@mein-schwarzwald.de

NATURPARK Schwarzwald Mitte/Nord e.V.

Haus des Gastes
Hauptstr. 94
77830 Bühlertal
Tel. 07223/9577150
www.naturparkschwarzwald.de
info@naturparkschwarzwald.de

Tetanus (Wundstarrkrampf) kann man sich durch eine Verletzung und Verunreinigung der Wunde holen. Die meisten Menschen sind wahrscheinlich dagegen geimpft. Auch eine Blutvergiftung (Sepsis) geht auf eine Verletzung zurück. Unbehandelt kann sie zum Tod führen.

Sicherheit auf der Wanderung

Hilfe herbeirufen kann man mit dem Handy. Hat man kein Netz, sollte man das Gerät ausschalten und beim Wiedereinschalten gleich 112 eintippen, anstatt sich in sein eigenes Netz einzuwählen. Wenn man Glück hat, sucht sich das Gerät dann das nächste verfügbare Netz. Sollte es möglich sein, bewirkt ein Standortwechsel oft Wunder.

Orientierung im Wald

Die im Buch abgebildeten Karten sind schon alleine sehr hilfreich. Welches Kartenmaterial man sich dazu besorgen sollte, ist bei den jeweiligen Wanderungen aufgeführt. Sehr nützlich sind auch Apps für das Smartphone. Hier sollte man aber darauf achten, dass man sich aus den jeweiligen Stores solche herunterlädt, die auch ohne Internetverbindung funktionieren. Gut geeignet sind die kostenlosen Apps *MapsMe* und *Phonemaps*. Und wer sich die angebotenen Tracks herunterlädt, hat eh keine Probleme mit der Orientierung.

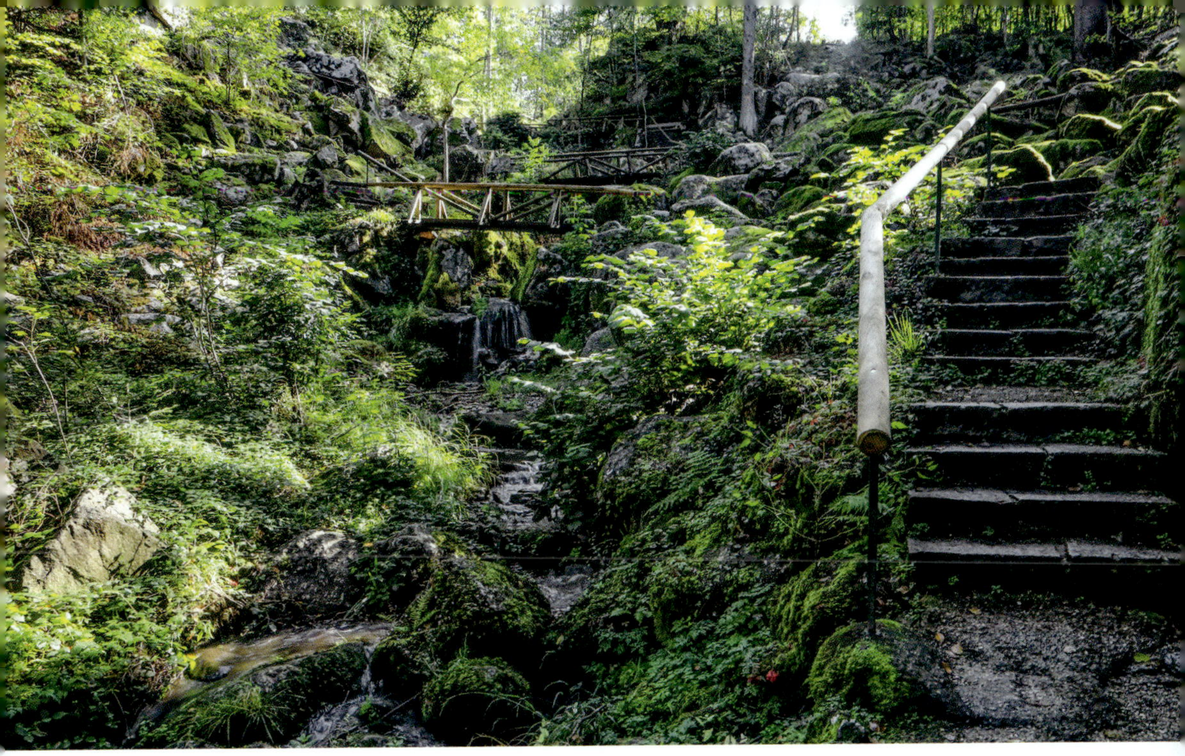

Zeit zum Wandern

In der Gaishölle bei Sasbachwalden

Die Wanderungen in den niederen Bereichen sind bis auf den Hochwinter fast ganzjährig möglich, allerdings sollte man berücksichtigen, dass der Schnee im Frühjahr im Wald länger liegen bleibt und die Wege deshalb zuweilen auch vereiste, glatte Stellen aufweisen können. Die höchsten Punkte werden wohl im Winter nicht zugänglich sein, hier wartet man am besten das Frühjahr ab.

Das Beschilderungssystem im Schwarzwald

Die Beschilderung der Wanderwege ist als Zielwegebeschilderung gestaltet. Man kann ablesen, wo man sich genau befindet, welche Wanderziele in einer bestimmten Richtung liegen und wie weit es dorthin ist. Im Zentrum des Schildes steht der Standort mit Höhenangabe. Das oben stehende Ziel in einer Richtung ist jeweils auch der Name des nächsten Standortes. Darunter folgen interessante Orte oder Sehenswürdigkeiten. Ganz unten steht das Fernziel. Logos verweisen auf Bus- und Stadtbahnverbindungen, Aussichtspunkte oder Einkehrmöglichkeiten. Mittelpunkt des Wegesystems ist die gelbe Raute. Allerdings trägt der Westweg die rote Raute, regional verbindende Wege haben eine blaue Raute.

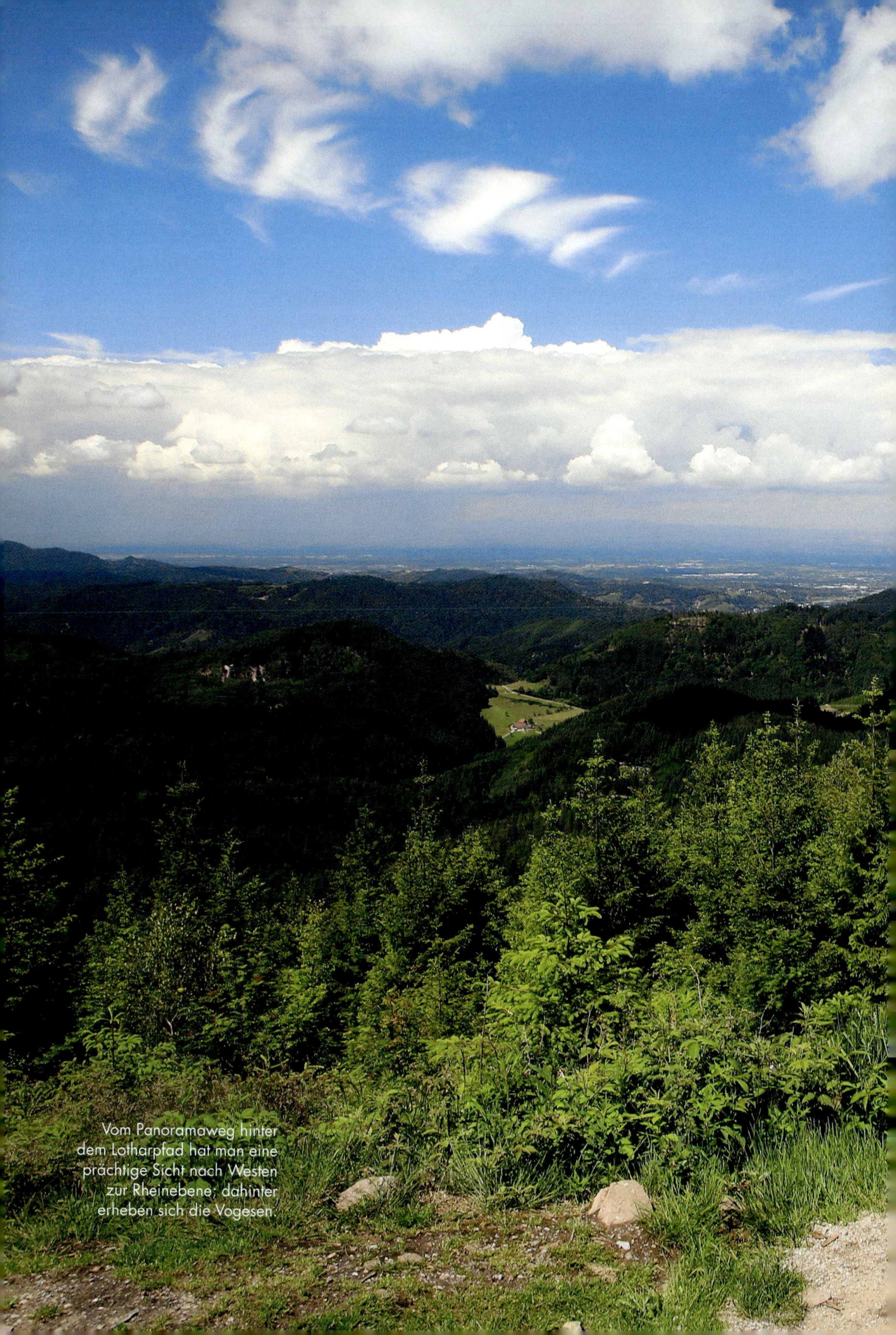

Vom Panoramaweg hinter dem Lotharpfad hat man eine prächtige Sicht nach Westen zur Rheinebene; dahinter erheben sich die Vogesen.

Die Touren

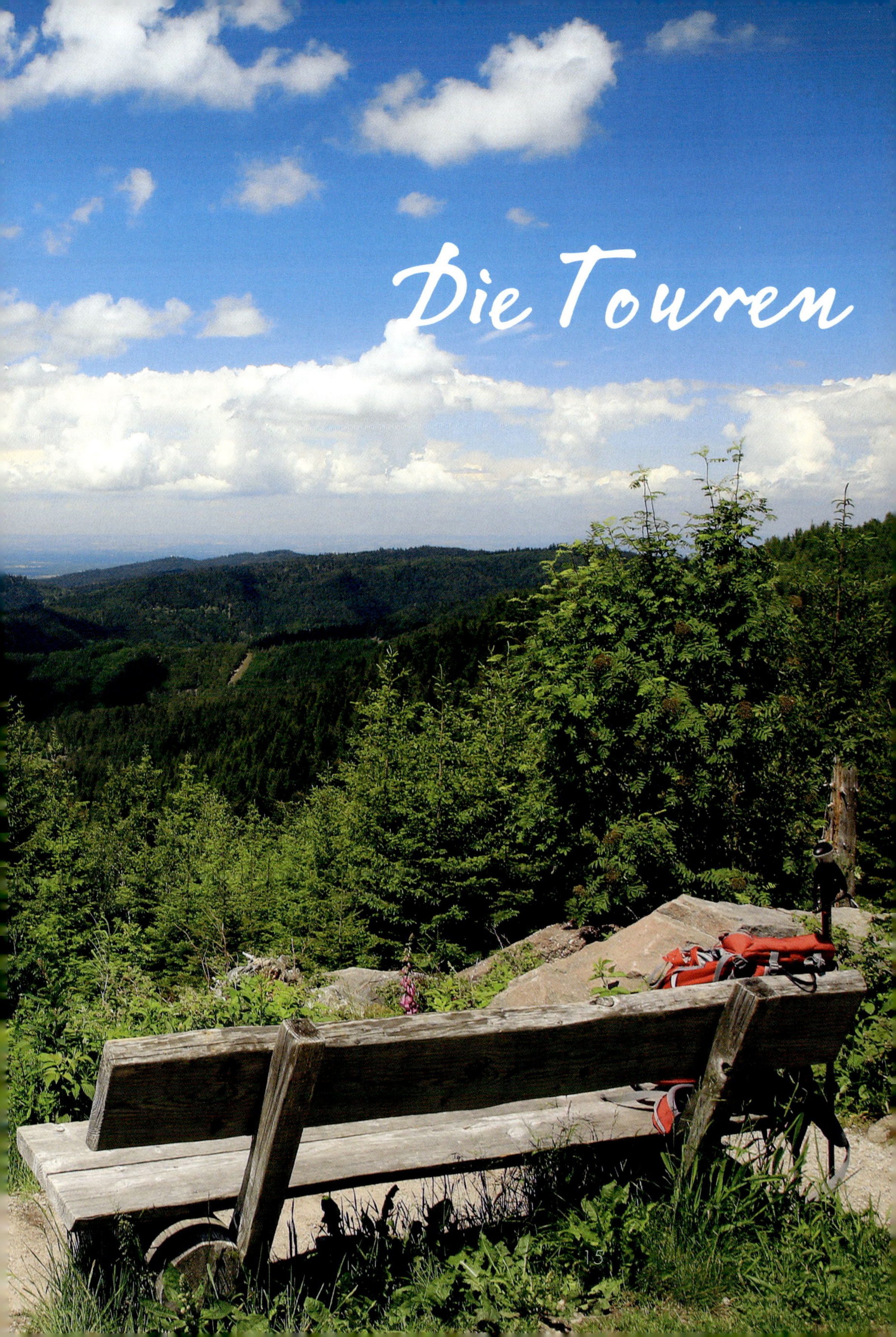

1 Bodenfließen im wilden Wald

Aus dem Würmtal in den Hagenschieß

leicht | 6 km | 150 Hm | 1.45 Std.

Tourencharakter
Die Tour verläuft auf gut zu gehenden Pfaden und festen Wegen. Da es kaum Wegweiser gibt, ist es sinnvoll, sich eine der empfohlenen Apps auf das Smartphone zu laden.

Tourenverlauf
Würm/Parkplatz – Unterer Lückenweg 0.45 Std. – Abzweig Schützenpfad 0.25 Std. – Bismarckkanzel 0.10 Std. – Parkplatz 0.25 Std.

Höchster Punkt
Bei der Abbiegung in den Schützenpfad, 393 m

Ausgangspunkt/Endpunkt
Pforzheim-Würm, Wanderparkplatz nach dem Ortsende, nach Würmtalstraße 101 in Richtung Pforzheim, 300 m

Anfahrt
Auto: Autobahn A 8 bis Ausfahrt Heimsheim, dann in Richtung Pforzheim über Friolzheim nach Würm; GPS 48.860372, 8.732390
Bus & Bahn: Bahn nach Pforzheim oder S-Bahn nach Weil der Stadt, dann weiter mit dem Bus bis Haltestelle Würm, Würmtalstraße;
Info: www.efa-bw.de

Einkehr
Würm, Siedlung Auf dem Berg

Karte
Freizeitkarte F502 Pforzheim, 1:50 000, Landesamt für Geoinformation und Landentwicklung Baden-Württemberg (LGL)

Informationen
www.pforzheim.de

Wir wandern durch das Waldgebiet Hagenschieß bei Pforzheim. Da die Tour fast vollständig im Wald stattfindet, ist sie gut für heiße Sommertage geeignet. Wir sehen viele interessante Waldszenen mit abgestorbenen Bäumen und als Highlight ein Felsenmeer. Wer die kurze Tour ausdehnen möchte, geht innerhalb der Wanderung zum Wildpark Pforzheim und schaut sich dort die Tierwelt an.

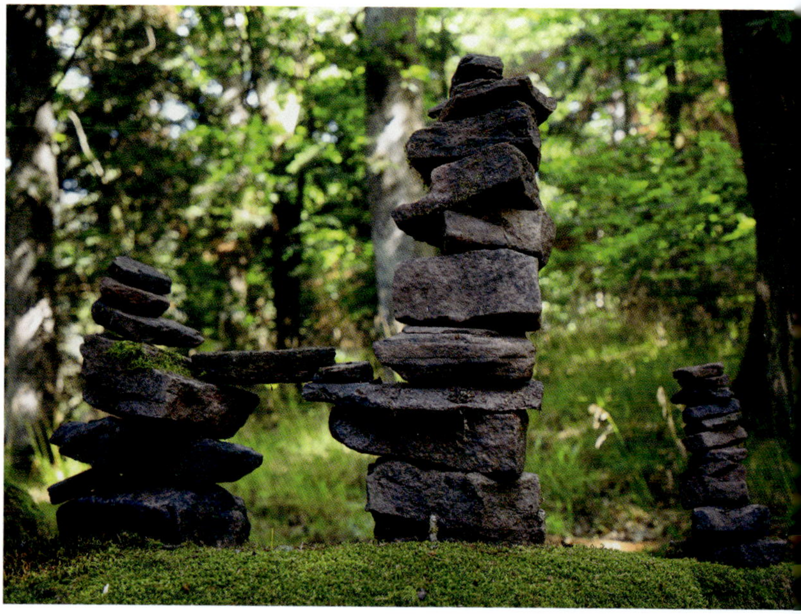

Durch wilden Wald hinauf Etwa in der Mitte des Parkplatzes zweigt der Bismarckpfad als schmaler Steig ab. Ihm folgen wir nun eine Weile bergauf. Wir überqueren den Urselwiesenbergweg und treffen nach weiterem Anstieg auf den querenden Goldschmiedsweg. Bereits jetzt sehen wir immer wieder große Felsbrocken im Wald liegen, außerdem viel Totholz sowie Bäume, die durch die Stürme der letzten Jahre umgestürzt und abgestorben sind.

Wir gehen nach links weiter und betreten bald das Naturschutzgebiet. Wo sich unser Weg mit dem Felsenpfad vereinigt, spazieren wir geradeaus weiter. Bald quert der mit der gelben Raute markierte Schützenpfad. Nach einer Linkskurve treffen wir auf die asphaltierte Hagenschießstraße. Ihr folgen wir nach rechts hinauf, biegen aber kurz danach an der Rechtskurve links ab in den **Goldschmiedsweg** 1.

Hinweis

Es besteht die Möglichkeit, zwischendurch den Wildpark Pforzheim zu besuchen. In dem 15 Hektar großen Wildpark leben u. a. Wisente, verschiedene Hirscharten, Wildschweine, Rehe, Mufflons, Lamas, Yaks, Przewalski-Pferde, Damwild, Ponys, Luchse und Eulen. Info und Lageplan: www.wildpark.pforzheim.de

Es wird ebener Wo der Hintere Seebergpfad quert, folgen wir ihm nach rechts hinauf zum **Unteren Lückenweg** 2. Wer den Wildpark besuchen möchte, hält sich hier links, folgt aber gleich darauf dem querenden Pfad nach rechts hinauf zum Zaun des Wildgeheges. Anschließend wandert man wieder hierher zurück. Ansonsten biegen wir rechts ab.

Es geht relativ eben weiter, bis wir auf dem Querweg rechts abbiegen. Er bringt uns in der Folge hinab zum Seehauspfad. Auf diesem gehen wir nach links weiter. Jetzt werden die Felsbrocken links und rechts vom Weg allmählich mehr, und nach einer Weile kommen wir an einer riesigen Felsformation vorbei, die auf einer Informationstafel als »typischer Buntsandsteinfelsen« erklärt wird.

Linke Seite: Manch einer entdeckt im Wald seine künstlerische Ader oder möchte als Baumeister tätig sein.

Unten: typischer Wegweiser aus Stein im Schwarzwald

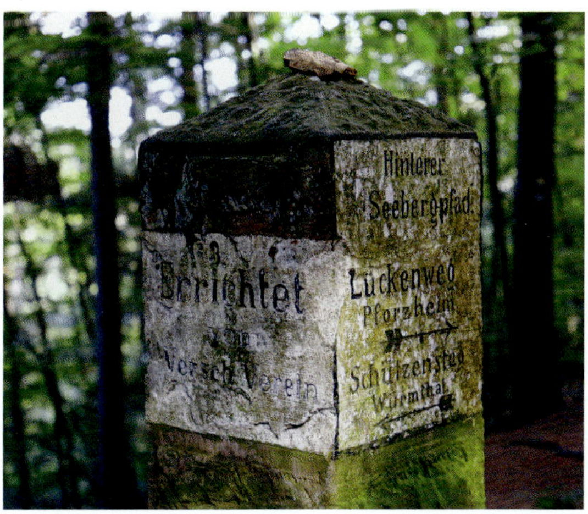

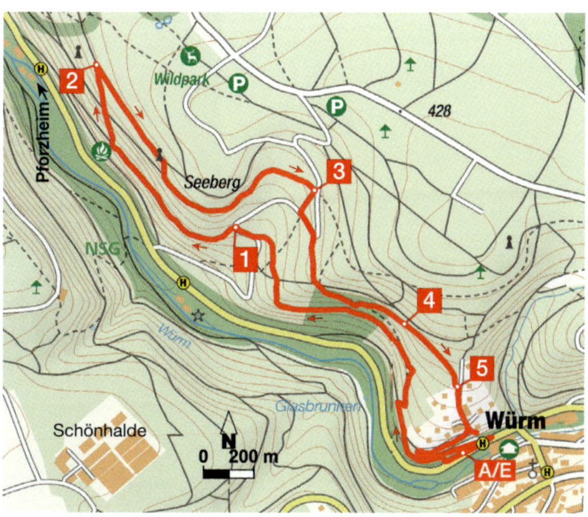

Hagenschieß

Das Hagenschieß ist ein interessantes Waldgebiet bei Pforzheim. Es besitzt nicht nur wilde Waldteile, sondern auch ein Arboretum und einen Wildpark, dazu ein interessantes Felsenmeer. Dieses ist ein Überbleibsel aus der Eiszeit. Derartige geomorphologische Erscheinungen sind typisch für den Schwarzwald und man sieht solche Felsenmeere auch an vielen anderen Stellen. Einst waren die Hänge noch unbewaldet; bei Südausrichtung herrschten im Tagesverlauf durch die senkrechte Sonneneinstrahlung extreme Temperaturschwankungen. Hier taute das Erdreich öfter auf als an den Nordhängen und die Verwitterungsfracht wurde schneller abtransportiert. Zugleich konnte der Westwind an den unbewaldeten Hängen die aufgetauten, feinen Bodenbestandteile gut ausblasen. Die dadurch herausmodellierten großen Felsblöcke gerieten, auch wegen ihres Eigengewichts, langsam ins Rutschen. Sie blieben aber in flacheren Bereichen hängen und türmten sich zu ausgedehnten Halden übereinander. Und da die Blöcke manchmal gehäuft auftreten, spricht man von »Felsenmeeren«.

Mit am schönsten bei einer morgendlichen Wanderung ist es, wenn die Sonne durch die Bäume bricht.

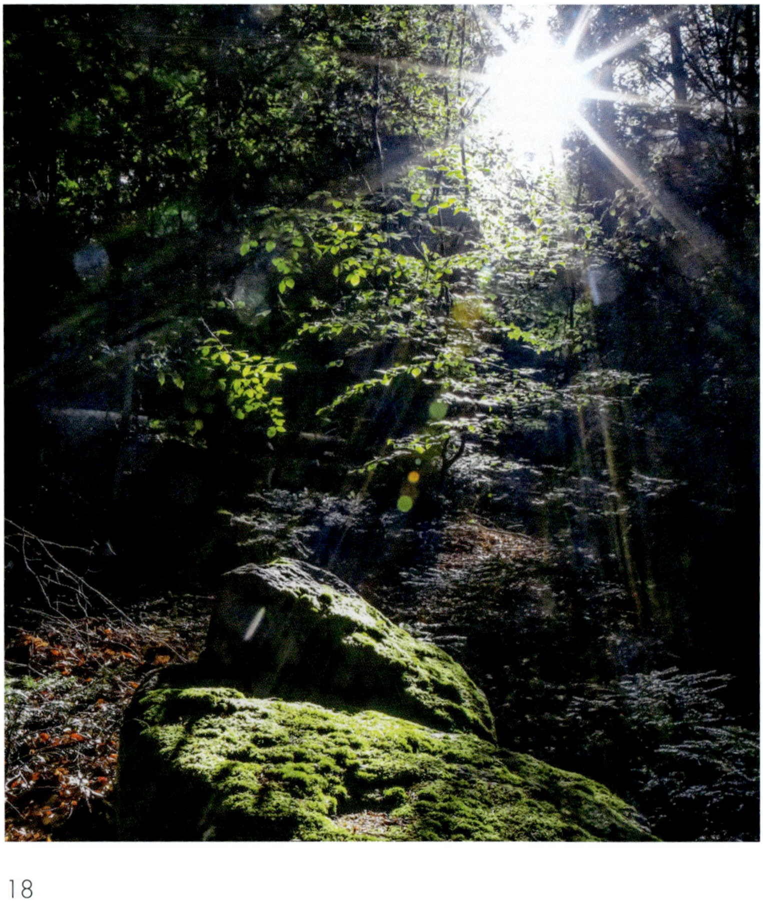

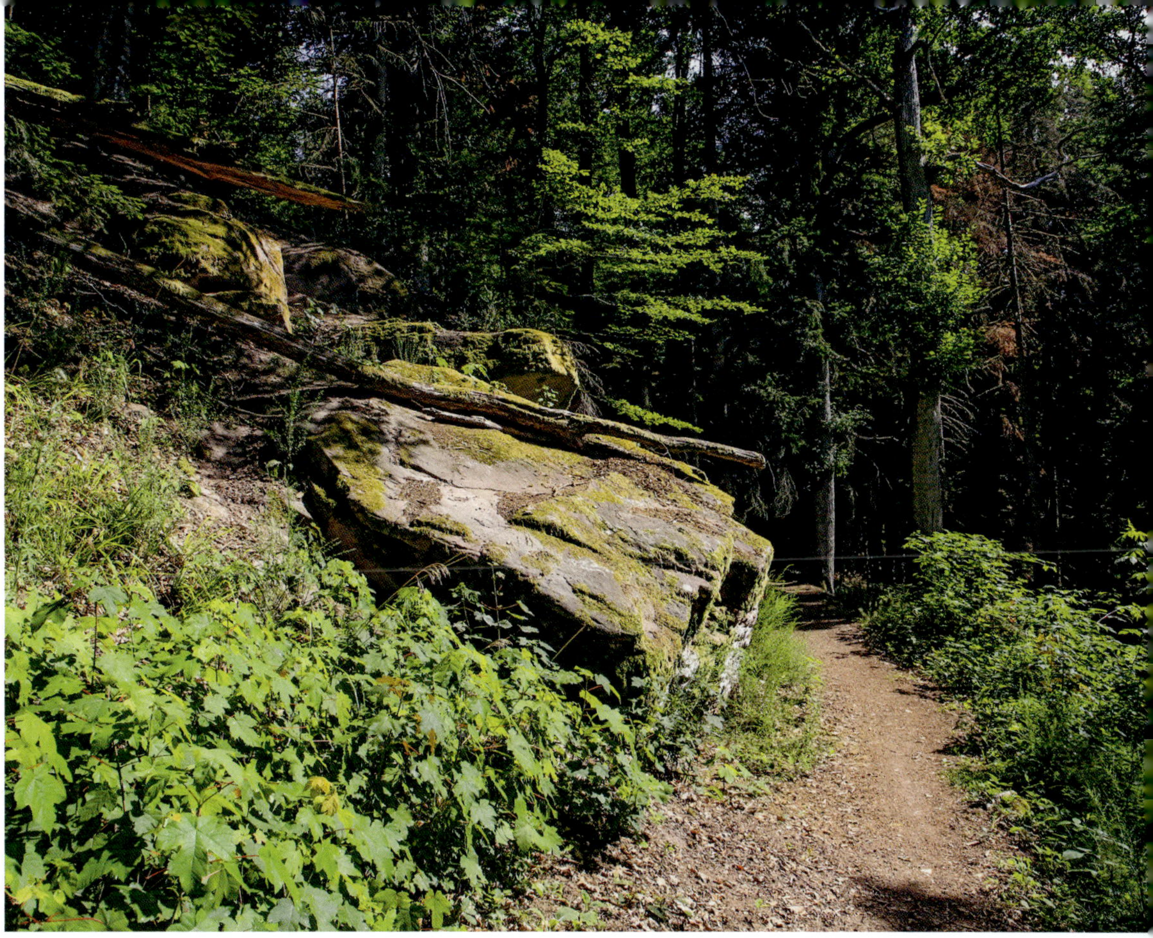

Hier türmen sich riesige Felsbrocken direkt am Wanderweg übereinander.

Zur Bismarckkanzel Danach quert der **Schützenpfad** ❸. Auf ihm gehen wir nach rechts hinab bis zur asphaltierten Hagenschießstraße. Wir halten uns links und kommen gleich danach zu einer scharfen Linkskurve. Hier gehen wir geradeaus im Felsenweg weiter. An einer Linkskurve mit dem Schild Naturschutzgebiet zweigen wir rechts ab auf den Bismarckpfad. Nun sind wir im Naturschutzgebiet Schonwald Felsenmeer. An einer Verzweigung folgen wir dem linken Bismarckpfad, der uns kurz darauf zur **Bismarckkanzel** ❹ bringt. Hier sehen wir einen mächtigen Felsbrocken, der Beschriftungen von 1887, 1888 und 1907 aufweist.

Wir wandern immer geradeaus weiter, ignorieren einen links abgehenden Weg und kommen schließlich zu einem **Wohngebiet** ❺. Hier folgen wir der Straße Auf dem Berg nach rechts. Immer abwärtsgehend erreichen wir über Serpentinen die Würmtalstraße. Etwas weiter rechts befindet sich unser Ausgangspunkt.

2 Zu Wasserfall und Aussichtsberg

Von Gernsbach nach Loffenau

mittel	8,5 km	170 Hm	2.30 Std.

Tourenverlauf
Gernsbach – Laufbachbrücke 0.35 Std. – Loffenau/Sägmühlteich 0.25 Std. – Bergle 0.15 Std. – Kreuzung vor Gernsbach 0.35 Std. – Parkplatz 0.40 Std.

Höchster Punkt
Loffenau, Bergle, 337 m

Ausgangspunkt/Endpunkt
Gernsbach, Parkplatz Laufbachtal/Portal Gernsbacher Runde, Baccaratstraße, 170 m

Anfahrt
Auto: A5 bis Ausfahrt Gernsbach/Gaggenau, dann auf der B462 über Gaggenau nach Gernsbach, Ausfahrt Richtung Gernsbach/Hörgen, dann in der Baccaratstraße zum Parkplatz beim Skatepark/Portal Gernsbacher Runde; GPS 48.775981, 8.345047
Bus & Bahn: Bahn bis Karlsruhe, S-Bahn bis Gernsbach; Info: www.efa-bw.de

Einkehr
Gernsbach, Loffenau

Karte
Freizeitkarte F501 Baden-Baden, 1:50 000, Landesamt für Geoinformation und Landentwicklung Baden-Württemberg (LGL)

Die Gernsbacher Runde ist ein Mehrtages-Wanderweg rund um die Stadt. Wir begehen bei dieser Tour einen Teil davon. Dabei wandern wir in der ersten Hälfte immer neben dem Laufbach, wobei er zum Abschluss vor Loffenau einen Wasserfall bildet. Danach geht es auf einem Höhenrücken mit prächtiger Aussicht wieder zurück ins Murgtal.

Entlang des Laufbachs Am Parkplatz beim Portal der Gernsbacher Runde orientieren wir uns in Richtung »Loffenau«. Der Weg führt unterhalb des »Naturschutzgebiets Galgenberg, Scheibenberg, Lieblingsfelsen« entlang und bringt uns bald in den Wald. Rechts unterhalb plätschert der Laufbach, der uns bis Loffenau begleiten wird.

Immer im dichten Wald und mit sanftem Anstieg passieren wir die Wanderschilder Mittleres Laufbachtal (188 m) und Sackpfeife (225 m). Danach verlassen wir kurzfristig den Wald und gehen durch eine Lichtung zum Schild **Laufbachbrücke** (222 m) ❶.

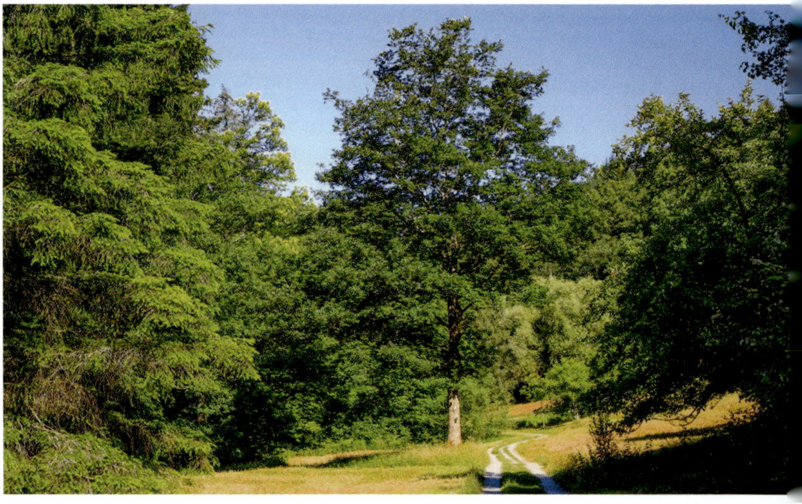

Hinauf zum Wasserfall Vor der Brücke folgen wir dem nach links in ein stilles Tal führenden Schotterweg. Kurz nach dem Abzweig sehen wir einen Grenzstein mit dem badischen und dem württembergischen Wappen – wir wandern nun ein Stück durch das ehemalige Württemberg.

Tourencharakter

Diese leichte Wanderung mit sanftem Anstieg ohne großen Höhenunterschied verläuft meist auf festen Wegen, nur der Aufstieg entlang des Wasserfalls auf einem Pfad.

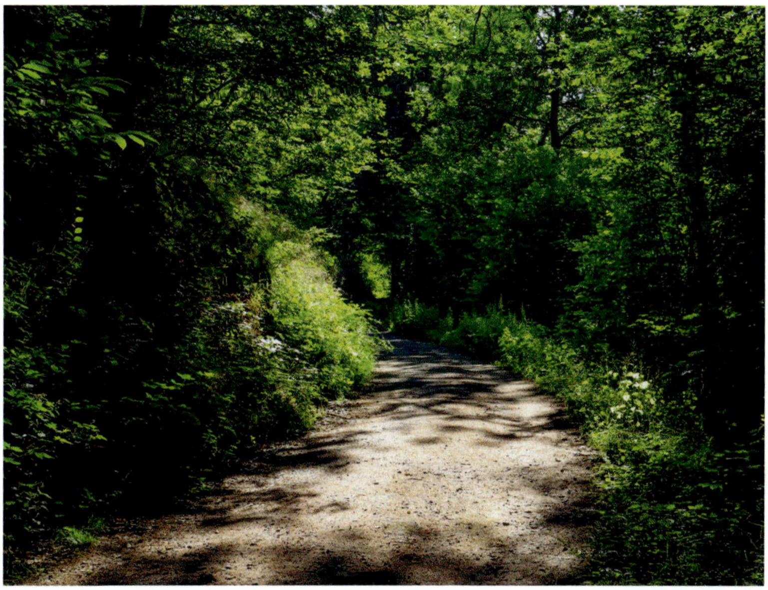

Typisch für diese Tour: ein stiller Waldweg

Linke Seite: Lichtungen sind immer eine willkommene Abwechslung bei einer Waldwanderung.

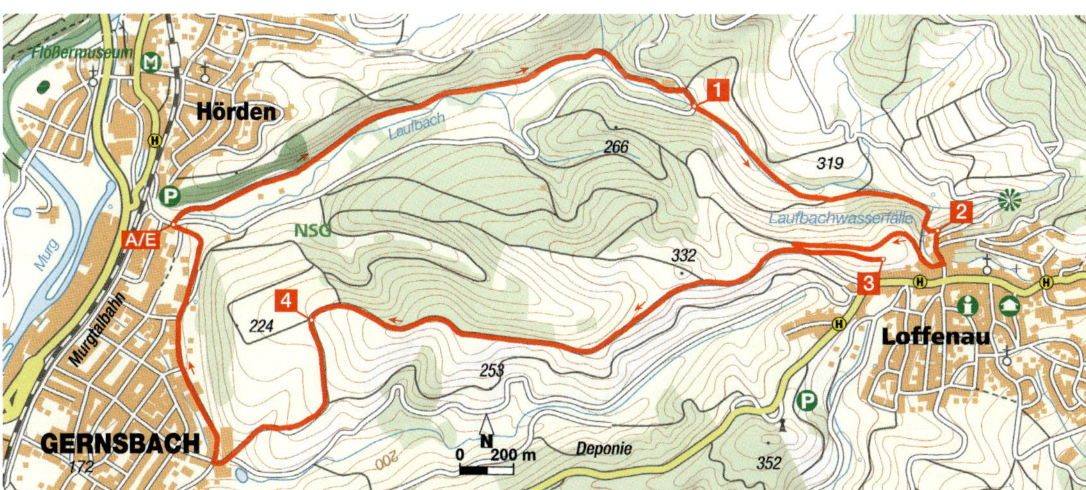

Nachdem wir wieder in den Wald gekommen sind, werden wir nach rechts ins »Laufbachtal« verwiesen. Jetzt geht es auf einem Pfad weiter. Er steigt etwas steiler an und führt auch zeitweise am Steilhang entlang. Der Bach, der anfangs noch in der Nähe des Weges verlief, liegt bald tief unten.

An einer Verzweigung geht es zwar rechts weiter, wir können jedoch kurz auf dem linken Weg parallel, aber hoch über dem Bach weitergehen und dann wieder umdrehen. Der rechte Weg bringt uns zur nächsten Verzweigung, hier halten wir uns links. Kurz darauf überqueren wir den Laufbach auf einer Brücke; hier sehen wir auch den **Laufbachwasserfall** 2.

Durch Loffenau zum Bergle Gleich nach der Brücke weist eine Infotafel auf die ehemalige Ölmühle hin. Danach steigt es an und wir kommen zu den ersten Häusern von Loffenau. Hier gehen wir nach rechts hinauf zum Teich. Dort finden wir das Schild Sägmühlteich (319 m). Wir halten uns rechts in den Mühlweg in Richtung »Gernsbach«. Kurz darauf verlassen wir Loffenau wieder, passieren das Schild Laufbachwasserfall (320 m) und kommen bald zum Schild Aufgang zum Bergle (326 m).

Dichter, dunkler Wald wechselt ab mit lockerem Baumbestand und sonnigen Abschnitten.

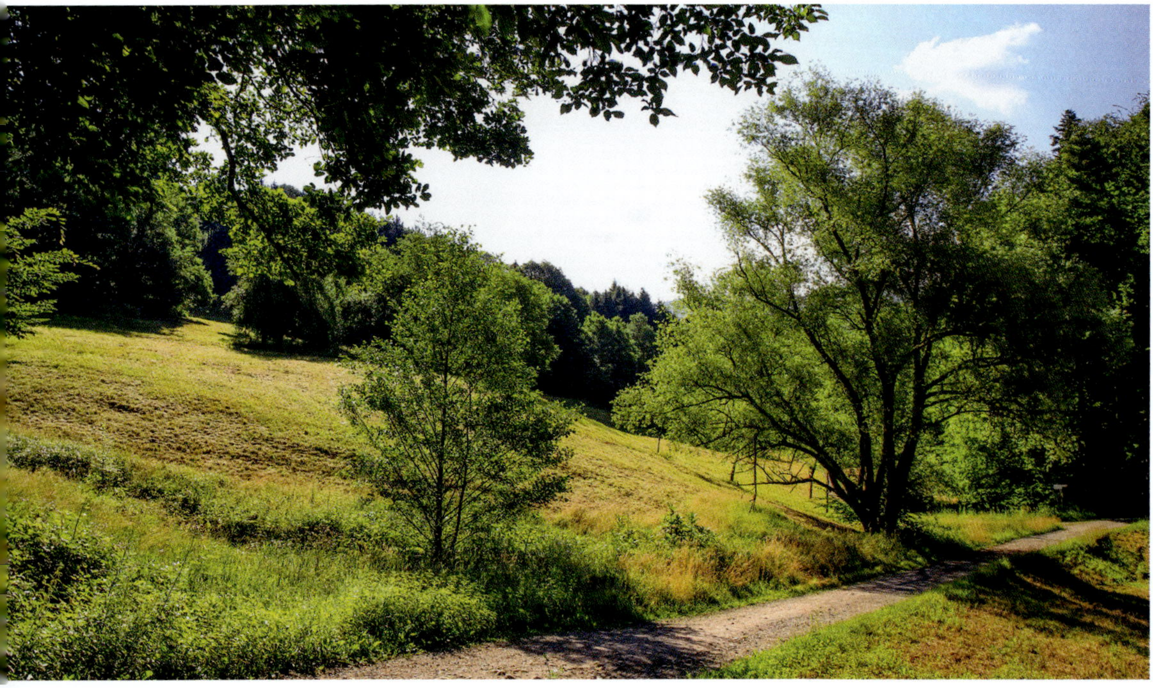

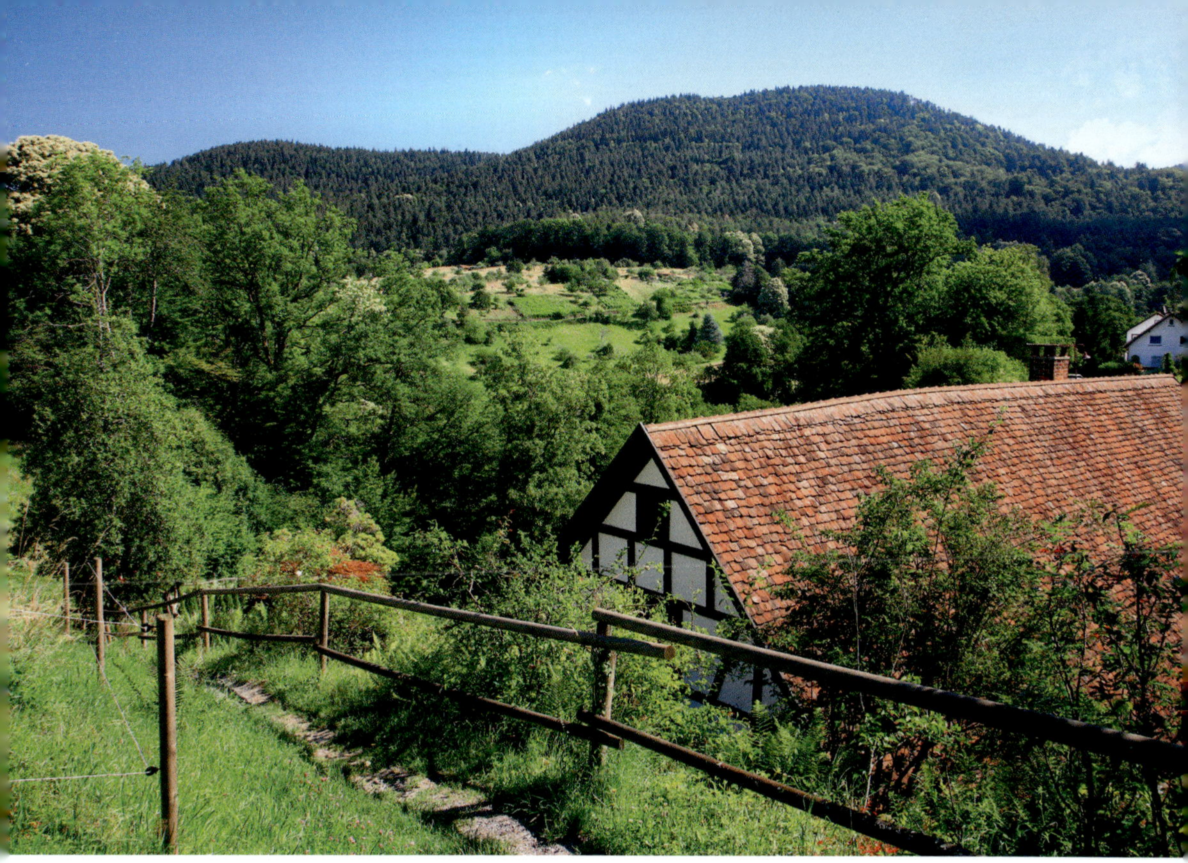

Hier führt unser Weg zwar nach rechts weiter, zuerst können wir aber dem Weg nach links auf das Bergle bis zum **Sendemast** ③ folgen – von dort oben ist die Aussicht noch besser.

Loffenau verabschiedet sich mit einem letzten Fachwerkhaus und einem prächtigen Blick auf die Schwarzwaldberge.

Mit viel Aussicht hinab nach Gernsbach Danach gehen wir zurück zum Wanderschild und folgen nun dem Weg in Richtung »Gernsbach«. Wir wandern jetzt auf einem wunderschönen Panoramaweg über einen Bergrücken, im Prinzip immer geradeaus. Vor uns sehen wir das Dreigestirn der Baden-Badener Berge (von links: Kleiner Staufenberg, Merkur, Battert).

Wo der Asphaltweg in einen Schotterweg übergeht, steht links erneut ein Grenzstein – ab jetzt wandern wir wieder im ehemaligen Baden. An den Verzweigungen orientieren wir uns immer geradeaus in Richtung »Gernsbach«. Es geht etwas bergab, dann folgen wir an einer Kreuzung dem **asphaltierten Weg** ④ nach links und kommen hinab zu einem Wohngebiet von Gernsbach. Wir folgen kurz der Scheffelstraße nach rechts, dann biegen wir rechts ab in die Baccaratstraße. Diese führt uns zurück zum Ausgangspunkt.

3 Rund um den Volzemer Stein

Von Dobel zum steinernen Naturdenkmal

leicht | 7,8 km | 80 Hm | 2.10 Std.

Tourencharakter
Einfache Tour auf festen Wegen, gut markiert durch Wanderschilder

Tourenverlauf
Dobel Waldparkplatz – Großer Volzemer Stein 0.25 Std. – Dreimarkstein 0.20 Std. – Schwabhauser Hütte 0.30 Std. – Parkplatz 0.55 Std.

Höchster Punkt
Waldparkplatz Horntannhalde, 705 m

Ausgangspunkt/Endpunkt
Dobel, Waldparkplatz Horntannhalde, 705 m

Anfahrt
Auto: A 81 bis Ausfahrt Pforzheim West, dann auf der B 10, der Dietlinger Straße und der B 294 weiter, vorbei an Neuenbürg. An der Eyachbrücke rechts ab auf die L 340 in Richtung »Dobel«. Der Parkplatz befindet sich am Ortsbeginn rechts. Von Dezember bis März ist er gebührenpflichtig; GPS 48.801659, 8.507655
Bus & Bahn: Bahn bis Bad Herrenalb, Bus bis Dobel;
Info: www.efa-bw.de

Einkehr
Dobel

Karte
Freizeitkarte F502 Pforzheim, 1:50 000, Landesamt für Geoinformation und Landentwicklung Baden-Württemberg (LGL)

Informationenen
www.dobel.de

Gemütlich und einfach, aber mit einem Ziel, das eine recht wilde Erscheinung hat und bei dem man mitwandernde Kinder nur mit Mühe vom Draufherumklettern abhalten kann – so könnte man diese Wanderung beschreiben. Sie führt durch urige Waldgebiete mit viel Totholz und zeigt mit dem Großen Volzemer Stein, was die Natur im Laufe der Zeit alles bewerkstelligen kann.

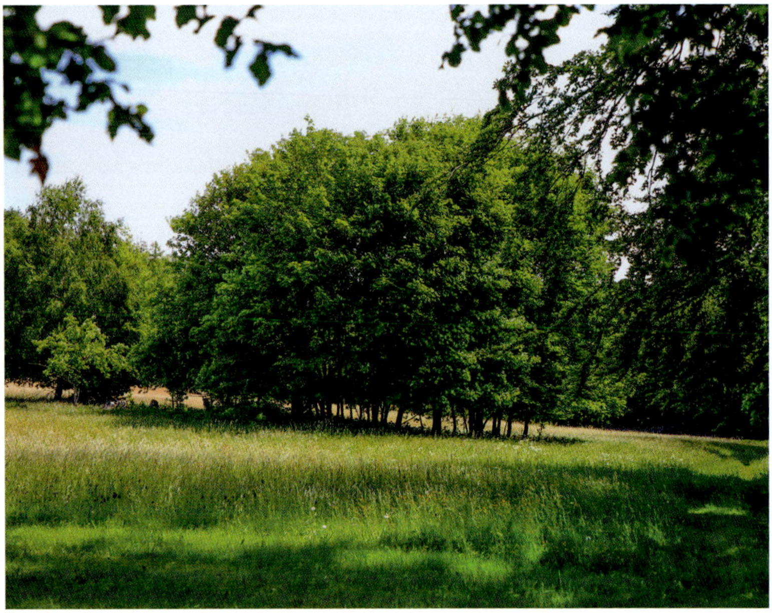

Zum Großen Volzemer Stein Wir überqueren am Wanderschild Parkplatz Hochtannhalde (705 m) die Neuenbürger Straße/L 340 und folgen auf der anderen Seite dem Klötzbuckelweg durch die Wiesen zum Waldrand. Rechts sehen wir bald einen alten Grenzstein mit den Hirschstangen der Württemberger. Danach geht es am Waldrand entlang bis zum Schild **Enge Türle** (688 m) ❶. Eine schmale Metalltüre sowie ein Erklärungstext weisen auf die Geschichte des Namens hin.

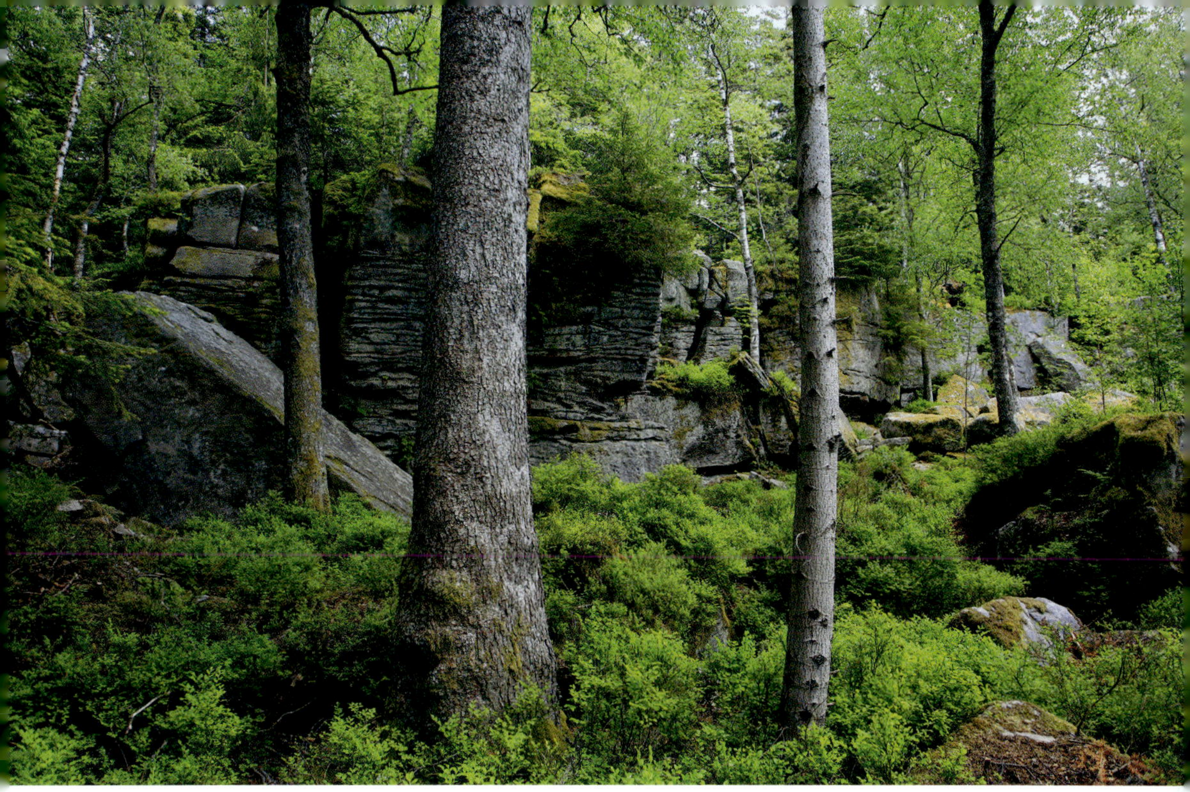

Hier biegen wir links ab in den Engetürlesweg. Nun wandern wir durch einen recht ursprünglich wirkenden Wald mit vielen den Stürmen zum Opfer gefallenen Baumstämmen und Totholz. Begleitet werden wir von großen Tafeln mit Bildern, auf denen Sinnsprüche bekannter Persönlichkeiten aus verschiedenen Zeiten zu Engeln stehen.

Beim Großen Volzemer Stein hat die Natur fast ein Kunstwerk geschaffen.

Linke Seite: Die Wiesen vor dem Wald sind locker mit kleineren Baumgruppen bewachsen.

Schließlich erreichen wir einen Platz mit einer großen hölzernen Engelsfigur und weiteren Tafeln. Hier gehen wir am Schild Großer Volzemer Stein (678 m) an der Verzweigung auf dem linken Hüttwaldweg weiter. Nach wenigen Minuten sehen wir bereits links ein großes Felsmassiv mit vielen Felsbrocken, die abgebrochen sind und davor auf dem Boden liegen – der **Große Volzemer Stein** ❷. Eine Infotafel weist auf die Entstehungsgeschichte des Felsmassivs hin.

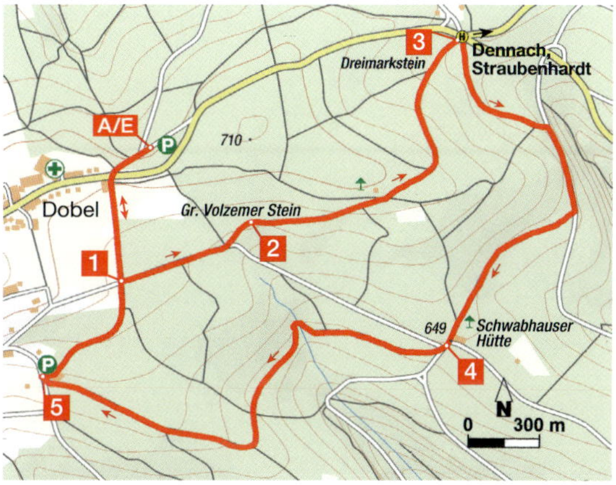

Zum Dreimarkstein Wir folgen dem Weg weiter, kommen an einem Unterstand vorbei und erreichen schließlich den **Drei-**

Großer Volzemer Stein

Beim Großen Volzemer Stein befindet sich unter dem Waldboden eine dicke Schicht aus hartem Mittlerem Buntsandstein, der an dieser Stelle an die Oberfläche tritt. Die markanten Felsblöcke, die wie herabgepurzelte Würfel aussehen, erreichen Ausmaße von 3 x 5 x 4 Meter. Verschiedene Pfade führen in das Felslabyrinth, das ein wahres (Kletter-)Paradies für Kinder ist.

Solche Blöcke sind eine typische Erscheinung für eine bestimmte Schicht des roten Buntsandsteins: Hierbei sind stark verkieselte Felsblöcke umgeben von weicheren, leichter verwitternden Sandsteinschichten. Diese unterliegen mehr der Erosion und werden von Wind und Wetter ausgewaschen, sodass schließlich die harten Blöcke übrig bleiben. Früher nannte man die in der Sonne glitzernden Buntsandsteine auch Kristallsandsteine. Sie dienten der Bevölkerung einst als Steinbruch für Brunnentröge und Häuser, außerdem hat man das widerstandsfähige Material zur Herstellung von Mühlsteinen verwendet.

Man sollte sich auch die Pflanzenwelt, insbesondere die verschiedenen Farne und Moose, an und um die Felsen ansehen. Einer der größten Farne ist der Adlerfarn, der bis zu zwei Meter Höhe erreichen kann. Daneben wächst der kleinere Wurmfarn, dessen Blätter immerhin bis zu einem Meter lang werden. Seltener ist der Rippenfarn, der rund 30 Zentimeter lange Wedel mit glänzenden Blättern besitzt. Auch Moose und Flechten gedeihen gut in dem kühlen und feuchten Waldklima. So gehört das Wald-Frauenhaar zu den hier häufigsten Moosarten. Seine bis zu 15 Zentimeter hohen Stängel bilden insbesondere in der Nähe des Volzemer Steins großflächige, dunkelgrüne Polster.

markstein (668 m) 3, der auf der anderen Seite der Straße beim Wanderschild steht. Der namengebende Stein befindet sich am Fuß des Wanderschilds. Wenn wir dort kurz auf dem breiten Schotterweg weitergehen, stoßen wir in der Folge auf ein Gefallenendenkmal, das an fünf gefallene Soldaten erinnert, die in der »Schlacht am Dobel« noch am 11. April 1945 ihr Leben lassen mussten.

Über die Schwabhauser Hütte zurück Wir gehen wieder auf die andere Straßenseite. Links von dem Weg, auf dem wir hergekommen sind, zweigt der Weg zur Schwabhauser Hütte ab. Wir wandern erst zum Schild Schnepfenrain, danach zur **Schwabhauser Hütte** 4. Dort folgen wir dem mittleren der drei Wege, der uns zum **Jägerhaus** 5 bringt. Wir biegen rechts ab und erreichen bald das bekannte Schild Enge Türle. Nun geht es auf bekanntem Weg zurück.

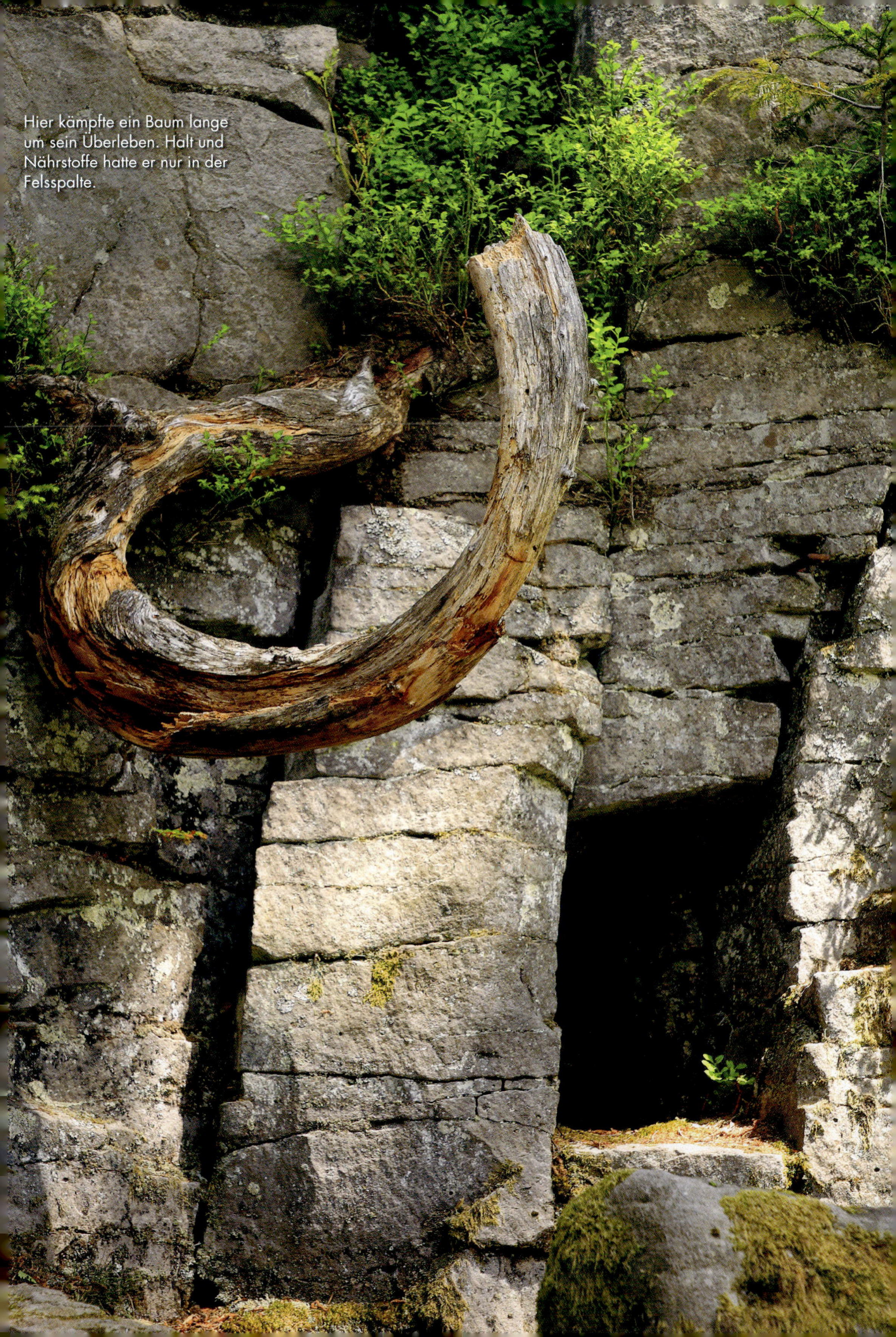

Hier kämpfte ein Baum lange um sein Überleben. Halt und Nährstoffe hatte er nur in der Felsspalte.

4 Ein Steinkreis wie in alten Zeiten

Rund um Schömberg

mittel | 8.1 km | 130 Hm | 2.10 Std.

Tourencharakter
Rundwanderung auf meist markierten Forstwegen und Pfaden

Tourenverlauf
Schömberg/Kurhaus – Hohenzollernblick 0.20 Std. – Oberlengenhardt/Köhler 0.25 Std. – Abzweig Reuteweg 0.15 Std. – Steinkreis 0.40 Std. – Schömberg/Kurhaus 1.30 Std.

Höchster Punkt
Nach Abzweig von Schwarzwaldstraße, 686 m

Ausgangspunkt/Endpunkt
Schömberg, Parkplatz zwischen Kurhaus und Feuerwehrhaus, 649 m

Anfahrt
Auto: A8 bis Ausfahrt Leonberg-West, dann auf der B295 über Renningen und Weil der Stadt nach Hirsau, dann B296 nach Oberreichenbach, dort rechts ab in die Schömberger Straße nach Schömberg zum Kurhaus in der Schwarzwaldstraße; GPS 48.784682, 8.650555
Bus & Bahn: Bahn bis Calw, dann Bus;
Info: www.efa-bw.de

Einkehr
Schömberg, Oberlengenhardt

Karte
Freizeitkarte F502 Pforzheim, 1:50 000, Landesamt für Geoinformation und Landentwicklung Baden-Württemberg (LGL)

Informationenen
www.schoemberg.de

Diese Wanderung führt uns im östlichen Teil des Nordschwarzwalds rund um den Kurort Schömberg. Wir wandern auf ruhigen Wegen durch schöne Mischwälder und kommen an einem Steinkreis vorbei, der zwar an graue Urzeiten denken lässt, aber neu geschaffen wurde. Immer wieder haben wir auf dieser Tour herrliche Ausblicke, am weitesten vom Hohenzollernblick.

Zum Hohenzollernblick Zwischen dem Kurhaus und dem Feuerwehrhaus in der Schwarzwaldstraße finden wir einen großen Parkplatz. Dort steht auch das Wanderschild Schömberg Feuerwehr (649 m). Von dort aus folgen wir der Schwarzwaldstraße ortsauswärts in den Wald. Wo wir rechts einen kleinen Parkplatz sehen, werden wir mit dem Wanderzeichen blaue Raute nach links in den Wald verwiesen.

An der nächsten Verzweigung halten wir uns links, kurz danach geht es nach rechts. An der Bank spazieren wir mit dem Wanderzeichen nach links weiter. Etwas später wandern wir am Waldrand entlang zum **Hohenzollernblick** (1), wo wir eine Schutzhütte, einen Rast- und einen Spielplatz finden. Auf dem kleinen Hügel links steht eine Metalltafel, auf der die markanten Punkte der Aussicht eingraviert sind. So sieht man zum Beispiel zur Kette der Schwäbischen Alb, insbesondere den Balinger Bergen. Zu erkennen sind der Hohenzollern und der Rossberg, im Vordergrund natürlich die Dächer von Oberlengenhardt.

Zum Köhlerdenkmal Wir wandern geradeaus am Waldrand entlang weiter in Richtung »Friedhof Oberlengenhardt«, nun mit der gelben Raute. Bald weist sie uns nach links in den Wald, gleich darauf halten wir uns an einem querenden Weg rechts. Etwas später wandern wir an einer Kreuzung auf einem Pfad nach links bis zu einem geschotterten Forstweg. Auf diesem gehen wir, erst im Wald, dann entlang einer Wiese, bis zur **Straße** (2).

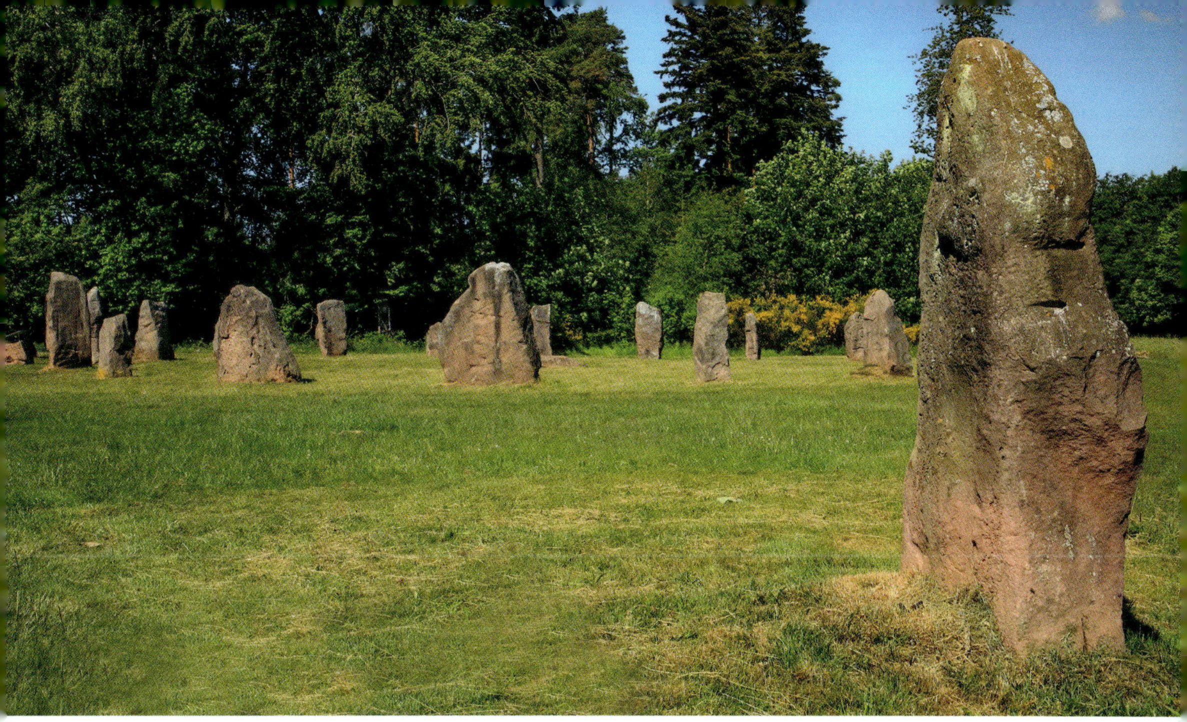

Rechts neben ihr spazieren wir an den Ortsrand von Oberlengenhardt.

An der Verzweigung bei der Bushaltestelle vor den Häusern nehmen wir den rechten Weg und kommen zum Friedhof mit dem Schild Oberlengenhardt Friedhof (662 m). Hier biegen wir später links ab, erst gehen wir aber noch kurz geradeaus weiter. An der Rechtskurve können wir eine lebensgroße **Skulptur eines Köhlers** 3 bewundern.

Wer denkt bei diesen »Hinkelsteinen« nicht an Obelix? Oder zumindest an graue Vorzeiten. Die Anlage wurde zwar von Schülern errichtet, der Hintergedanke ist aber tiefsinnig (siehe Kasten auf S. 30).

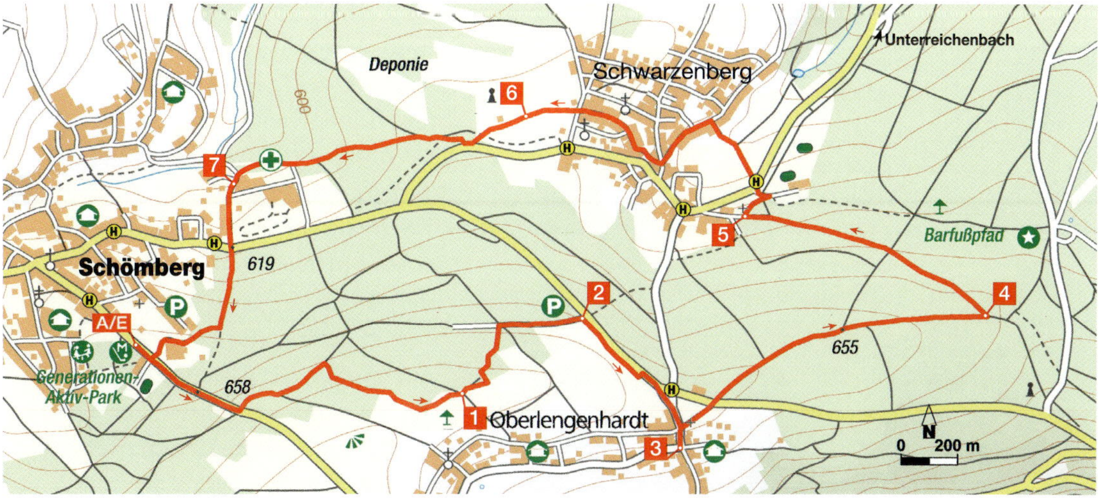

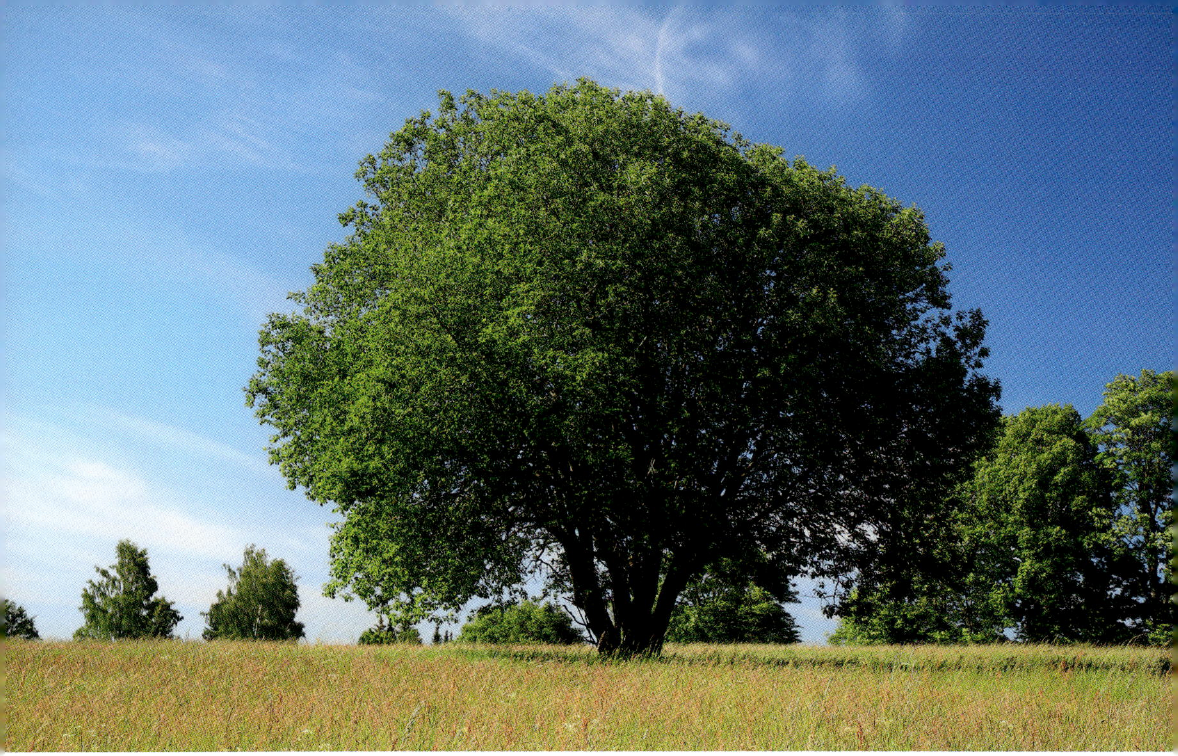

Einzeln stehender Baum vor Oberlengenhardt

Weiter zum Steinkreis Danach gehen wir zurück zum Friedhof und halten uns vor ihm rechts. Wir überqueren bald die Straße und wandern dahinter geradeaus bis zum Schild **Reuteweg** (643 m) **4**. Hier biegen wir mit der gelben Raute links ab. Am Schild Eberhardts-Reute (625 m) überqueren wir eine Kreuzung und spazieren geradeaus weiter bis zum Schild **Schwarzenberg Friedhof** (602 m) **5**.

Wir biegen vor dem Friedhof rechts ab und gehen gleich darauf vor dem Sportplatz nach links zur Straße. Auf ihrer anderen Seite wandern wir durch die Wiesen hinab zu dem Waldstück, an dem wir das Schild Dorfwiesen (598 m) finden. Nun steigt es wieder an bis zur Neckarstraße im Wohngebiet. In sie biegen wir links ein. Bald zweigt rechts die Stuttgarter Straße ab, doch wir gehen gleich darauf rechts in der Karlsruher Straße ohne Straßenschild zwischen den Häusern leicht ansteigend weiter.

Steinkreis

Der Steinkreis wurde 1993 bis 1995 in Zusammenarbeit verschiedener Schulen erschaffen und ist einer der größten seiner Art in Deutschland. Er hat denselben Umfang wie die »Merry Maidens« in Cornwall/Südengland. Er soll ein Ort der Gemeinsamkeit, Besinnung und Toleranz sein. Die Steine bilden Bezugspunkte zur Sonnenwende und zu den Himmelsrichtungen, einige der Steine sind mit archaischen Zeichen, Symbolen und Tierformen versehen, und je nach Standort und Lichteinfall kann man auch menschliche Gesichter in ihren Formen entdecken.

Bald geht links die Durlacher Straße ab, wir wandern aber nach rechts in der Karlsruher Straße weiter. Nach dem Wohngebiet bringt uns ein Schotterweg zu einem mächtigen Baum. Rechts an ihm vorbei marschieren wir zu dem bereits sichtbaren **Steinkreis** 6.

Zurück nach Schömberg An ihm gehen wir nach links zum Schild Beim Steinkreuz (627 m). Wir biegen rechts ab, durchqueren nach dem Schild Parkplatz Steinkreuz (624 m) den Parkplatz und kommen in den Wald. An einer Verzweigung orientieren wir uns links. Kurz darauf halten wir uns noch einmal links auf einen Naturweg und wandern bis zum querenden **Dr.-Schröder-Weg** 7 vor den ersten Häusern.

Wir biegen links ab und gehen zwischen den verschiedenen Gebäuden der Klinik zur Liebenzeller Straße. Nach ihr wandern wir vorbei am Schild Waldsanatorium (611 m) im Dr.-Eversbusch-Weg geradeaus weiter. Es steigt etwas an bis zu einer Kreuzung. Hier biegen wir rechts ab und kommen zum Friedhof. Wie wir auf einer Tafel erklärt bekommen, ist hier der Enkel des indischen Nobelpreisträgers, Philosophs, Dichters und Pädagogen Rabindranath Tagore (1861–1941) begraben. Er wollte in Schömberg, dem »deutschen Davos«, seine Lungentuberkulose heilen, verstarb aber kurze Zeit später.

Danach erreichen wir wieder den Parkplatz an der Schwarzwaldstraße.

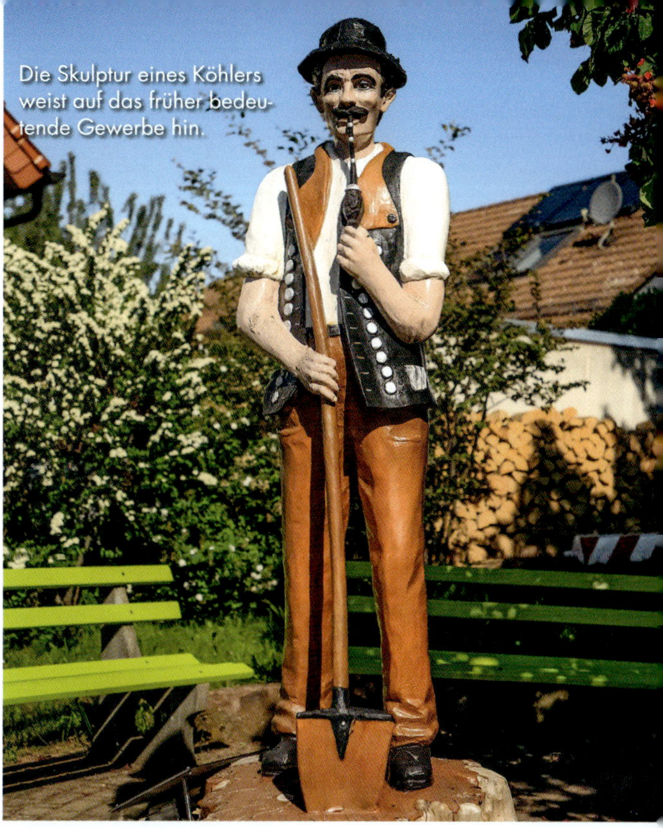
Die Skulptur eines Köhlers weist auf das früher bedeutende Gewerbe hin.

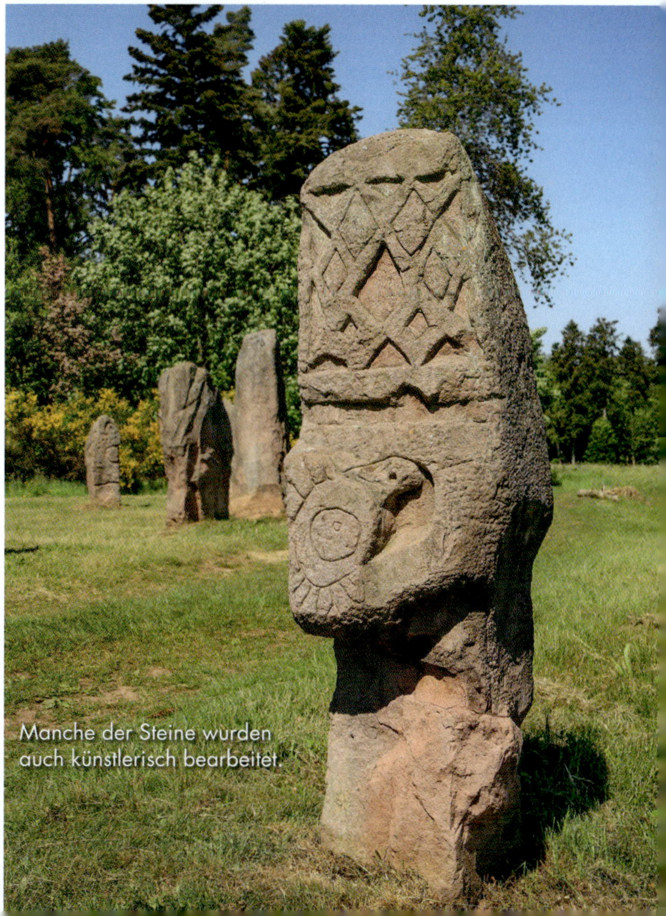
Manche der Steine wurden auch künstlerisch bearbeitet.

5 Schluchtwanderung mit Aussicht

Über den Geroldsauer Wasserfall zum Kreuzfelsen

mittel | 6,8 km | 260 Hm | 2.15 Std.

Tourencharakter
Wir wandern durch die Schlucht mit dem Bach und hinauf zum Kreuzfelsen auf Pfaden, zurück durch das Tal auf festen Wegen.

Tourenverlauf
Parkplatz Wasserfallstraße – Bütthof 0.10 Std. – Kreuzfelsen 0.40 Std. – Bach/Einmündung Littersbach 1.10 Std. – Parkplatz 0.15 Std.

Höchster Punkt
Nach dem Kreuzfelsen, 546 m

Ausgangspunkt/Endpunkt
Baden-Baden-Geroldsau, Parkplätze am Wasserfallweg, 343 m

Einkehr
Bütthof

Karte
Freizeitkarte F501 Baden-Baden, 1:50 000, Landesamt für Geoinformation und Landentwicklung Baden-Württemberg (LGL)

Informationenen
www.baden-baden.de

Der Geroldsauer Wasserfall mit dem munter sprudelnden Grobbach ist zwar wunderschön, gehört aber sicher nicht zu den berühmtesten Wasserfällen im Schwarzwald. Eine Pracht ist er vor allem im Mai und Juni, wenn die Rhododendren blühen. Im Anschluss steigen wir auf zum aussichtsreichen Kreuzfelsen.

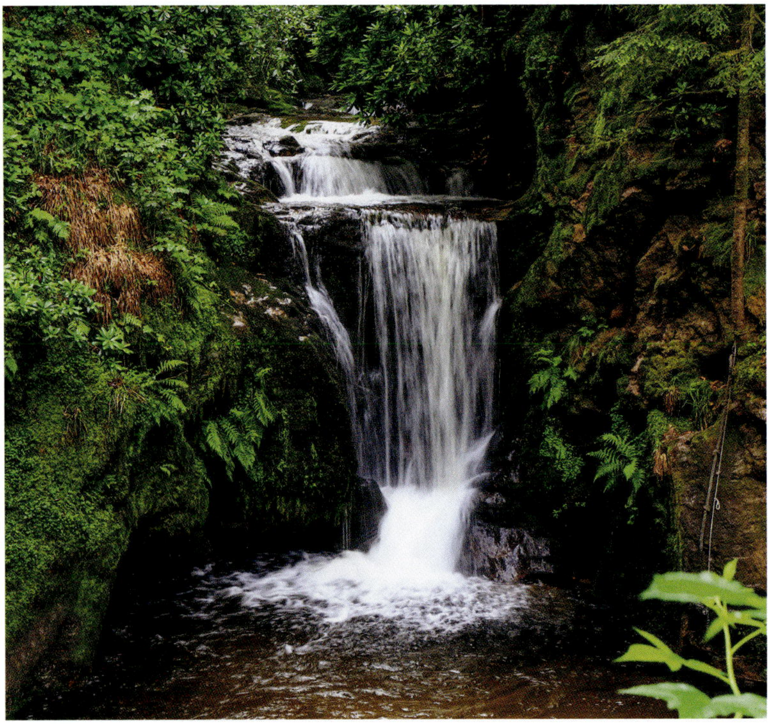

Der Geroldsauer Wasserfall liegt fast versteckt in einer tiefen Schlucht und kann nur aus der Entfernung bewundert werden.

Über den Wasserfall zum Bütthof Vom genannten Parkplatz gelangt man auf kurzem steilen Weg hinab zur Wasserfallhütte (280 m). Den ersten Blick auf den Wasserfall hat man von der Brücke aus. Wer vorher schon dort geparkt hat, wo der Weg hinab zum Wasserfall mit 0,8 km angegeben ist, folgt einfach dem Bach entgegen der Fließrichtung zur Wasserfallhütte.

Von der Hütte aus wandern wir am Wanderschild Geroldsauer Wasserfall (287 m) vorbei. Gleich darauf kann man nach rechts zu einer Aussichtskanzel hinausgehen, von der man einen besseren Blick auf das stürzende Wasser hat. Danach folgen wir dem Bachlauf bis zu einer Brücke, hinter der die zum Bütthof gehörende Wiese beginnt. Wir überqueren den Bach zum Schild An der Bütte (300 m) und spazieren nach links zum **Bütthof** ❶.

Hinauf zum Kreuzfelsen Dort halten wir uns am Schild Bütthof (304 m) links und wandern auf dem Sträßchen hinauf zu einer querenden Straße mit dem Schild Bütthof Parkplatz (325 m). Wir werden in Richtung Kreuzfelsen nach rechts, dann gleich wieder nach links verwiesen. Ab jetzt steigen wir auf schmalem Pfad in Serpentinen an.

Wir überqueren am Schild Büttertsträßle (420 m) einen Forstweg und gehen weiter bergauf. Bald dürfen wir den mit der gelben Raute markierten Abzweig nach links nicht verpassen. Später führt der Pfad durch ein kleines Felsenmeer aus herabgestürzten Felsbrocken – ein Zeichen dafür, dass wir uns dem Gipfel nähern. Bald darauf stehen wir an der Bernickelfels-Hütte (543 m). Nach links sind es noch 70 Meter zum **Kreuzfelsen** ❷. Hier steht nicht nur seit ca. 150 Jahren ein Kreuz – das heutige stammt von 2012 –, sondern man hat auch einen prächtigen Blick nach Westen in Richtung Rheintal und nach Norden und teilweise nach Osten über die bewaldeten Höhen des Schwarzwalds.

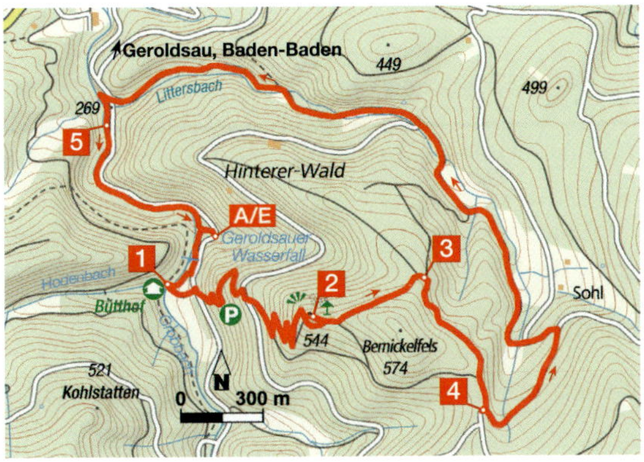

Anfahrt

Auto: A 5 bis Baden-Baden, dann auf der B 500 durch die Stadt hindurch. Am Ortsende von Geroldsau nach links abzweigen in die Geroldsauer Straße, später Wasserfallstraße, und in Richtung »Bütthof« fahren. Links der Straße gibt es verschiedene Parkmöglichkeiten. Günstig ist die an der Mündung des Littersbaches, wo der Weg zum Wasserfall mit 0,8 km angegeben ist, oder die nächste ohne Entfernungsangabe. Die Tourbeschreibung beginnt beim zweitgenannten Weg; GPS 48.712932, 8.250733
Es gibt auch im Ort einen Parkplatz, aber von dort ist der Zuweg länger.

Bus & Bahn: Bahn bis Baden-Baden, Bus bis Geroldsau, Haltestelle Malschbacher Straße; Info: www.efa-bw.de

Geroldsauer Wasserfall

Der Grobbach, ein Nebenbach der durch die Kurstadt Baden-Baden fließenden Oos, stürzt hier als breiter Wasserfall über eine neun Meter hohe Stufe des Bühlertal-Granites in einem engen, hohen Kessel in einen runden Tumpf – die sogenannte Bütte. Ihr Name erinnert an die Fässer der Weinbauern, die sie bei der Weinlese benutzen. Das Wasser sprudelt und rauscht zu Tal, über größere und kleinere Stufen, in vielen Kaskaden, zwischen runden Steinen und abgeschliffenen Felsen, die fast aussehen wie rötlicher Marmor. Der Weg am Bach entlang verläuft teilweise auf Treppen, über hölzerne Stege und Brücken und ist zeitweise sogar durch ein Drahtseil gesichert. Gefahr drohte dem Wasserfall im 18. Jahrhundert: Es gab Pläne, ihn zu beseitigen, da er die Scheitholzflößerei behinderte, die bis 1835 betrieben wurde.

Das Gestein, über das sich der Wasserfall ergießt, ist der Bühlertal-Granit, ein mittel- bis grobkörniger Granit, der reich an Kalifeldspäten ist. Er weist eine rötlich-graue Farbe auf und ist sehr widerstandsfähig. Er bildet auch die mächtigen Felsburgen, die man in der Gegend um Baden-Baden und im Bühlertal findet. Sie alle haben der Erosion standgehalten und ragen aus den Hangwäldern empor.

Wie so viele andere Wasserfälle ist der Geroldsauer Wasserfall nach der Schneeschmelze am eindrucksvollsten, aber auch in der Zeit von Anfang Mai bis Juni lohnt ein Besuch, wenn hier Hunderte von farbenprächtigen Rhododendronbüschen blühen.

Auch vor und nach dem Wasserfall bietet der Bach eindrucksvolle Bilder.

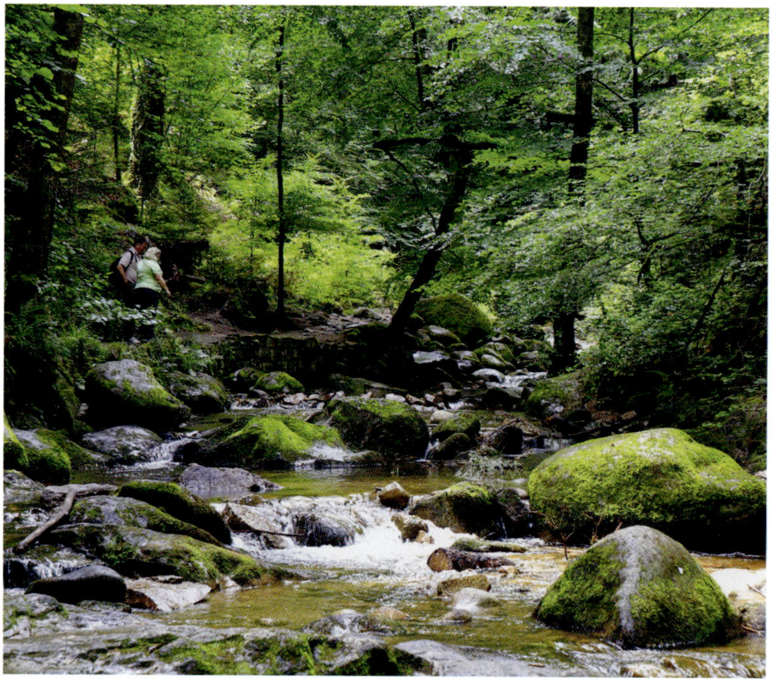

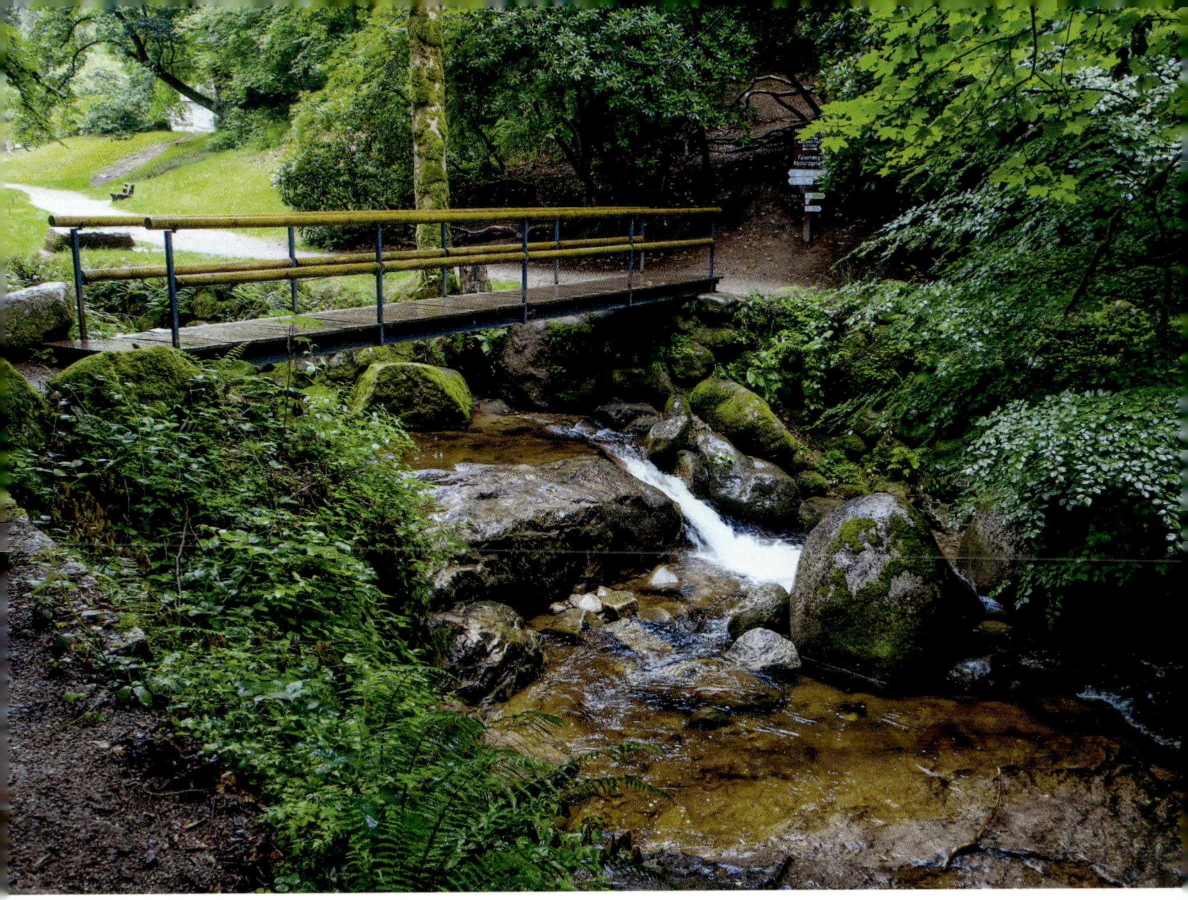

Hier am Ende des Weges durch die Schlucht endet vor dem Bütthof der wilde Verlauf des Baches.

Zurück zum Wasserfall Danach gehen wir zurück zur Hütte. Am Wanderschild Kreuzfelsen (543 m) gleich dahinter marschieren wir vorbei. Bald fällt der Pfad und bringt uns zu einer **Kreuzung** 3. Hier weisen uns die Zeichen nach rechts.

Am Schild **Bernickel** (520 m) 4 biegen wir links ab. Nun geht es in weiten Kurven immer abwärts. Bald begleitet uns der gemütlich plätschernde Littersbach. Nach einer großen, langgestreckten Lichtung mit einer Viehweide kommen wir zum Markgrafenbrunnen. Etwas später haben wir den bekannten Wasserfallweg erreicht.

Wer zum oberen Parkplatz muss, folgt dem Schild »Wasserfall 0,8 km« hinab zum Bach und zum Wanderschild **Einmündung Littersbach** (260 m) 5 und wandert am Grobbach entlang nach links aufwärts. Von links mündet gleich darauf der Littersbach ein, danach sehen wir immer wieder interessante kleine Wasserfälle und Kaskaden im Bach. Schließlich erreichen wir die Wasserfallhütte und gehen nach links auf bekanntem Weg hinauf.

6 Murgtaler Felsenrunde

Von Reichental zu Aussichtsfelsen

schwer	8,4 km	320 Hm	2.40 Std.

Tourencharakter
Die Tour bringt zwar einiges an Anstieg mit sich, wir wandern aber vorwiegend auf festen Forstwegen. An den Aussichtsfelsen sollte man vorsichtig sein, denn es geht teilweise steil hinab.

Tourenverlauf
Reichental/Parkplatz – Fatimakapelle 0.15 Std. – Rockert 0.45 Std. – Aulighalde 0.20 Std. – Alte Eichen 0.40 Std. – Hardbergweg 0.20 Std. – Parkplatz 0.20 Std.

Höchster Punkt
Aulighalde, 660 m

Ausgangspunkt/Endpunkt
Gernsbach-Reichental, Parkplatz vor dem Ort an der L76b, 365 m

Einkehr
Reichental

Karte
Freizeitkarte F501 Baden-Baden, 1:50 000, Landesamt für Geoinformation und Landentwicklung Baden-Württemberg (LGL)

Informationen
www.gernsbach.de

Rechte Seite unten: Der Weg führt an einigen Felsformationen vorbei, die einen prächtigen Blick hinab ins Murgtal bieten.

Das Murgtal bietet nicht nur den Fluss mit seinen ausgewaschenen Felsbrocken, sondern auch prächtige Aussichtsfelsen. Wir besuchen bei dieser Wanderung einige dieser Aussichtspunkte bei Reichental. Einen Teil der Strecke wandern wir auf den Mehrtages-Wanderwegen Gernsbacher Runde und Murgleiter.

Vom Parkplatz zur Fatimakapelle Gegenüber vom Parkplatz kurz vor Reichental sieht man eine Ölberggruppe mit überlebensgroßen Figuren. Wir spazieren kurz in Richtung Ort, dann nehmen wir den mit dem Wanderzeichen blaue Raute links abgehenden Weg. Im Wald kommen wir am Schild Ruckgraben (380 m) vorbei, danach weist uns das Zeichen der Gernsbacher Runde nach rechts. Ein Zickzack bringt uns hinauf zur **Fatimakapelle** (417 m) ①. Wenn man hier ein paar Schritte nach rechts geht, kommt man zur ersten Aussicht des Tages.

An der Kapelle biegen wir links in Richtung »Elsbethhütte« ab. Nach dem Schild Gernweg (420 m) durchqueren wir eine Lichtung mit ein paar Heuhütten. Nun führt uns das Zeichen der Murgleiter hinauf zu einem **querenden Weg** ②. Wir biegen links ab und folgen dem Gernweg bis zum nächsten querenden Weg.

Aussicht ins Murgtal Jetzt marschieren wir hinter dem Schild **Fußwiesen** (500 m) ③ auf dem nach links führenden Pfad in Richtung »Rockert 1,1 km« bergauf. Der Pfad steigt erst mäßig, dann steiler an bis zu einem Forstweg mit dem Wanderschild **Unter dem Dachstein** ④. Hier wandern wir auf dem breiten Forstweg nach rechts weiter. Bald sehen wir rechts eine Art Felsenmeer: eine Ansammlung von mächtigen Felsbrocken, die zu einem Hügel aufgetürmt sind. Später erreichen wir das Schild Dachstein (611 m). Unser Weg führt zwar geradeaus auf dem nach rechts ziehenden Weg weiter, zuerst sollten wir aber nach links hinaus zu einem **Aussichtspunkt** ⑤ ins Murgtal gehen.

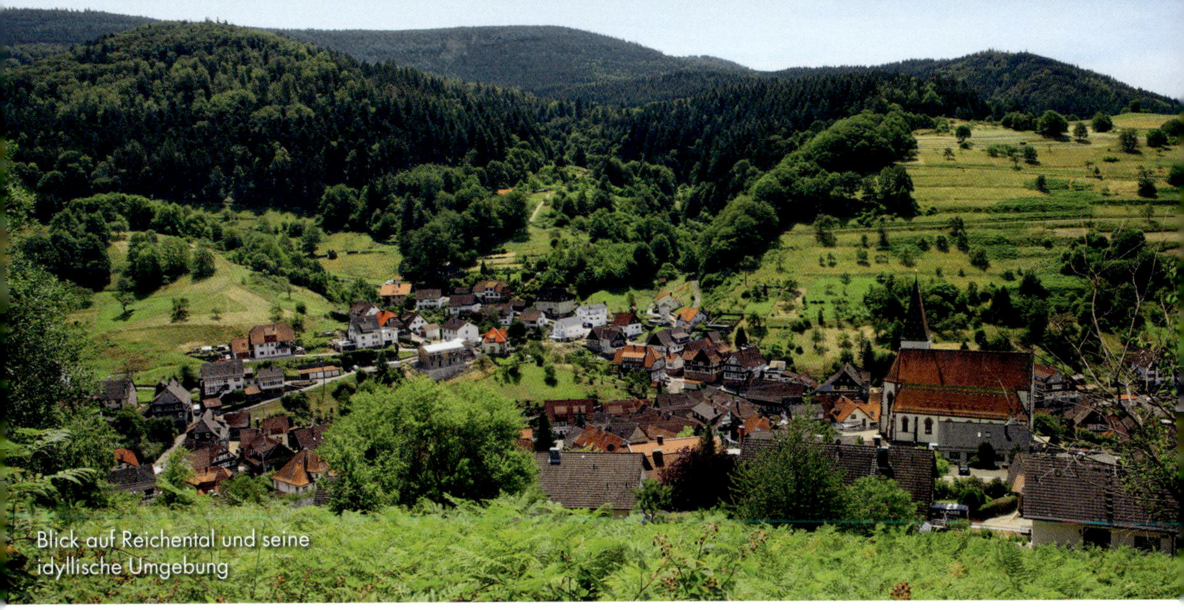

Blick auf Reichental und seine idyllische Umgebung

Abstecher zum Felsmassiv Wenn wir dem Weg folgen, kommen wir zum Schild **Rockert** (633 m) 6. Hier gehen wir zwar weiter in Richtung »Autighalde«, ein kurzer Abstecher nach links lohnt aber. Nach ein paar Minuten folgen wir dann dem mit verschiedenen Wanderzeichen markierten Pfad erneut nach links und finden gleich darauf links ein kleines **Felsmassiv** 7, das uns wieder eine herrliche Aussicht bietet. Danach gehen wir zurück zum Schild

Anfahrt

Auto: Auf der A5 bis Ausfahrt Rastatt Nord, dann auf der B462 über Gernsbach nach Hilpertsau. Nun auf der L76b zum Parkplatz vor Reichental; GPS 48.731851, 8.383818

Bus & Bahn: Bahn bis Karlsruhe, S-Bahn bis Gernsbach, dann Bus bis Reichenbach Rathaus; Info: www.efa-bw.de

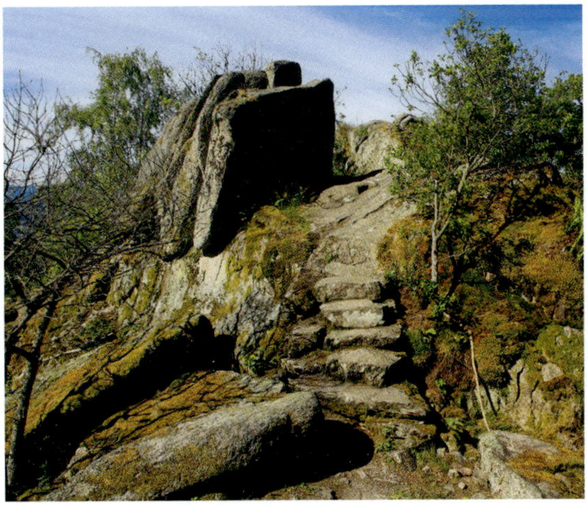

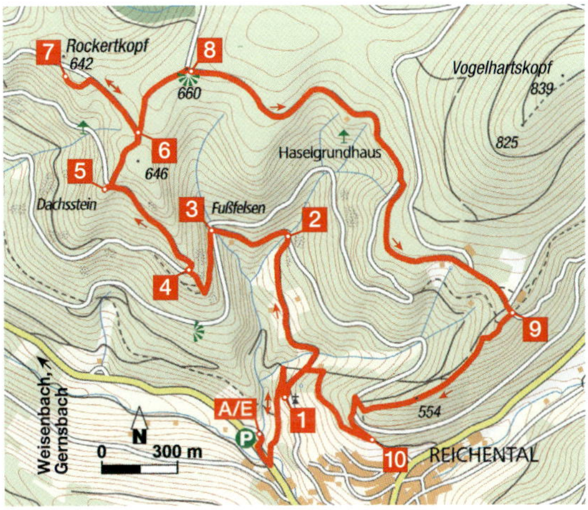

Rockert und halten uns links. Es geht eine Weile bergauf, dann stehen wir am Schild **Aulighalde** (660 m) 8.

Durch das Felsenmeer zurück Hier orientieren wir uns rechts. Wir passieren die Schilder Haselgrund (639 m) und Flachsland (640 m) und kommen zum ersten Schild **Alte Eichen** (639 m) 9, kurz darauf zum zweiten Schild mit derselben Bezeichnung. Nun halten wir uns rechts in den Pfad. Es geht relativ eben zu einem ausgedehnten Felsenmeer; viele der bemoosten Felsbrocken liegen im Wald, andere sind zu großen Haufen aufgetürmt. Unser Weg fällt jetzt steil ab, wobei uns ständig mächtige Felsbrocken begleiten. Wir queren einen Forstweg und stoßen nach ihm auf das Schild **Hardbergweg** (480 m) 10. Hier bietet sich uns ein herrlicher Blick auf das Dorf Reichental und seine Bergumrahmung.

Wir halten uns am Schild links und wandern bis zum bekannten Schild Gernweg (420 m) an der Lichtung mit den Heuhütten. Auf bekanntem Weg gehen wir nach links zur **Fatimakapelle** 1 und bei ihr nach rechts hinab zum Ausgangspunkt.

Immer wieder bietet sich ein Blick hinab ins Murgtal und zu den Höhen des Schwarzwalds.

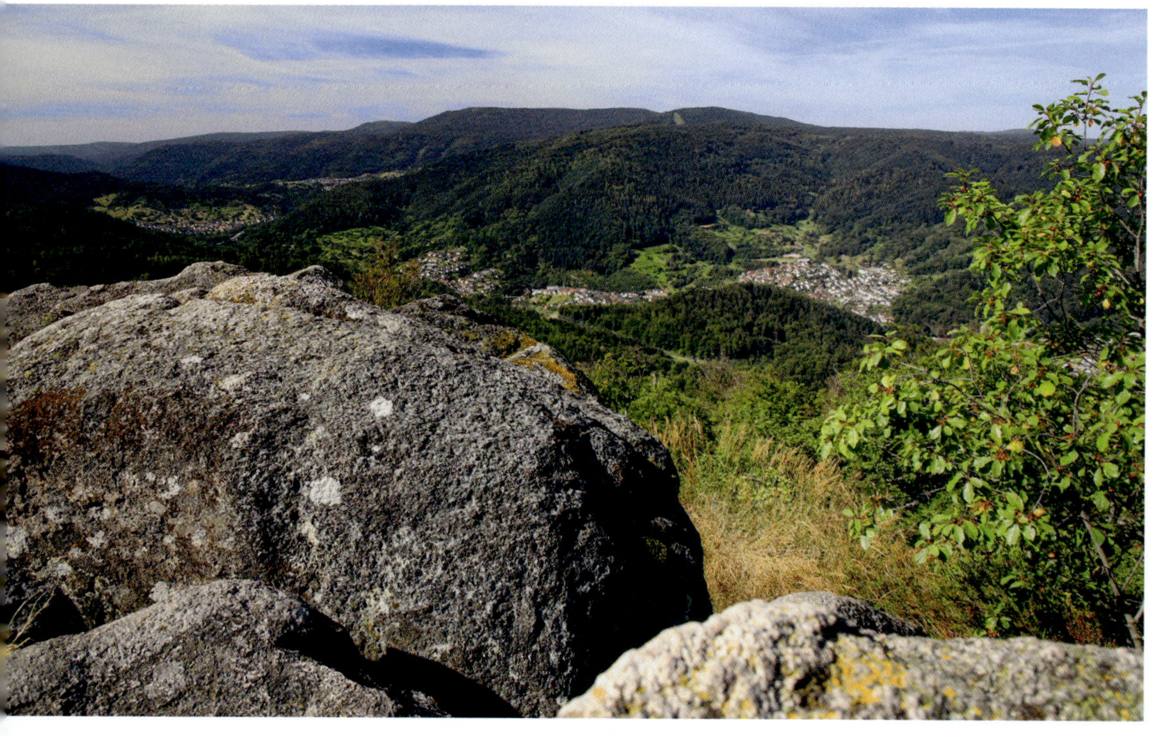

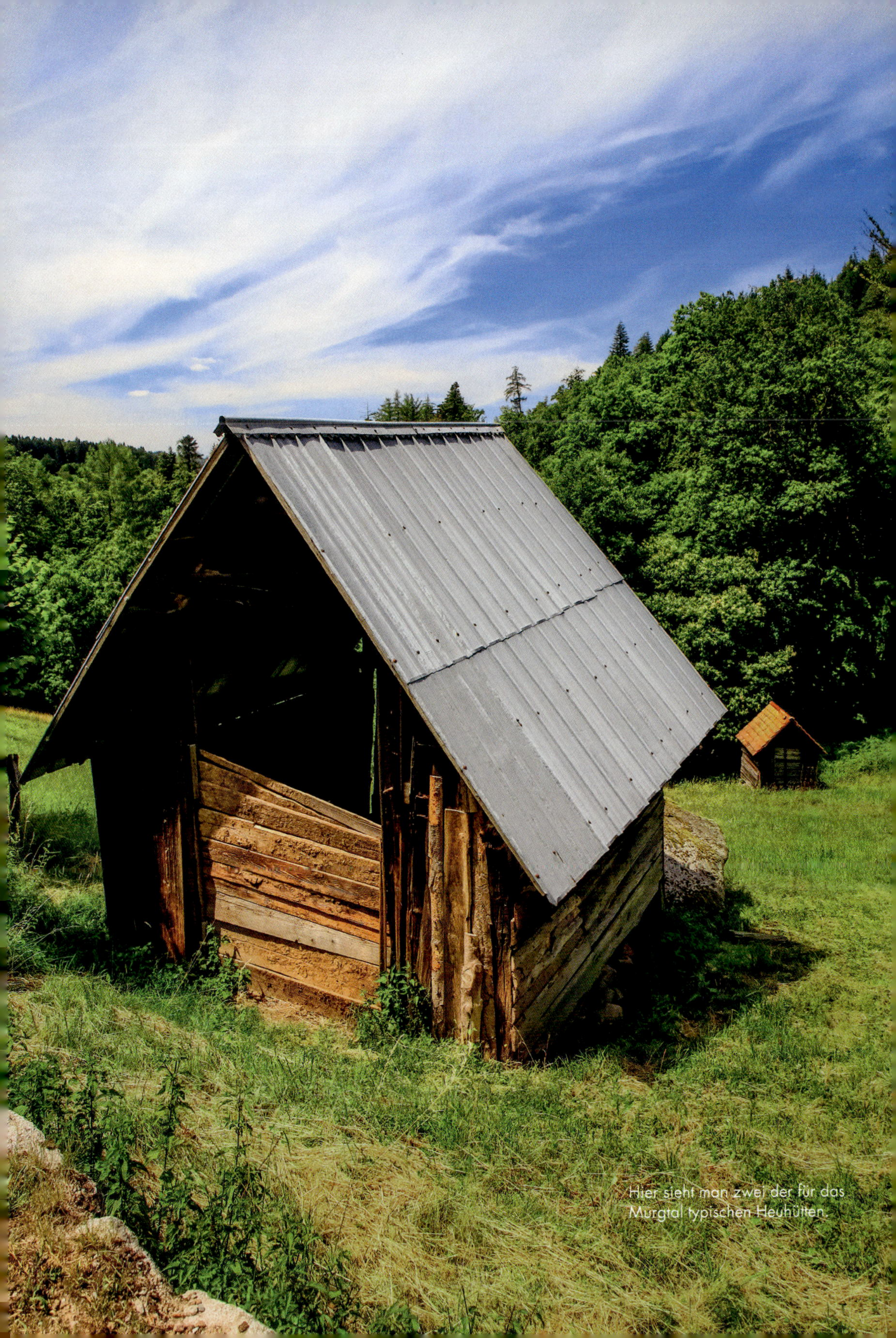

Hier sieht man zwei der für das Murgtal typischen Heuhütten.

7 Aussicht, Schutzhütten und uriger Wald

Über den Wildbader Kopf zur Schirmhütte

mittel | 8,6 km | 330 Hm | 2.40 Std.

Tourencharakter
Nach einfachem Anstieg geht es eine Weile eben auf einem Forstweg zu zwei Schutzhütten, danach teilweise auf einem Pfad und an einem Bach entlang wieder zurück.

Tourenverlauf
Bad Wildbad/Paulinenhöhe – Wetterfahnenhütte 0.30 Std. – Schirmhütte 1 Std. – Stellenbrunnen 0.30 Std. – Paulinenhöhe 0.40 Std.

Höchster Punkt
Schirmhütte, 825 m

Ausgangspunkt/Endpunkt
Bad Wildbad, Wanderparkplatz Paulinenhöhe, Alte Dobler Straße 20, 525 m

Anfahrt
Auto: Bad Wildbad liegt an der L351, die man von Nord oder Süd über die B294 erreicht; GPS 48.757312, 8.54678
Bus & Bahn: S-Bahn, dann steiler Aufstieg über die Hohenlohestraße und die Himmelsleiter zur Paulinenhöhe;
Info: www.efa-bw.de

Einkehr
Bad Wildbad

Karte
Freizeitkarte F502 Pforzheim (LGL), 1:50 000, Landesamt für Geoinformation und Landentwicklung Baden-Württemberg (LGL)

Informationen
www.bad-wildbad.de

Bad Wildbad hat einige der Topziele im nördlichen Schwarzwald zu bieten. Zuerst wandern wir zur Wetterfahnenhütte, die uns einen prächtigen Blick hinab ins Enztal bietet. Nach einer längeren Strecke durch den Wald kommen wir an zwei kleinen Schutzhütten vorbei, danach geht es teilweise entlang eines plätschernden Schwarzwaldbaches wieder hinab zum Ausgangspunkt.

Hinauf zur Wetterfahnenhütte Gleich beim Ausgangspunkt sehen wir eine der Besonderheiten unter den Bäumen des Landes: einen mächtigen Mammutbaum. Auch die Geschichte dieser Baumart ist hier auf einer Tafel erklärt. Dann nehmen wir gegenüber vom Wanderschild Paulinenhöhe (525 m) den in den Wald hineinführenden Frankenweg. Er steigt gleich im Zickzack an. Nach einer Weile überqueren wir einen Forstweg, dann erreichen wir die **Wetterfahnenhütte** (1), von der wir einen schönen Blick hinab ins Enztal haben. Wir folgen dem Weg noch ein Stück und treffen auf einen breiten Weg. Etwas weiter rechts steht das Wanderschild Wildbader Kopf (705 m).

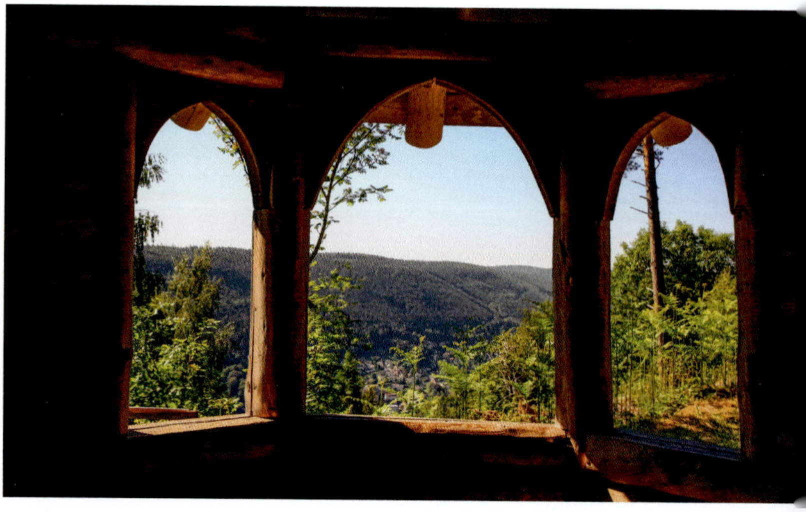

Zu zwei Schutzhütten Hier biegen wir links ab und wandern nun eine ganze Weile auf dem breiten Forstweg. Wo der Stoffelsweg rechts abgeht, sehen wir einen schönen Grenzstein mit dem württembergischen Wappen von 1558.

Weiter geradeausgehend kommen wir zu einer **Kreuzung breiter Wege** ❷. Hier kann man geradeaus zur Soldatenbrunnenhütte gehen, wir halten uns jedoch rechts in den Schirmhüttenweg. An einer Verzweigung biegen wir mit dem Wanderzeichen

Linke Seite: Blick aus der Wetterfahnenhütte über das Enztal auf die Höhe gegenüber

Immer willkommen: ein Rastplatz unterwegs mit herrlicher Aussicht

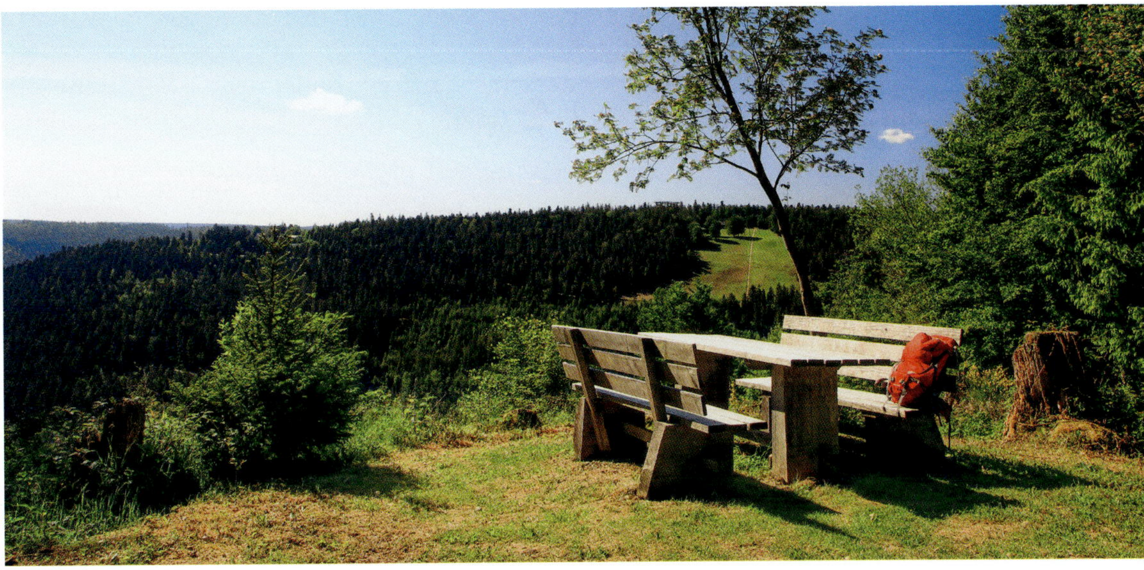

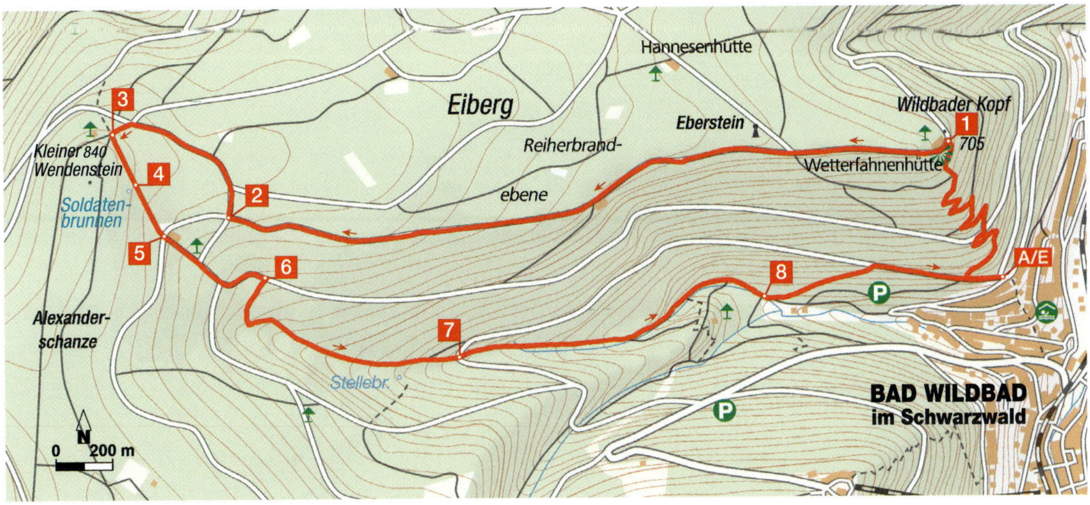

gelbe Raute links ab in den alten Linienweg. Er bringt uns zur **Schirmhütte** (825 m) ❸, die ein wenig an norwegische Stabkirchen erinnert.

Hier halten wir uns links. Nun kommen wir an alten Grenzsteinen von 1558 vorbei, sie tragen teils das württembergische und teilweise das badische Wappen, bisweilen sieht man außerdem ein Symbol, das wie die Ritzzeichnung eines Tannenbaumes aussieht und den Bad Wildbader Teil des Waldes symbolisiert. Es geht etwas bergab, dann weist uns ein Schild nach rechts zum **Soldatenbrunnen** ❹. Hier finden wir auch einen Tisch und Bänke zum Rasten. Weiter bergab und vorbei an drei Grenzsteinen stoßen wir auf eine Kreuzung, hinter der die **Soldatenbrunnenhütte** (860 m) ❺ steht.

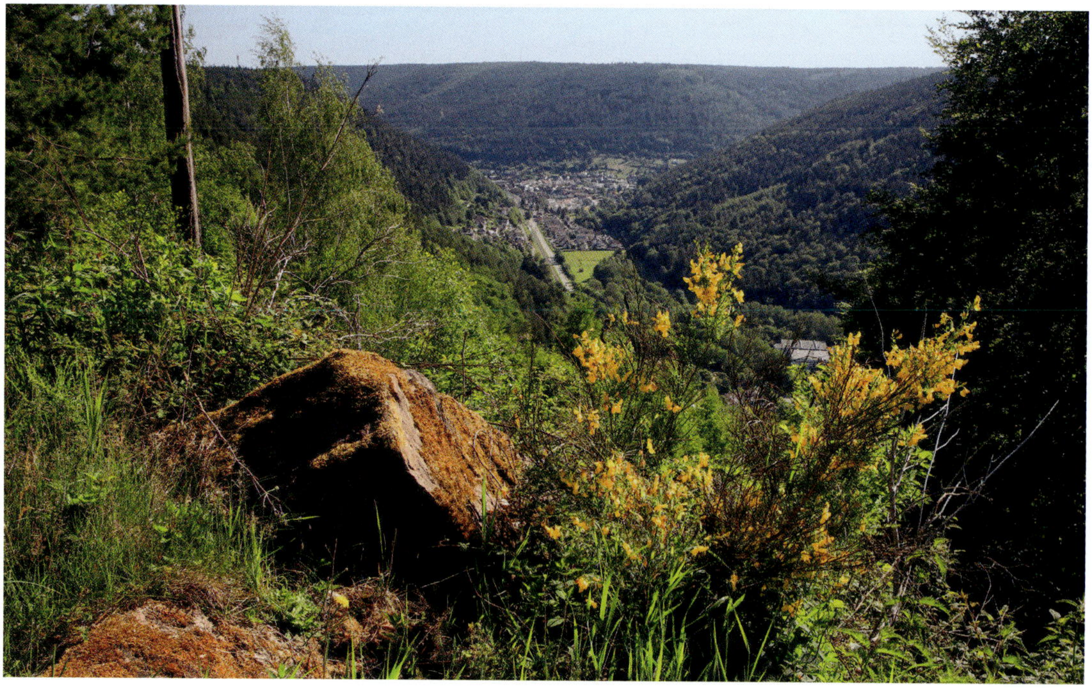

Blick hinab ins Enztal

Zurück entlang des Rennbachs Nun wandern wir mit dem Wanderzeichen blaue Raute geradeaus im Rennbachhangweg weiter bergab. Nach einer Links- und dann einer Rechtskurve weist uns das Zeichen nach rechts in die **Rennbachsteige** ❻. Wir wandern ab jetzt auf einem unbefestigten Weg links eines Bachlaufs, der vielleicht ausgetrocknet sein wird. Nach einiger Zeit sehen wir rechts eine treppenförmige Anlage, die als »Knapp's Wasserfall« auf einer Tafel angezeigt wird.

Noch tiefer kommen wir zum Schild **Stellenbrunnen** (640 m) 7. Hier haben wir zwei Möglichkeiten: Der bequemere Weg wäre, wenn wir links abbiegen und auf dem breiten Forstweg Frankenweg zurück zur Paulinenhöhe gehen.

Naturnäher und abwechslungsreicher ist es jedoch, wenn wir an der Kreuzung geradeaus in der Rennbachsteige weiterwandern. Es ist ein wunderbarer Naturpfad, und später plätschert sogar der Bach neben dem Wanderweg. Unterwegs kommen wir auch an einem Mammutbaum vorbei, er befindet sich links oberhalb von uns.

Bei der Schirmhütte bietet eine Schneise einen Blick in die Landschaft.

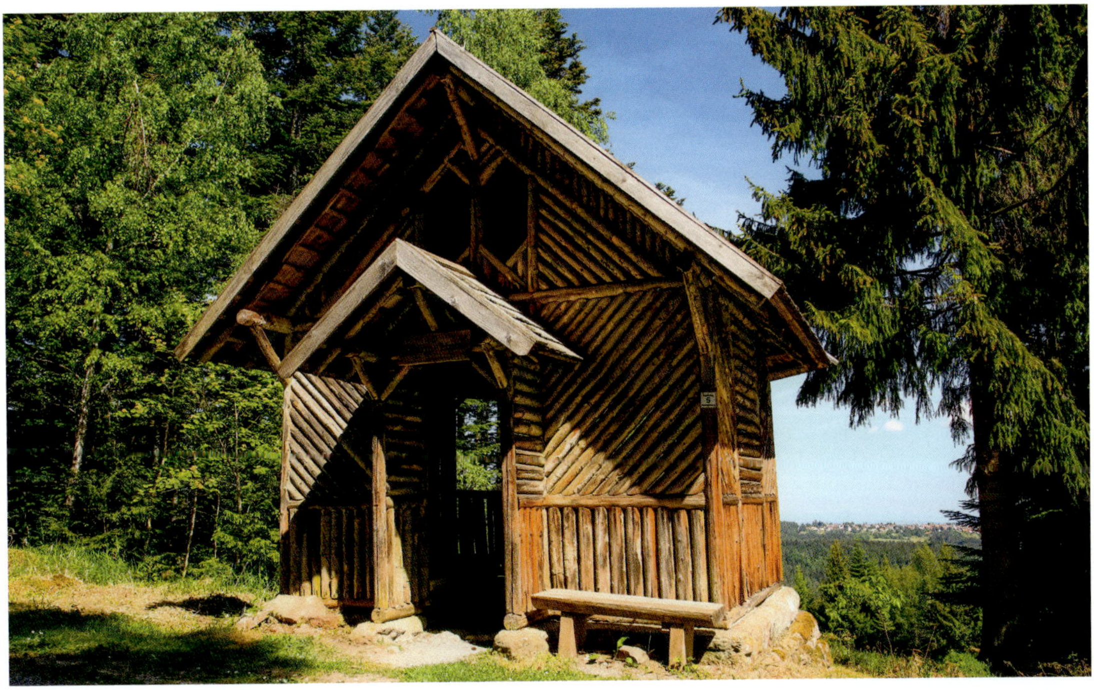

Schließlich mündet unser Weg in ein **Sträßchen** 8. Rechts sehen wir einen kleinen Weiher, der sich zu einer letzten Rast anbietet. Wir zweigen aber links in den ansteigenden Waldweg ein. Er bringt uns hinauf zum Frankenweg, wo wir eine Infostation zum ehemaligen Gewerbe der Harzgewinnung sehen. Nach rechts geht es in wenigen Minuten zurück zum Ausgangspunkt.

8 Um den Meisternkopf zum Riesenstein

Von Calmbach auf die Höhe

schwer	11 km	320 Hm	3.15 Std.

Tourencharakter
Einfach zu gehende Wanderung mit mäßiger Steigung bis zum Riesenstein. Bis auf ein Stück des Abstiegs vom Riesenstein wandert man auf festen Wegen.

Tourenverlauf
Calmbach/Freibad – Abzweig vor der Meisternkopfhütte 1.05 Std. – Riesenstein 0.45 Std. – Enztal/Blumenauerteich 1.00 Std. – Parkplatz Freibad 0.35 Std.

Höchster Punkt
Riesenstein, 727 m

Ausgangspunkt/Endpunkt
Bad Wildbad-Calmbach, Parkplatz, 423 m

Anfahrt
Auto: A 81 bis Ausfahrt Leonberg-West, dann auf der B 295 über Renningen und Weil der Stadt nach Hirsau. Weiter auf der B 296 über Oberreichenbach nach Calmbach. Die Zufahrt zum Freibad liegt links an der B 294; GPS 48.763599, 8.586839
Bus & Bahn: Bahn bis Pforzheim, S-Bahn bis Calmbach; Info: www.efa-bw.de

Karte
Freizeitkarte F502 Pforzheim, 1:50 000, Landesamt für Geoinformation und Landentwicklung Baden-Württemberg (LGL)

Informationen
www.bad-wildbad.de

Zwischen dem Enztal und dem Tal der Kleinen Enz erstreckt sich südlich von Calmbach ein Bergrücken, der Meisternkopf. Auf ihm finden wir eine geologische Besonderheit – den Riesenstein, inmitten der dichten Wälder um Bad Wildbad. Dorthin wandert man durch einen teilweise recht urtümlichen Wald. Da man am Freibad parkt, kann man den Tag mit einem kühlen Bad ausklingen lassen.

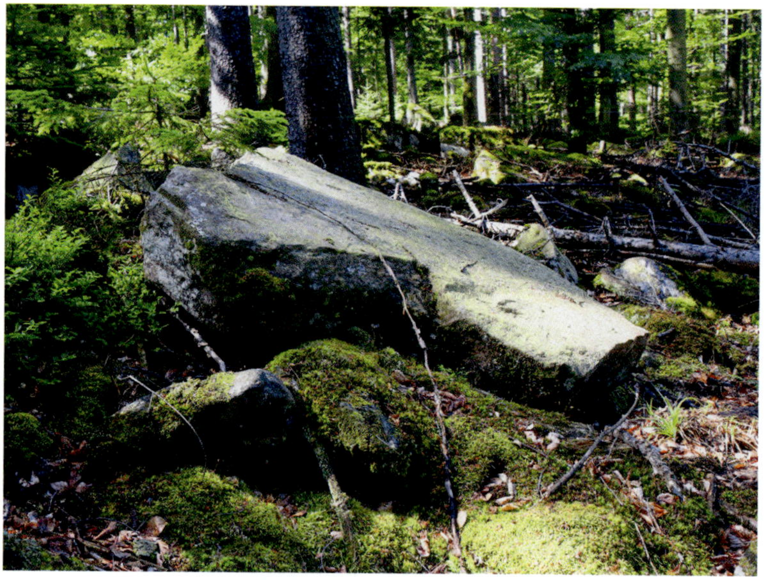

Ständiger Anstieg mit ein paar Ausblicken Wir gehen vom Parkplatz beim Freibad aus in Richtung Calmbach. Gleich danach kommen wir an einem rekonstruierten Floß vorbei. An der Verzweigung vor den Häusern wandern wir nach links hinauf zum **Waldrand** ❶. Dort sehen wir das Wanderschild Meisternsiedlung (415 m). Wir marschieren auf dem ansteigenden Asphaltweg (Breiter Weg) weiter in Richtung »Riesenstein«. Auch am Schild Jörgenteich (460 m) gehen wir geradeaus weiter aufwärts.

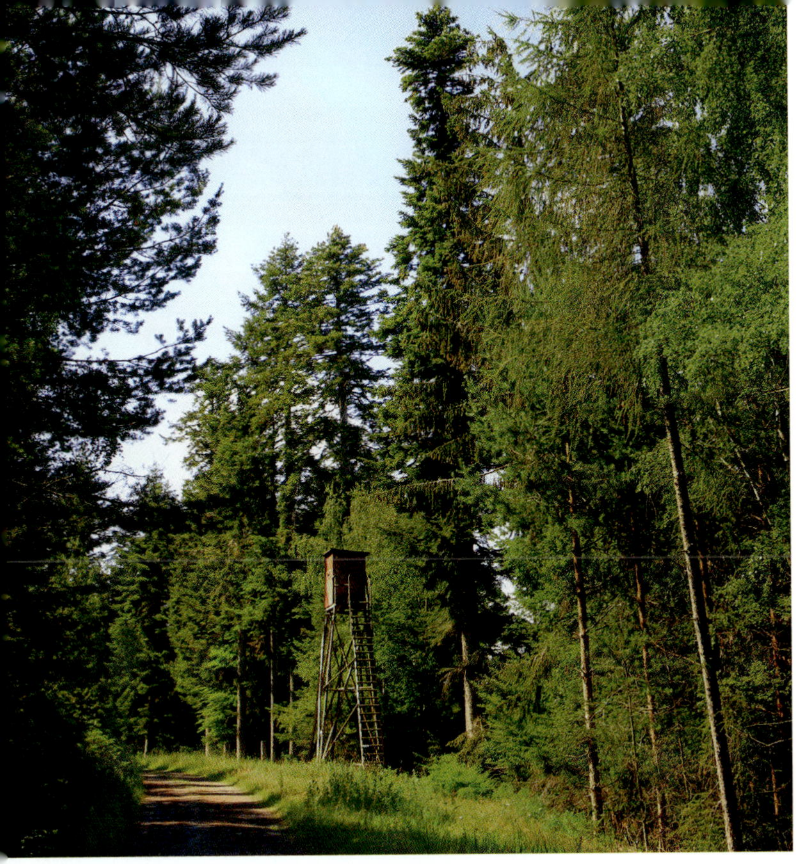

Oben: Die Tour führt durch einen prächtigen Wald.

Unten: Links der Hütte liegt der Riesenstein am Boden.

Linke Seite: urige Waldszene am Meisternkopf

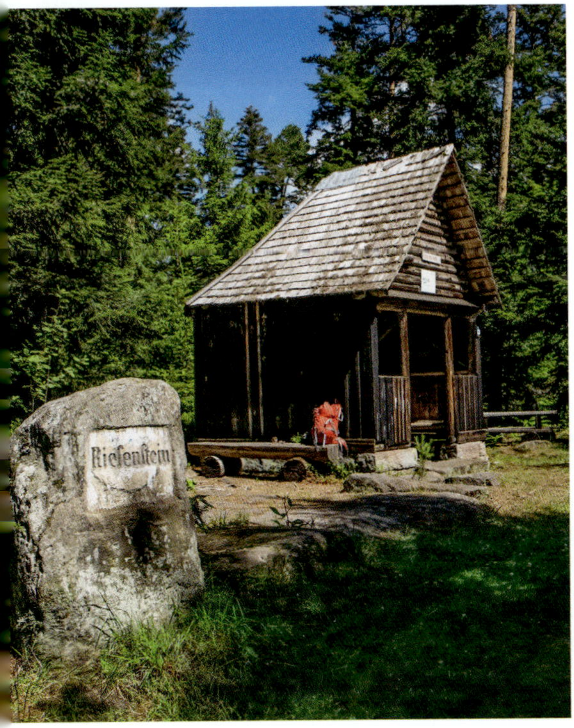

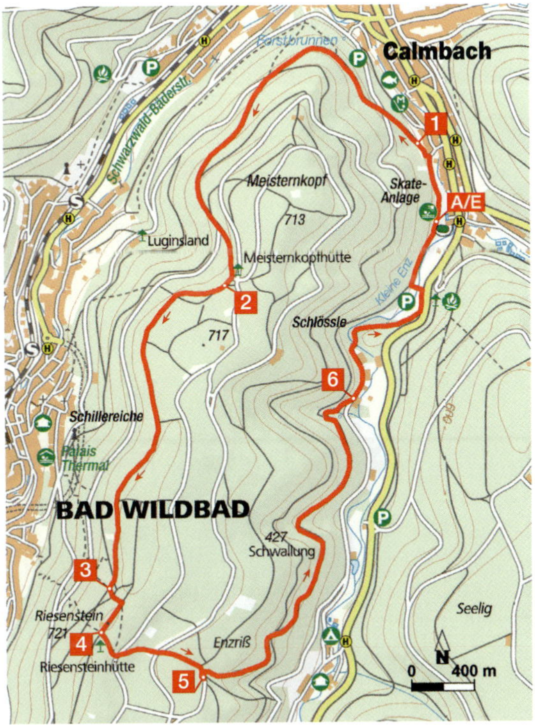

Ab und zu bietet sich uns ein Blick durch die dichten Bäume ins Enztal. Der Weg führt uns am Schild Kleiner Rank (550 m) vorbei, danach zweigt vor einem **Holzpavillon (Meisternkopfhütte)** 2 der mit der gelben Raute markierte Wanderweg rechts ab.

Eben zum Riesenstein Nun geht es eben weiter, immer entlang des links liegenden Meisternkopfes. Links sehen wir auch einen recht urtümlichen Wald mit interessanter Vegetation, Totholz und immer wieder Felsbrocken. Teilweise sind sie recht groß, erreichen aber nicht die Dimension des Riesensteins.

Wo rechts ein großer Stein liegt, sehen wir genau auf die Sommerbergbahn von Bad Wildbad. Schließlich stoßen wir auf das Schild **Kappelberg** (710 m) 3. Hier biegen wir mit dem Wanderzeichen blaue Raute links ab. Der Weg zieht nach rechts und bald erreichen wir den Riesenstein und die dazugehörige **Hütte** 4.

Blick vom Wanderweg auf Calmbach

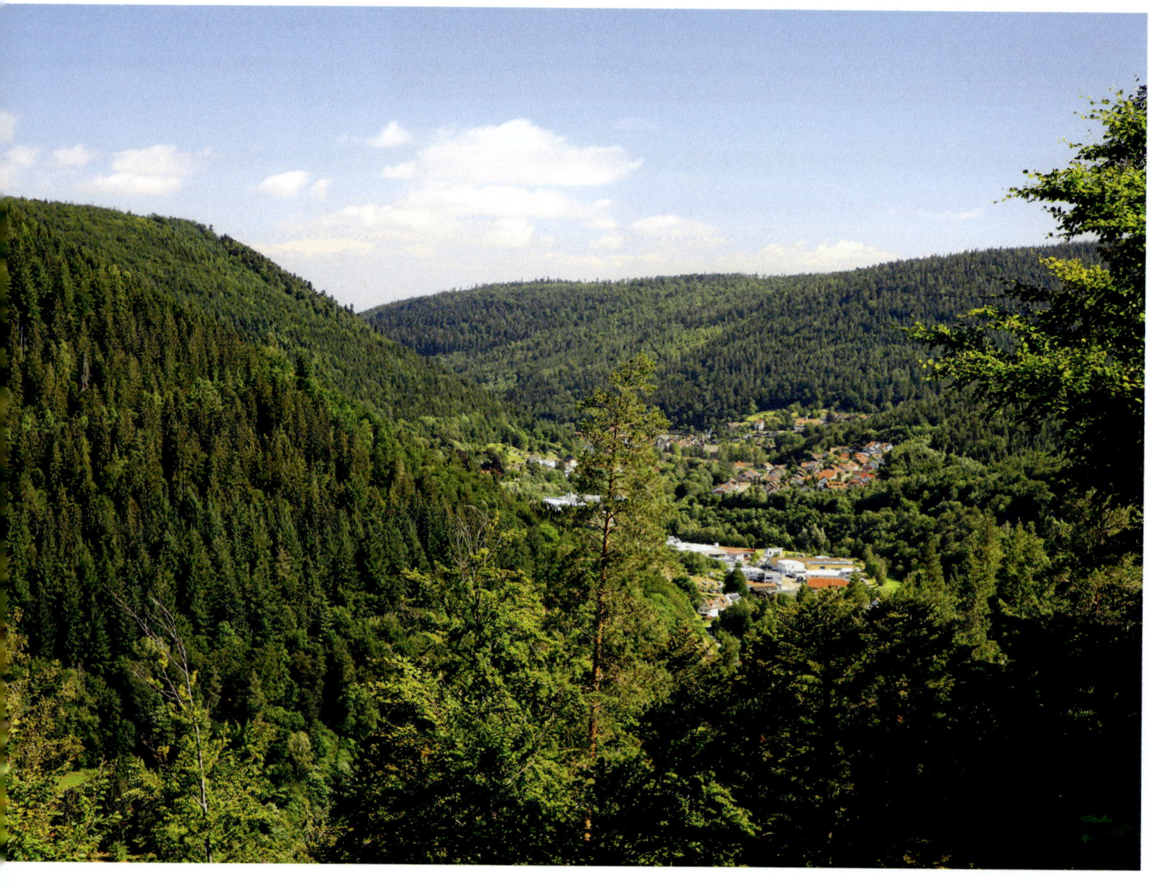

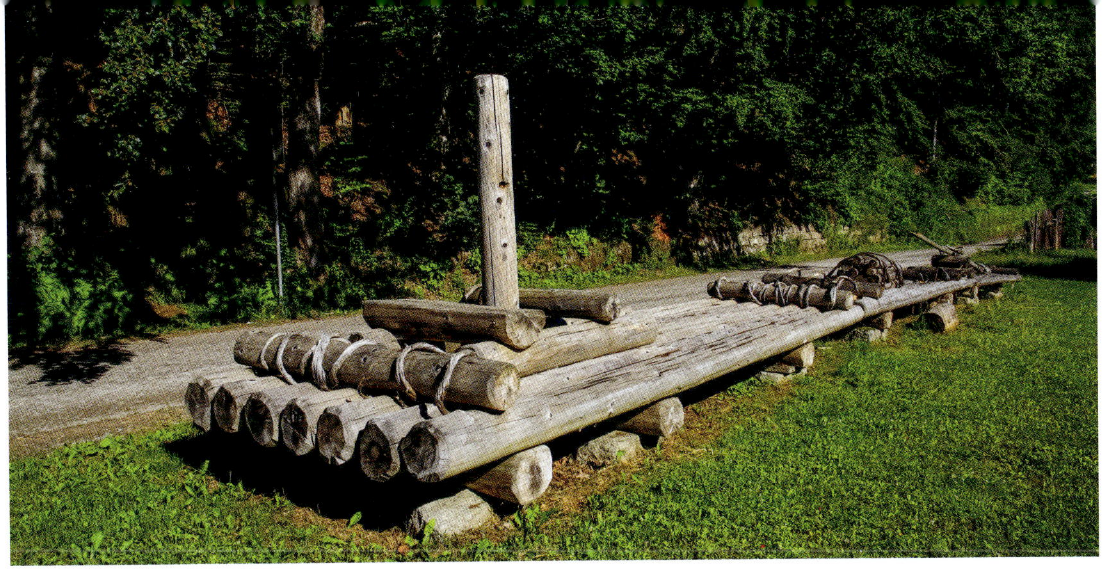

Das Modell eines Floßes erinnert an das alte Gewerbe der Flößerei, das im Nordschwarzwald sehr bedeutend war.

Der Riesenstein ist eine sechs mal zwölf Meter große Felsplatte aus hartem, verkieseltem Buntsandstein, die neben der Hütte in der Erde liegt. Wie es heißt, soll er im 16. und 17. Jahrhundert ein beliebtes Ausflugsziel der adligen Kurgäste von Bad Wildbad gewesen sein. Diese ließen Jahreszahlen, Namen und Initialen einmeißeln.

Hinab ins Tal der Kleinen Enz Kurz danach kommen wir zum Wanderschild Riesenstein (715 m). Nun geht es auf einem Pfad nach links weiter, anfangs bergab. Der dritte querende Forstweg ist der Heuwiesenweg. Hier gehen einige Wege ab. Wir wandern entweder auf dem Pfad geradeaus zum unteren Weg oder bequemer auf dem breiten Weg, der etwas weiter rechts eine scharfe Linkskurve beschreibt. So treffen wir auf das Schild **Sulzhäusle** (660 m) 5. Wir spazieren nun auf dem breiten Forstweg mit der gelben Raute in Richtung Calmbach abwärts. Am Schild Ochsenwald (595 m) gehen wir geradeaus weiter abwärts bis ins Tal der Kleinen Enz, wo wir auf das Schild **Blumenauerteich** (460 m) 6 treffen. Hier biegen wir links ab.

Talwanderung zum Ausgangspunkt Wir wandern jetzt eben auf breitem Weg durch das Tal der Kleinen Enz. Etwas später überqueren wir das Flüsschen. Nach dem Wald gehen wir entlang einer großen Wiese und nehmen kurz vor der Straße den links abgehenden Weg, der uns gleich darauf zum Schild Scheurengrund (430 m) bringt. Hier biegen wir links ab, überqueren wieder die Kleine Enz und halten uns dahinter am Waldrand rechts. Bald darauf sind wir wieder zurück am Freibad.

9 Wilde Natur und Einkehr im Wald

Über das Sulzkar zur Grünhütte

schwer | 12,7 km | 370 Hm | 4 Std.

Tourencharakter
Rundwanderung, meist auf festen Forstwegen, nur der Aufstieg durch das Sulzkar verläuft auf einem Pfad. Im oberen Teil wandert man an der fast senkrecht abfallenden Karwand entlang, hier sollte man vorsichtig gehen. Es gibt nur sporadisch Wanderzeichen und Wegweiser unterwegs.

Tourenverlauf
Lautenhof – Sulzkar 0.45 Std. – Schäferweghütte 1.25 Std. – Grünhütte 0.10 Std. – Lautenhof 1.40 Std.

Höchster Punkt
Grünhütte, 837 m

Ausgangspunkt/Endpunkt
Bad Wildbad-Lautenhof, Parkplatz, 475 m

Anfahrt
Auto: Bad Wildbad liegt an der L351, die man von Norden oder Süden über die B294 erreicht. Südlich der Stadt liegt an dieser Straße die Ansiedlung Lautenhof; GPS 48.721215, 8.533884
Bus & Bahn: Bahn bis Bad Wildbad, Bus nach Lautenhof; Info: www.efa-bw.de

Einkehr
Grünhütte

Karte
Freizeitkarte F502 Pforzheim, 1:50 000, Landesamt für Geoinformation und Landentwicklung Baden-Württemberg (LGL)

Die Strecke durch das Sulzkar ist ein eindrucksvolles Erlebnis. Man sieht viel romantisch bemoostes Totholz und kommt an einigen mächtigen Felsmassiven vorbei. Danach geht es zur gastlichen Grünhütte, eine der seltenen Einkehrmöglichkeiten mitten im dichten Wald. Der Rückweg verläuft entlang eines munter sprudelnden Baches.

Hinauf zum und durch das Sulzkar Am Parkplatz beim Fahrverbotsschild am Ende der Ansiedlung Lautenhof sehen wir den Weg aus dem Wald herausführen, auf dem wir am Ende der Tour herunterkommen. Jetzt gehen wir aber zunächst etwas zurück und biegen rechts ab in den Sägerweg. Nach dem letzten Haus sehen wir rechts den **Lautenhofweiher** (1), ein idyllisches Stück Landschaft. Wer will, kann sich hier nach der Tour ein wenig erholen. Es gibt eine Schutzhütte, Tisch und Bänke.

Danach kommen wir in den Wald. Hier folgen wir mit dem Wanderzeichen gelbe Raute der Alten Baurenbergsteige. An einem Querweg, bei dem wir auch eine ehemalige Rampe sehen (siehe Tour 17), biegen wir rechts ab. Nach ein paar Minuten folgen wir dem Zeichen gelbe Raute nach links. Etwas später nach einer Rechtskurve weist uns ein Schild nach links ins »**Sulzkar**« (2).

Nun beginnt der wildeste und interessante Teil der Wanderung. Wir steigen in Serpentinen durch das Sulzkar auf. Das in den Eiszeiten entstandene Kar ist rund 12 000 Jahre alt. Es ist durch viel Totholz, bemooste Felsen und Baumstämme charakterisiert. Nach einigem Anstieg kommen wir zu einer Reihe von mächtigen Felsen. Hier zieht der Weg nach links, ab jetzt wird es wieder eben. Wir befinden uns nun am Steilabfall der Karwand, sollten also entsprechend vorsichtig gehen.

Über die Schäferweghütte zur Grünhütte Nach den Felsen geht es noch etwas geradeaus weiter, bis wir auf einen bei sommerlicher

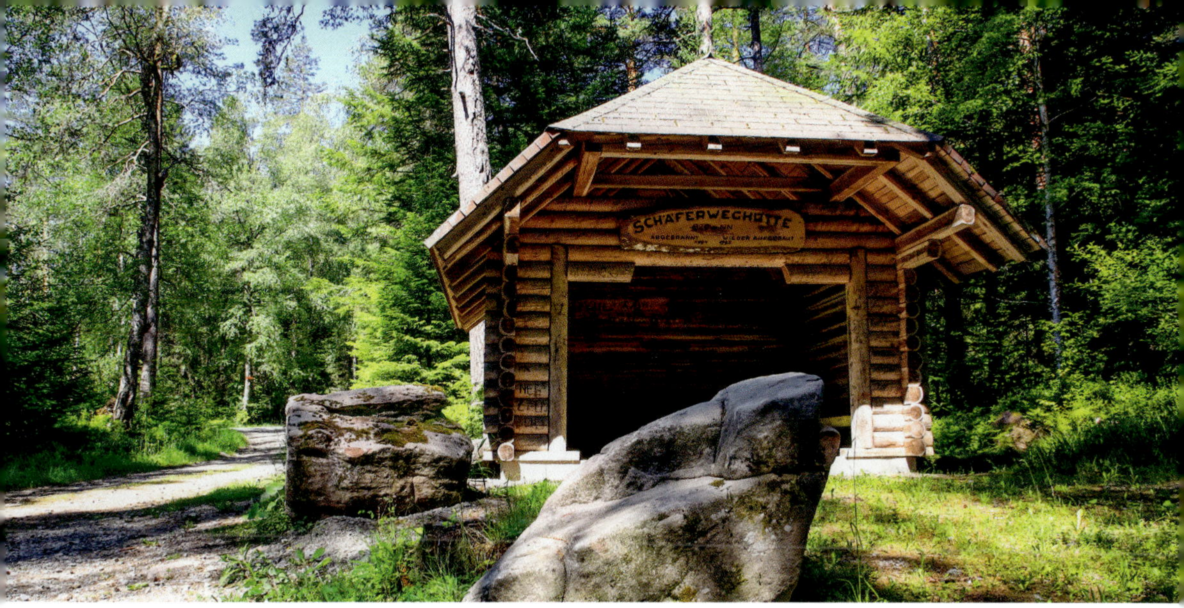

Vegetation schlecht erkennbaren Pfad stoßen. Ein Schild weist uns nach rechts zur »Wanneebene«. Nach ein paar Minuten gelangen wir auf einen breiteren Naturweg. Hier biegen wir rechts ab und kommen zu einem geschotterten Forstweg. Nun halten wir uns links, »Grünhütte« ist hier zum ersten Mal angeschrieben ❸.

Kurz vor der Einkehrmöglichkeit Grünhütte bietet sich die Schäferweghütte als Regenschutz an.

Wir kommen an einer kleinen Hütte vorbei, danach halten wir uns an einem querenden Weg links. Er bringt uns zum Schild Tiefengrund (805m). Wir wandern geradeaus weiter, vorerst nicht mehr im Wald. Wo wir wieder in den Wald eintreten, bemerken wir rechts eine steil abfallende Karwand, darunter liegt das Tiefengrundkar.

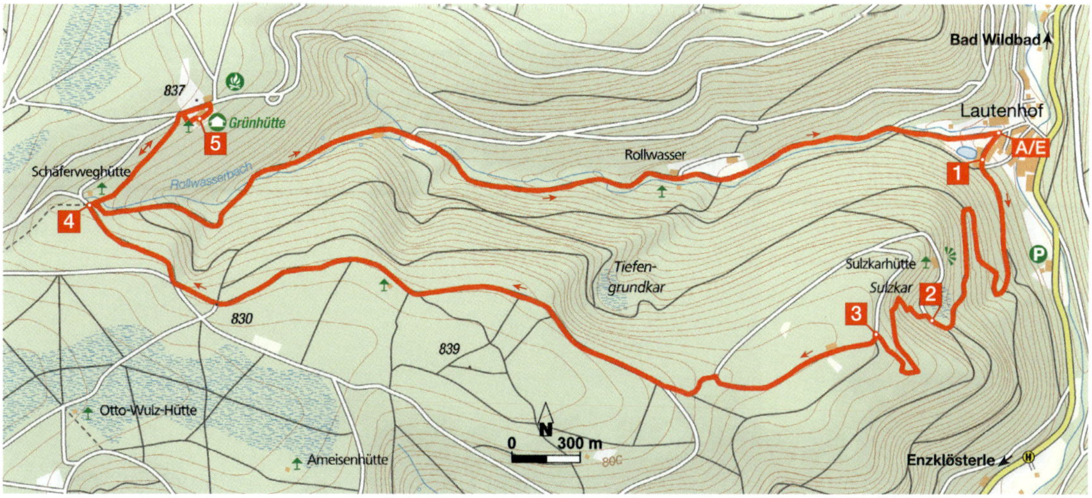

Totholz

Der Nordschwarzwald ist eine Schatztruhe der kleinen Kostbarkeiten – auch wenn es dort Aussichtspunkte, Wasserfälle und touristische Hochburgen gibt, sind doch die kleinen Wunder der Natur das Besondere hier. Seien es Blüten, Blätter oder Farne, denen man im Frühjahr beim Entfalten und Erwachen zusehen kann, sei es Totholz – also abgestorbene Baumstämme, Stümpfe und Äste. Letzteres ist ein wichtiger Bestandteil eines naturnahen Waldes. Das Holz bleibt als Lebensraum für Moose – von dem es bald überwuchert wird – und Farne liegen und vermodert langsam. So bietet es einer Vielzahl von Insekten und anderen Tieren Nahrung und Wohnung. Über 1500 Pilze und 13 000 Käferarten, vor allem Hirsch- und Bockkäfer, leben im und vom Totholz. Für Schwarzspecht und Hohltaube, aber auch für Eulen- und Kauzarten sind abgestorbene Laubbäume Brutplätze. Und fast alle Fledermausarten sind auf Höhlen im Totholz angewiesen. Außerdem dient Totholz an nassen und kalten Standorten mit hoher Krautflora als »Brutbett« für die nächste Waldgeneration.

Durch das Sulzkar führt ein wunderschöner Naturpfad.

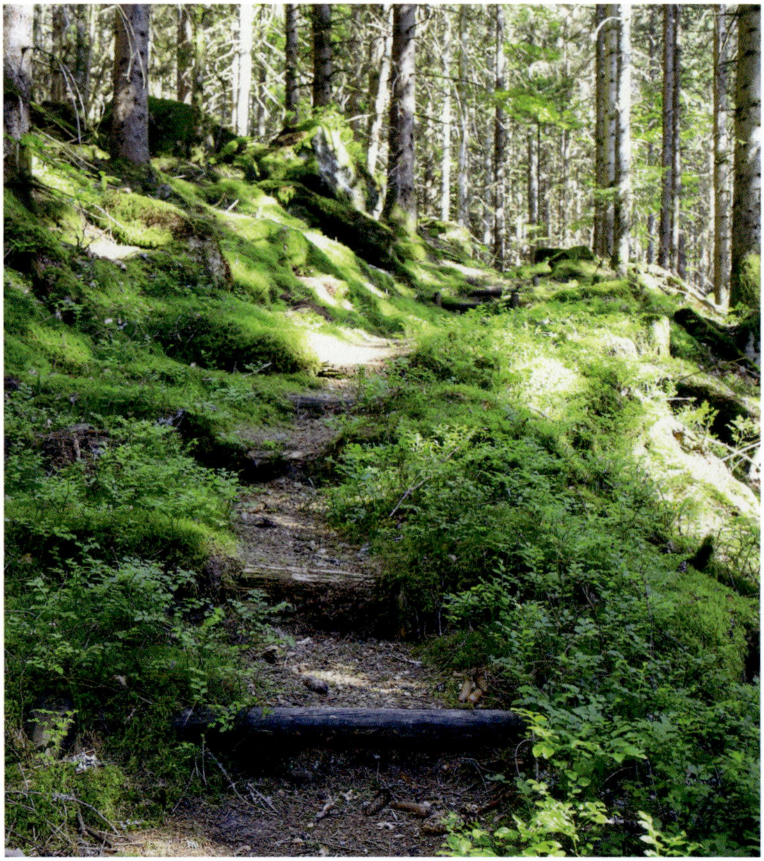

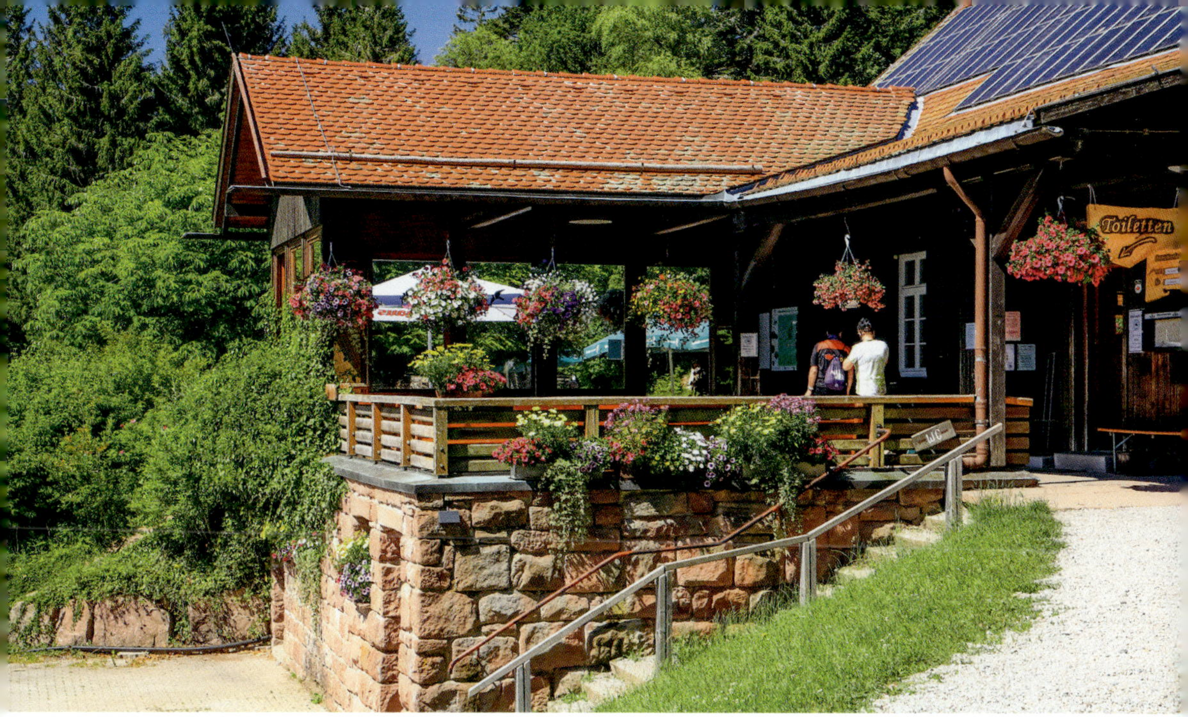

Eine Einkehr in der Grünhütte – mitten im Wald! – gehört für viele Wanderer einfach dazu.

An der jetzt folgenden Kreuzung wandern wir geradeaus weiter zur nächsten Kreuzung; hier trägt ein Baum hinter dem querenden Weg die Bezeichnung »Distr. 5 Abtl. 104 Altlocher Heide«. Hier folgen wir dem Weg nach rechts.

Nach ein paar Minuten sehen wir an einem rechts abzweigenden Weg die **Schäferweghütte** (817 m) **4**. Unser Rückweg führt rechts der Hütte weiter, wer aber noch die 600 Meter zur Grünhütte wandern möchte, biegt nach der Hütte links ab und kehrt später nach der Einkehr in der **Grünhütte** (837 m) **5** wieder hierher zurück.

Entlang des Rollwasserbachs zurück Der Rückweg ist denkbar einfach: Wir folgen ab der Schäferweghütte einfach dem Weg in Richtung »Lautenhof«, der zeitweise abfällt. Wir kommen an einem Brunnen, dann an einer Lichtung vorbei und können uns nach ein paar Minuten am lauten Rauschen und Plätschern des Rollwasserbachs erfrischen. Ab und zu bildet er auch kleine Wasserfälle und Kaskaden.

Links des Weges sehen wir nach einiger Zeit den Rollwasserhof. Am Schild Pöllert (508 m) nehmen wir schließlich den rechten Weg, der uns in wenigen Minuten zurück zu unserem Ausgangspunkt bringt.

10 Urtümliche Steine, Heuhütten und Aussicht

Von Forbach nach Bermersbach

mittel | 5,7 km | 200 Hm | 1.45 Std.

Tourenverlauf
Forbach/Parkplatz – Giersteine 0.30 Std. – Sportplatz 0.25 Std. – Parkplatz 0.50 Std.

Tourencharakter
Wir wandern auf festen Wegen, nur nach den Giersteinen ein Stück auf einem Pfad.

Höchster Punkt
Im Wald nach dem Sportplatz Bermersbach, 498 m

Ausgangspunkt/Endpunkt
Forbach, Parkplatz Feuerwehrhaus, Friedrichstr. 19, 314 m

Einkehr
Forbach; Grillmöglichkeiten: Bermersbach, nach dem Sportplatz

Karte
Freizeitkarte F501 Baden-Baden, 1:50 000, Landesamt für Geoinformation und Landentwicklung Baden-Württemberg (LGL)

Informationen
www.forbach.de

Hinweis
In Bermersbach befindet sich das interessante Murgtal-Museum. Wenn man es besichtigen will, sollte man sich vorher nach den Öffnungszeiten erkundigen; www.murgtalmuseum-bermersbach.de

Die Giersteine zählen zu den seltsamsten Steinformationen im an solchen Natursehenswürdigkeiten sicher nicht armen Schwarzwald. Zu ihnen wandern wir in dieser Tour, die uns darüber hinaus viel Aussicht bietet. Auch die für das Murgtal typischen Heuhütten und eine alte Mühle bekommen wir zu sehen.

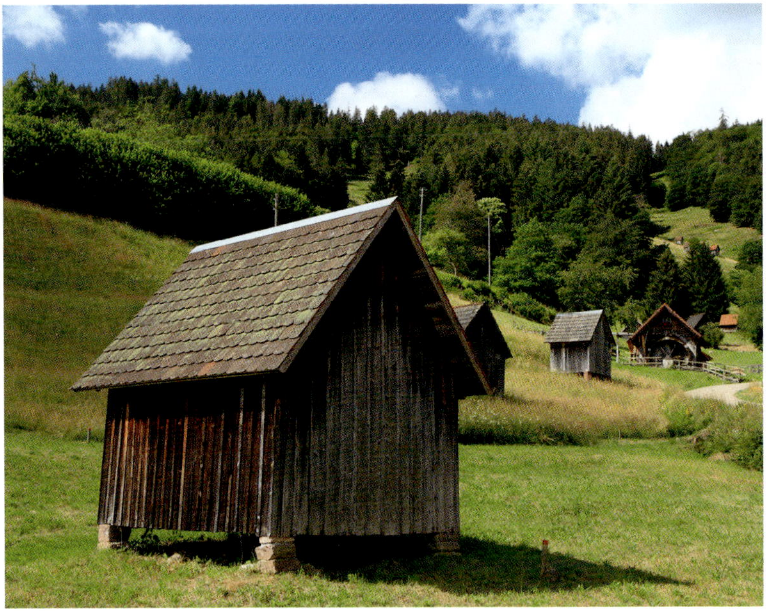

Hinauf zu den Giersteinen Wir gehen vom Parkplatz am Feuerwehrhaus etwas zurück und biegen dann links in die Sersbachstraße ab. Ihr folgen wir nun immer bergauf. Nach einer Holzhütte sehen wir ein großes steinernes Flurkreuz – hier bietet sich uns auch zum ersten Mal eine schöne Aussicht; danach geht es kurz durch einen Hohlweg und bald haben wir Bermersbach erreicht. Nach dem Bolzplatz kommen wir zu einer querenden Straße mit einem Kruzifix, wo wir scharf rechts abbiegen und kurz darauf zu den **Giersteinen** (1) gelangen.

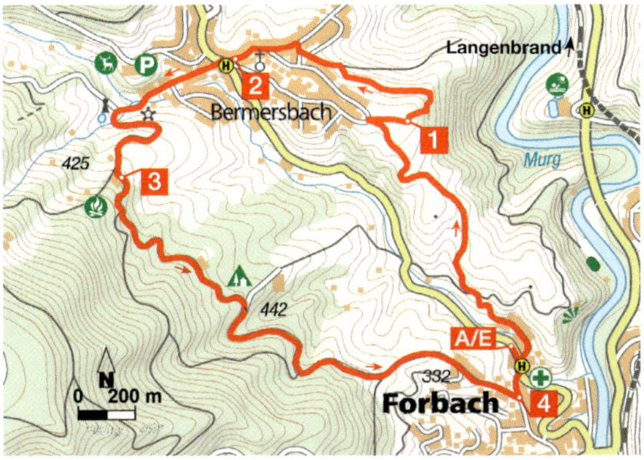

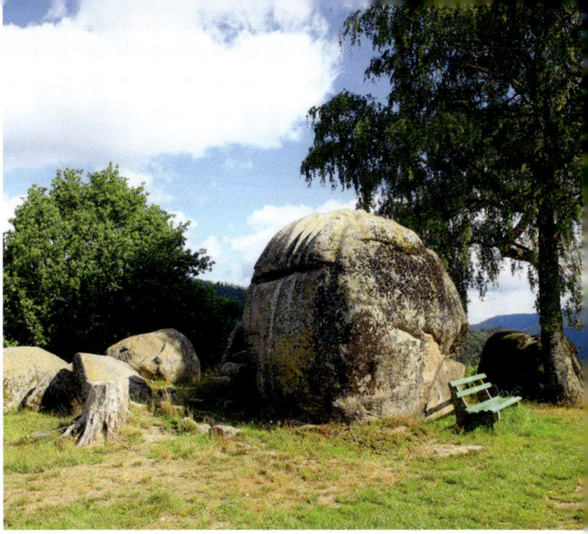

Durch Bermersbach zu den Heuhütten Danach geht es auf einem schmalen Pfad hinab in den Wald. In diesem zieht der Pfad nach links, woraufhin wir den Wald bald schon wieder verlassen. Mit Blick nach rechts hinab ins Murgtal erreichen wir Bermersbach. Wir spazieren hinauf zum Andillyplatz und biegen dort links ab in die Bermersbachstraße. Gleich links steht der alte Bloobrunnen. An diesem – und an den historischen Gebäuden im Ort – sind Tafeln zu ihrer Geschichte angebracht.

In die Entstehung der geheimnisvollen Giersteine wurde schon viel hineininterpretiert.

Linke Seite: Um Bermersbach sieht man zahlreiche alte Heuhütten, für die das Murgtal berühmt ist.

Bald überqueren wir die Luisenstraße – hier stehen links das ehemalige Rathaus und das **Vogtshaus** ❷. Nun geht es in der Mühlstraße in Richtung Sportplatz hinab. Vorbei an der ehemaligen Ölmühle verlassen wir den Ort. Danach steigt es wieder an. Links steht die alte Ebetmühle, außerdem sehen wir die für das Murgtal typischen Heuhütten, die auf Einwanderer aus Tirol zurückgehen.

Nach der Mühle verzweigt sich die Straße. Nach rechts erreicht man das Wildgehege, auf dem linken Zweig geht es zum Sportplatz. An der scharfen Linkskurve sehen wir in dem sich am Steilhang hochziehenden Weg weitere Heuhütten; außerdem gibt es hier eine Wassertretstelle. Wir passieren den **Sportplatz** ❸ und biegen danach links ab.

Mit prächtiger Aussicht zurück Nun steigt es vorerst weiter an. An einer Ver-

Anfahrt

Auto: A5 bis Ausfahrt Rastatt, dann der B462 in Richtung Freudenstadt folgen. In Forbach rechts ab in Richtung Bermersbach bis zum Feuerwehrhaus auf der rechten Seite; GPS 48.684272, 8.356322
Ausweichparkplätze gibt es am Bahnhof (dann muss man allerdings den Zuweg zum Feuerwehrhaus einkalkulieren) oder in Bermersbach.

Bus & Bahn: Bahn bis Karlsruhe, S-Bahn bis Forbach; Info: www.efa-bw.de

Giersteine

Die Giersteine liegen südöstlich vom Forbacher Ortsteil Bermersbach auf einer Flussterrasse über dem Murgtal. Es handelt sich bei diesem Naturdenkmal um riesige Granitbrocken mit bis zu sieben Metern Länge und vier Metern Breite, die wie Kunstwerke moderner Bildhauer geformt sind – profanere Geister denken allerdings eher an aufeinander getürmte Mehlsäcke! In der Fachsprache sagt man deshalb auch »Wollsackverwitterung« dazu. Der Forbachgranit, aus dem sie bestehen, neigt zu schaliger Absonderung, und da das Gestein härter ist als das umliegende, wurden die Formen im Laufe der Jahrtausende durch die Erosion herausgearbeitet. Die Felsmasse selbst weist wenig Klüfte auf, aber gerade diese sind es, die durch chemische Prozesse und Ausschwemmung von feinem Material immer weiter vergrößert werden. Auch die typische sackförmige Abrundung an den Kanten und Ecken ist der Erosion zu verdanken.

Auf zwei Blöcken findet man kleine napfförmige Vertiefungen mit einem Durchmesser von rund 25 Zentimetern, von denen aus etwa 15 Zentimeter tiefe Rillen nach unten verlaufen. Während der Zeit der nationalsozialistischen Herrschaft sah der Blut-und-Boden-Kult in ihnen Blutrinnen für heidnische Tieropfer und machte aus dem Ganzen eine germanische Opferstätte, die als »Völkisches Denkmal« geschützt wurde. Für eine alte kultische Verwendung gibt es jedoch keine Beweise, auch wenn eine SS-Dienststelle 1935 bei den Behörden Urkundenkopien darüber anforderte; die Gegend wurde überhaupt erst um das Jahr 1000 gerodet und besiedelt. Eine Sage erzählt allerdings von einer Wahrsagerin, die den heidnischen Priestern den Sieg des Christentums verkündet habe, worauf diese in panischer Angst flohen. Es wird auch berichtet, dass auf diesen Steinen der Teufel gestanden habe, als die christlichen Missionare das Murgtal entlangzogen. Anfang des 20. Jahrhunderts wurde in den größten Block eine Treppe gehauen.

zweigung halten wir uns links, danach geht es nur noch bergab. Vorbei am Antoniusbrunnen kommen wir zu einer Kreuzung. Hier halten wir uns rechts in Richtung »Forbach Bahnhof«. Bald verlassen wir den Wald, jetzt bietet sich uns ein herrliches Panorama über Forbach und das Murgtal auf die Schwarzwaldhöhen dahinter.

Nach den ersten Häusern von Forbach wandern wir in der Braidstraße abwärts bis zu einem großen Steinkruzifix. Hier halten wir uns links in die **Hauptstraße** ❹ und spazieren bis zur Friedrichstraße. Nach links bringt sie uns zum Ausgangspunkt.

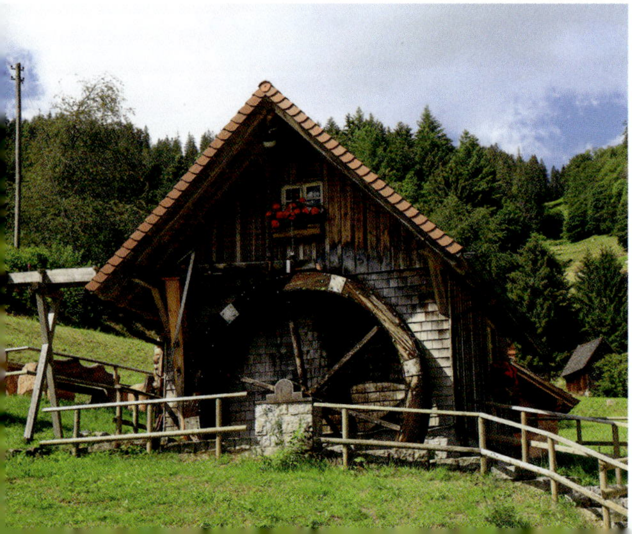

So wie die Ebetmühle stellt man sich eine alte Schwarzwaldmühle vor.

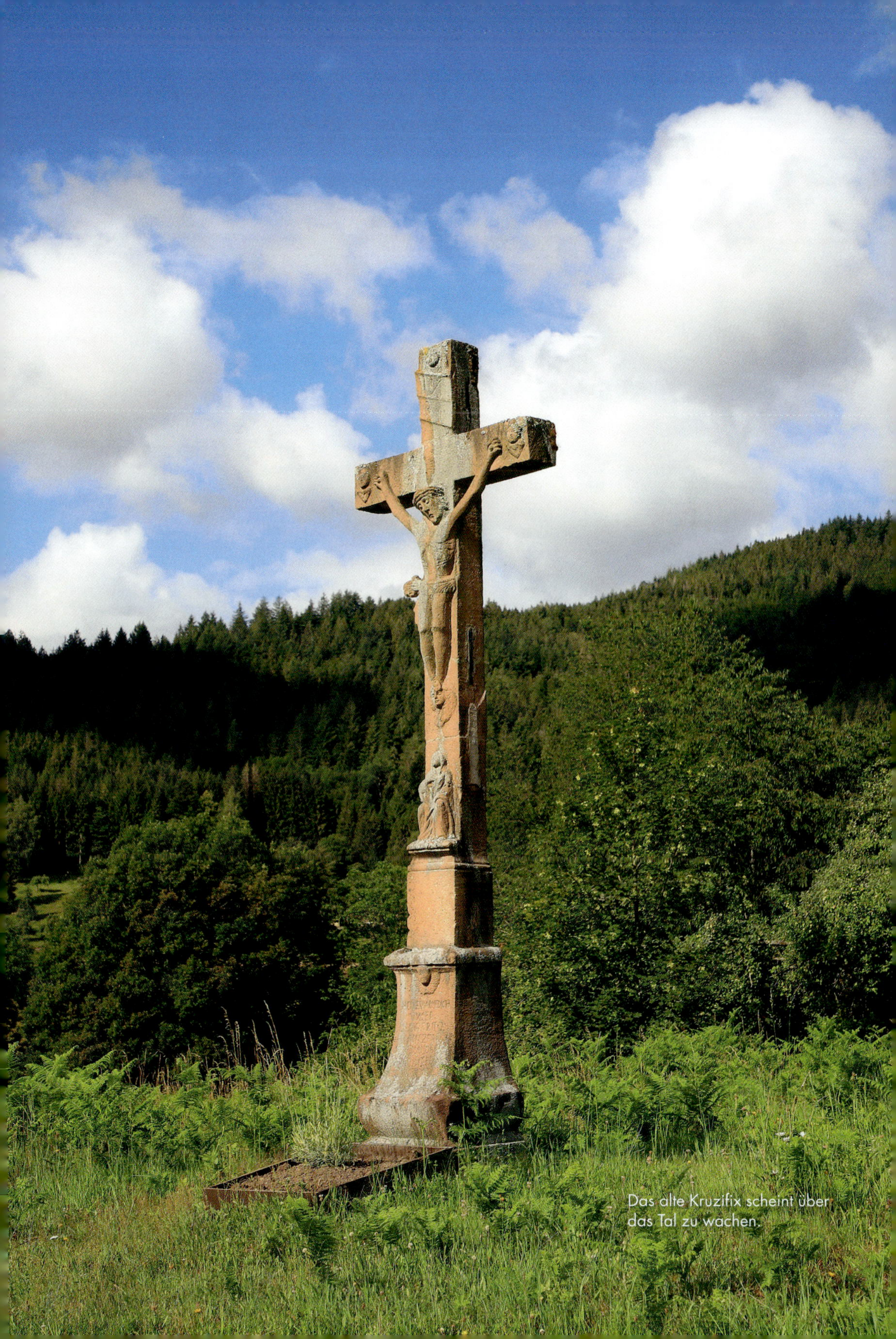

Das alte Kruzifix scheint über das Tal zu wachen.

11 Wilder Weg entlang von Heuhütten

Von Gausbach in die Höhe

mittel | 3,5 km | 210 Hm | 1.15 Std.

Tourencharakter
Der Aufstieg erfolgt auf einem steilen Steig, dem man ansieht, dass er nicht allzu oft begangen wird.

Tourenverlauf
Gausbach Parkplatz – Sportplatz 0.15 Std. – Forstweg 0.25 Std. – Gausbach Parkplatz 0.35 Std.

Höchster Punkt
Forstweg nach dem Steig, 547 m

Ausgangspunkt/Endpunkt
Forbach-Gausbach, Winterhardtstraße, vor und am Friedhof, 340 m

Anfahrt
Auto: A5 bis Rastatt, dann B462 bis kurz vor Forbach, dort links ab nach Gausbach, Winterhardtstraße; GPS 48.685545, 8.364740
Bus & Bahn: Bahn bis Karlsruhe, S-Bahn bis Forbach; Info: www.efa-bw.de

Einkehr
Gausbach, Forbach; Spiel- und Grillplatz: am Parkplatz, Sportplatz

Karte
Freizeitkarte F501 Baden-Baden, 1:50 000, Landesamt für Geoinformation und Landentwicklung Baden-Württemberg (LGL)

Informationen
www.forbach.de

Auch wenn diese Wanderung von der Länge her eher ein Spaziergang ist, so weist sie doch ihre Tücken auf: Wir steigen in der ersten Hälfte auf dem Kleinen Heuhüttenweg bei Gausbach recht steil hinauf. Dafür kommen wir auch an einem Felsenmeer vorbei. Die Heuhütten sieht man aus der Ferne. Der Rückweg erfolgt auf einem Forstweg.

Hinauf mit Blick ins Kauersbachtal Wir folgen vom Parkplatz vor dem Friedhof aus der Winterhardtstraße ortsauswärts. Nach links haben wir bald einen schönen Blick ins Kauersbachtal, in dem eine größere Anzahl von **Heuhütten** (1) steht. Dem Sträßchen weiter folgend kommen wir zum **Sportplatz** (2), wo ebenfalls geparkt werden kann. Hier gibt es auch einen schönen Spielplatz und eine Grillstelle, sodass man sich hier trotz der Kürze der Tour den ganzen Tag aufhalten kann.

Rechts des Sportplatzes folgen wir dem breiten Weg (immer noch Winterhardtstraße) weiter in den Wald. Er beschreibt bald eine Linkskurve; wo er wieder nach rechts zieht, gehen wir auf dem ansteigenden Steig weiter (3).

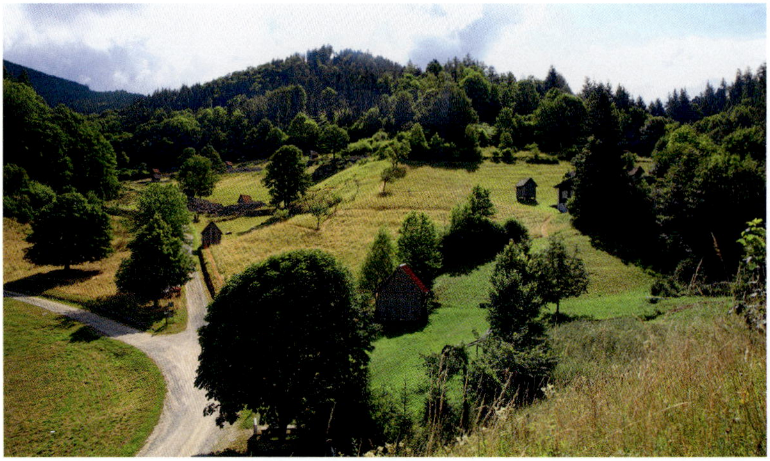

Nun wandern wir immer geradeaus und recht steil den Berg hinauf. Rechts sehen wir, meist etwas versteckt, einige Heuhütten. Auf der linken Seite liegen größere und kleinere Felsbrocken wie ein Felsenmeer (siehe Tour 1). Schließlich beschreibt der schmäler gewordene Steig ein paar Serpentinen und bringt uns hinauf zu einem **Forstweg** ❹.

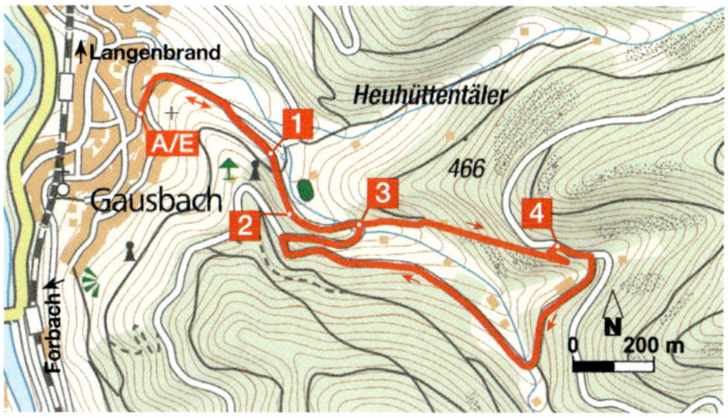

Auf diesem spazieren wir nach rechts bergab. Wo ein anderer Weg abgeht, bleiben wir auf dem abwärts führenden Weg und erreichen bald die Stelle, an der wir anfangs vom breiten Weg abgezweigt sind. Hier ist kurz davor links in einen steinernen Pfosten ein kleines Teufelchen eingehauen – ein Teil des Sagenwegs. Die dazu passende Sage ist auf einer Tafel beschrieben.

Vorbei am Sportplatz geht es auf bekanntem Weg zurück. Wer will, kann noch einen Abstecher ins Kauersbachtal machen, den Abzweig haben wir ja schon bei der Anfahrt gesehen.

Linke Seite: Hier am Abzweig ins Kauersbachtal sieht man bereits einige Heuhütten.

Heuhütten

Eine Besonderheit des mittleren Murgtales sind die Heuhütten. Insbesondere östlich des Tales sind sie in den steilen, schmalen und vielfach gewundenen Kerbtälern zu finden. Wann die ersten Heuhütten entstanden, ist nicht bekannt, urkundlich wurden sie jedenfalls bereits 1683 in einem Visitationsbericht der Diözese Speyer erstmals erwähnt: »Was weiter von diesen Gegenden zu beurkunden ist, sind die vielen steilen Wiesen in den Bergen, welche eigenartige Häuschen haben, in welche das getrocknete Heu gebracht und darin aufbewahrt wird, und um das Vieh und die Wölfe zu schrecken und von den Wiesen, Äckern und Dörfern fernzuhalten, lassen sie durch herabfließendes Wasser beständig Hämmerchen an Balken stoßen, durch welches Geräusch die wilden Tiere meinen sollen, es wohnen in der Nähe Menschen.«

Unterstützt durch ein ausgeklügeltes Bewässerungssystem mit kleinen Be- und Entwässerungsgräben gewann man in den wildkrautreichen Wiesen Heu, und da in den Siedlungen unten im engen Murgtal kein Platz zur Aufbewahrung war, baute jeder Bauer auf seinem Grundstück eine solche Hütte. Die Stadel sind aus Brettern und Balken gezimmert und stehen meist auf Buntsandstein- bzw. Granitblöcken oder auf Holzpfählen, damit das Heu vor Feuchtigkeit geschützt ist. Im Sommer brachte man es in Körben ins Tal, im Winter mit Schlitten.

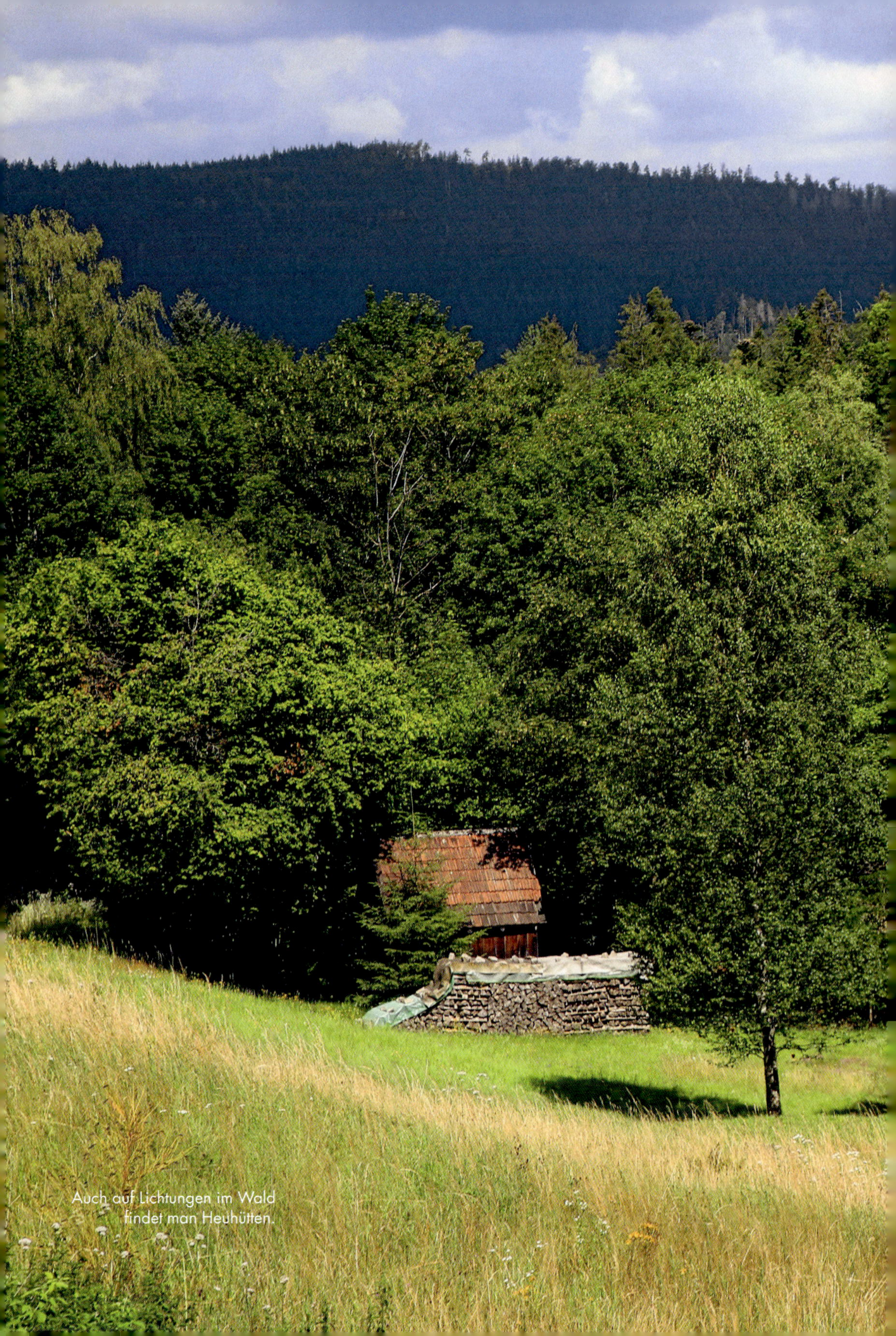

Auch auf Lichtungen im Wald
findet man Heuhütten.

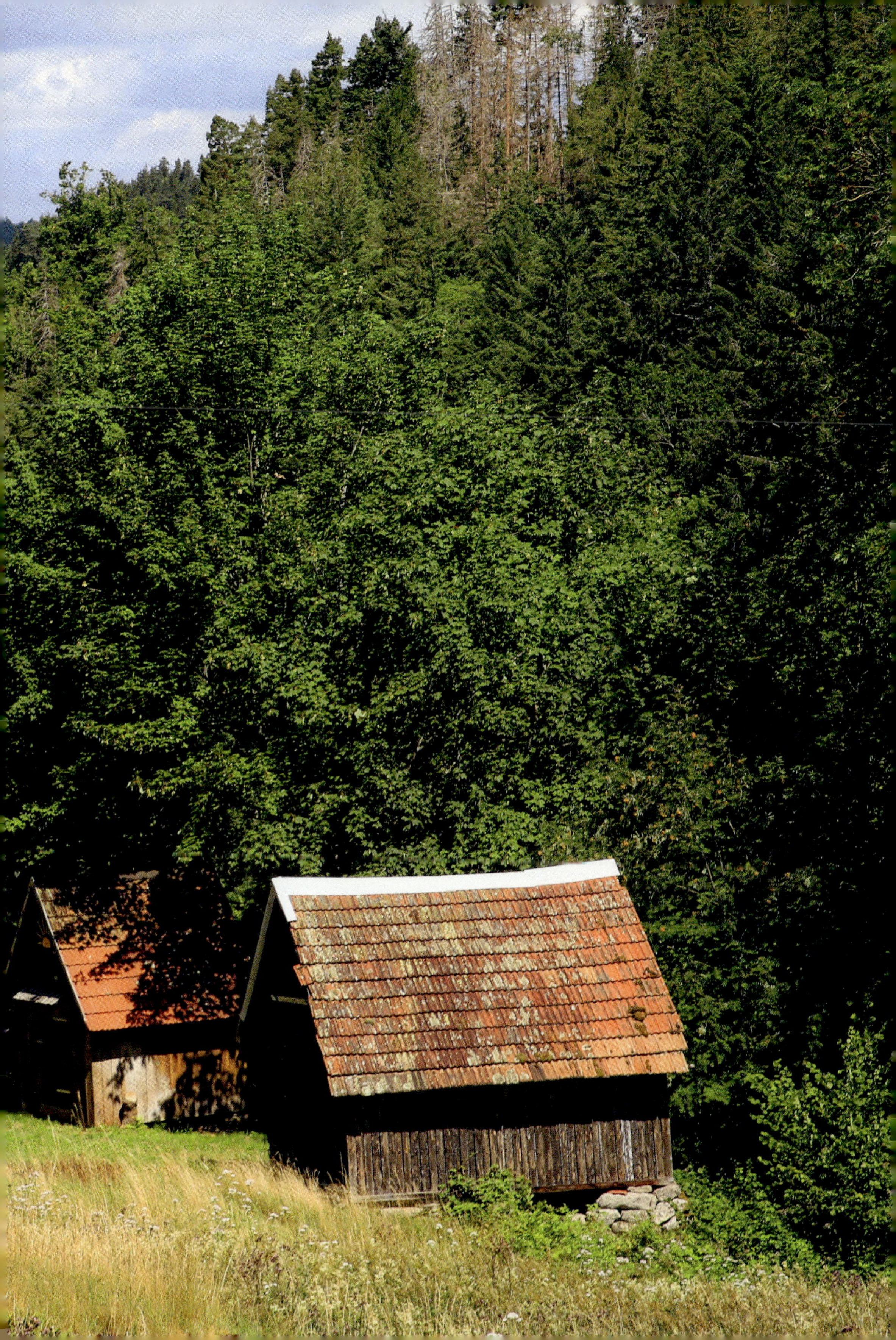

12 Durch das Urwalderlebnis Bärlochkar

Von Enzklösterle in den Bannwald

schwer | 9,4 km | 260 Hm | 3 Std.

Tourencharakter
Auf dem Rundweg durch das Bärlochkar wandern wir auf Pfaden, die auch verwurzelt und steindurchsetzt sind, davor und danach auf Forstwegen. Bei oder nach Sturm sollte man die Wanderung nicht unternehmen, denn dann besteht Gefahr durch herabfallende Äste oder umstürzende Bäume. Der Rundweg ist mit einer Bärentatze mit Pfeilen in Gehrichtung markiert.

Tourenverlauf
Wanderparkplatz – Anfang Rundweg 0.25 Std. – Ende Rundweg 0.35 Std. – Barongartenhütte 0.50 Std. – Parkplatz 0.70 Std.

Höchster Punkt
Barongartenhütte, 865 m

Ausgangspunkt/Endpunkt
Enzklösterle, Wanderparkplatz Bärlochkar, 666 m

Karte
Freizeitkarte F502 Pforzheim, 1:50 000, Landesamt für Geoinformation und Landentwicklung Baden-Württemberg (LGL)

Informationen
www.enzkloesterle.de

Mit dem Bärlochkar bei Enzklösterle besucht man eine der naturkundlichen Besonderheiten des Nordschwarzwalds, die wie so viele andere ihre Entstehung den Eiszeiten zu verdanken hat. Auf dem Rundweg durch das Kargebiet kann man außer sieben Schautafeln eine Vielfalt an Moosen, Flechten, urigen Wurzeln, von Spechten ausgehöhlte Baumruinen sowie zahlreiche Arten von Insekten, Käfern und Schmetterlingen sehen.

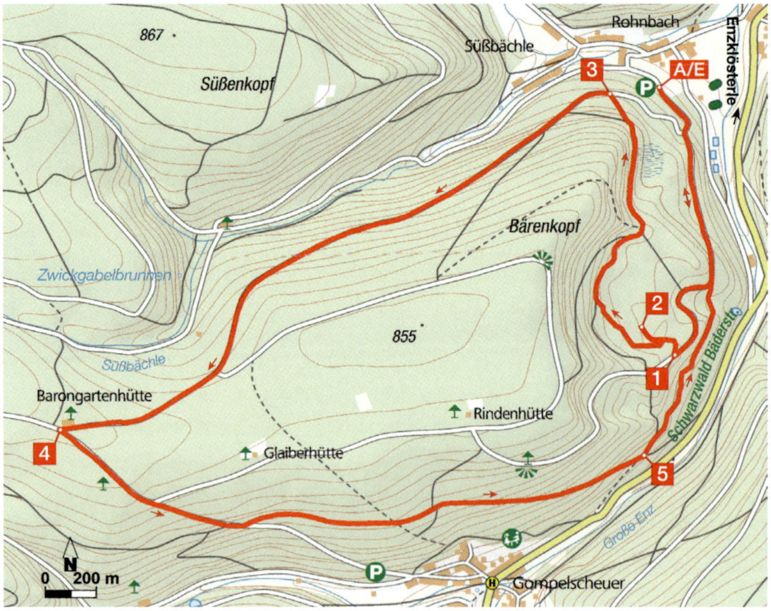

Zum Anfang des Naturwegs Vom Wanderparkplatz aus folgen wir dem Anfahrtsweg in den Wald hinein. An der nächsten Verzweigung gehen wir geradeaus weiter. Kurz darauf liegt rechts ein kleines Gewölbe, eine ehemalige Quellfassung.

Nach einer Rechtskurve sehen wir die erste von mehreren Tafeln auf dem Rundweg zum Thema Bannwald. Danach folgt ein

Gedenkstein zu den Jahrhundertstürmen Vivian und Wibke 1990 (Schaden: 136 000 Festmeter Holz) und Lothar 1999 (240 000 Festmeter). Nach den Tafeln 2 (Waldgeschichte) und 3 (Totholz) werden wir mit dem Zeichen nach rechts verwiesen 1.

Auf abenteuerlichem Pfad durch das Bärlochkar Nun geht es vorerst auf Pfaden weiter, die teilweise schmal und mit Steinen und Wurzeln versetzt sind. Tafel 4 erzählt uns von Spuren aus der Eiszeit. Wer will, kann noch 50 Meter weitergehen und dort eine **Karmulde** 2 bestaunen. Die Erklärung dazu findet sich auf dem Schild. Ansonsten biegen wir an der Abzweigung links ab, nun wird der Pfad wilder.

Nach einiger Zeit steht links oberhalb des Weges Tafel 5 (Wald-Mosaik), wir gehen aber unterhalb weiter. Bald überqueren wir vernässte Stellen (Missen) auf drei Brücken, dann treffen wir auf einen breiteren Weg, in den wir rechts einbiegen. Es folgen

Anfahrt

Auto: A 81 bis Ausfahrt Gärtringen, dann über Deckenpfronn, Neubulach und Simmersfeld nach Enzklösterle, dort in Richtung Freudenstadt abbiegen. Von der Freudenstädter Straße in die Rohnbachstraße abbiegen und den etwas unscheinbaren Schildern zum Bärlochkar auf dem Langenhardtweg bis zum Wanderparkplatz am Waldrand folgen; GPS 48.652490, 8.456204

Bus & Bahn: Bahn bis Bad Wildbad oder Freudenstadt, Bus bis Enzklösterle, Haltestelle Rohnbach oder Mittelenztal; Info: www.efa-bw.de

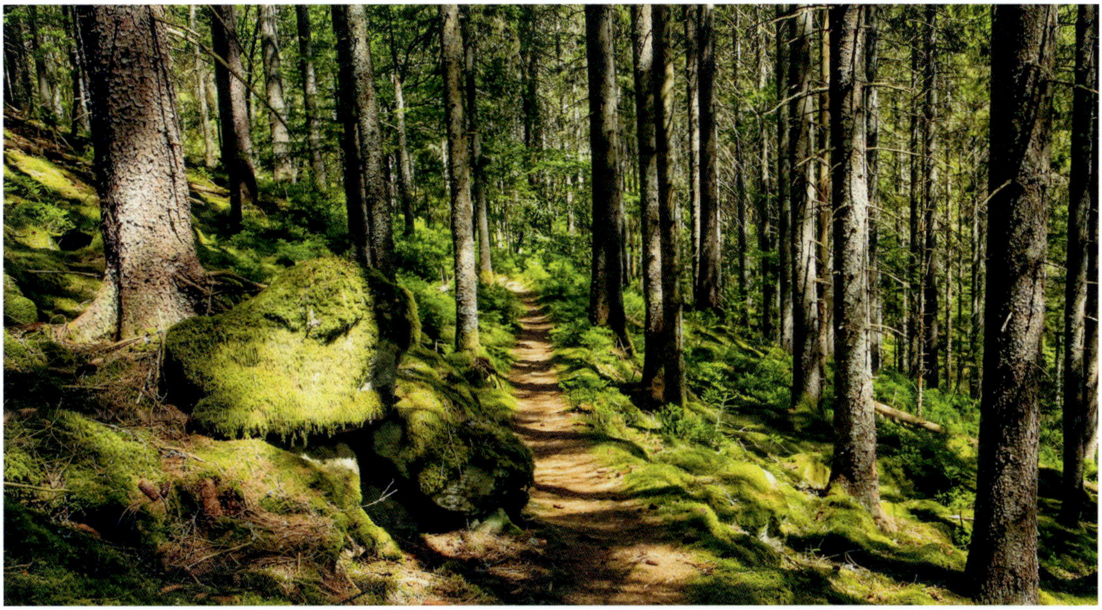

Dieses Waldstück wirkt fast märchenhaft.

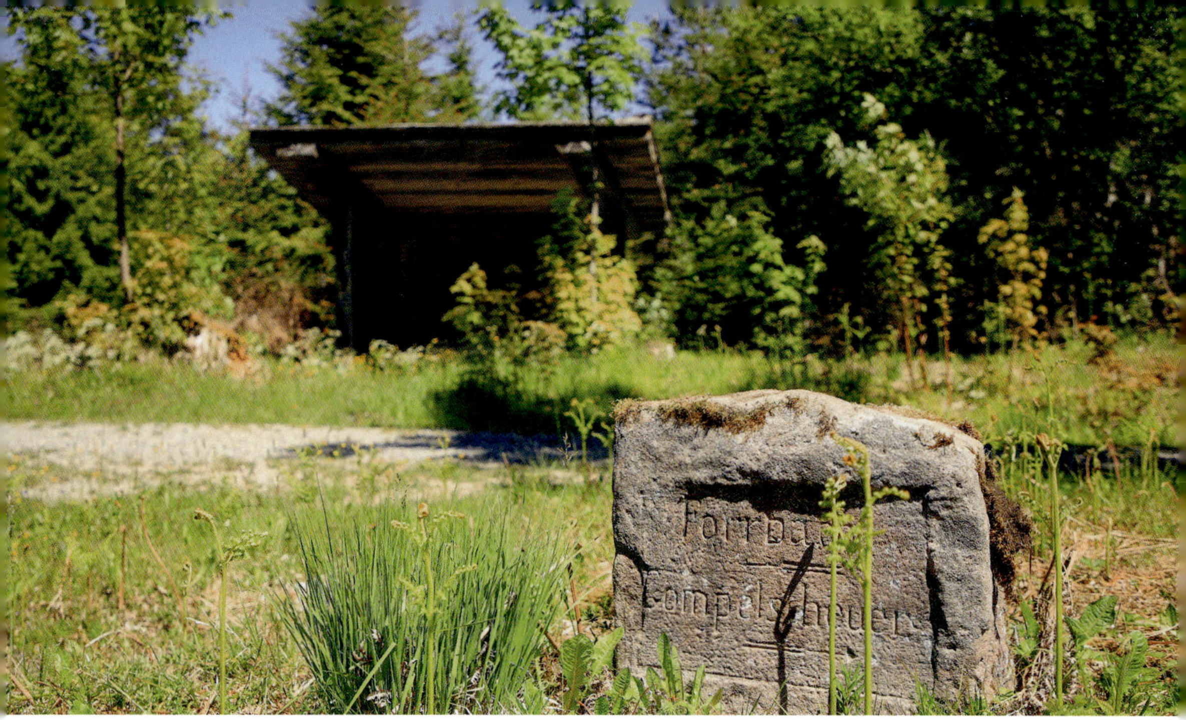

Die Barongartenhütte bietet dem Wanderer etwas Schutz vor Regen oder zu viel Sonnenschein.

zuerst Tafel 7 (Vogelparadies) und danach Tafel 6 (Flechten, Farne, Moose). Etwas später geht es auf einem schmalen Steig steil abwärts bis zu einem breiten **Forstweg** ❸. Hier müssen wir uns entscheiden: Wer nur den Rundweg begehen will – etwa, weil er Kinder dabeihat – biegt rechts und danach links ab und kommt zurück zum Ausgangspunkt.

Bärlochkar

Das 104 Hektar große und seit 1997 als Bannwald ausgewiesene Bärlochkar entstand wie so manch andere Natursehenswürdigkeit im Schwarzwald in den Eiszeiten. Damals rutschten die Gletscher langsam den Hang hinab und das mitgeführte Geröll hobelte den Hang ab und Mulden aus. In diesen Mulden sammelte sich das Wasser – daraus wurden die berühmten Karseen des Schwarzwalds. Wenn das Wasser versickerte und feuchte, oft sumpfige und moorige Stellen übrig blieben, wurden diese Missen genannt. Die hier vorkommende Flora bis hin zu den Bäumen passte sich den feuchten und kühlen Bedingungen an.

Hinauf zur Barongartenhütte Wer die Wanderung allerdings noch etwas erweitern will, der hält sich hier stattdessen links. Nun steigt es auf einem breiten, leider etwas eintönigen Forstweg eine Weile an. Wo von links ein Weg einmündet, gehen wir nach rechts weiter. Bald erreichen wir ein Verkehrsdreieck mit der **Barongartenhütte** (865 m) ❹. Sie entpuppt sich als überdachter Unterstand, bietet sich aber bei jedem Wetter, insbesondere bei Regen, zu einer Rast an. Danach biegen wir mit der blauen Raute links ab.

Zurück zum Ausgangspunkt Ab jetzt fällt der Weg ab. Vorbei an einem weiteren Verkehrsdreieck kommen wir zu einem querenden Weg. Hier halten wir uns links, nun ohne Wanderzeichen. Der Forstweg wird ab jetzt durch die reichere Vegetation etwas naturnäher.

Tipp

Mitwandernden Kindern kann man anschließend mit dem Besuch der Riesenrutschbahn im nahen Poppeltal eine große Freude bereiten.

Nach einiger Zeit quert der von Gompelscheuer kommende, mit der gelben Raute markierte **Pfad** 5. Wir biegen links in ihn ein und wandern mit leichtem Auf und Ab, bis wir auf einen festen Forstweg treffen; es ist jener Weg, auf dem wir aufgestiegen sind. Nach rechts kommen wir in wenigen Minuten zurück zum Ausgangspunkt.

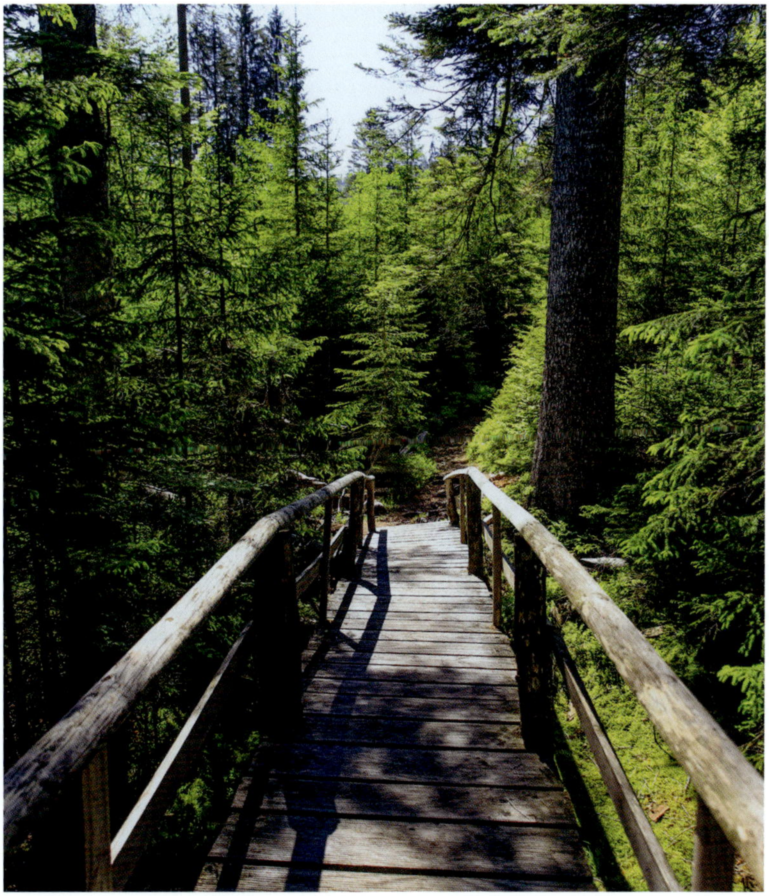

Ein Graben im Bärlochkar wird auf einer Holzbrücke überquert.

13 Ein fast alpiner Weg und eine Burgruine

Vom Besucherbergwerk Neubulach zur Ruine Waldeck

schwer | 9,2 km | 240 Hm | 2.50 Std.

Tourenverlauf
Neubulach/Parkplatz – Pochwerk/Ziegelbach 0.10 Std. – vor Seitzental 0.25 Std. – Ruine Waldeck 0.45 Std. – Abzweig Eichbuschweg 0.40 Std. – Parkplatz 0.50 Std.

Höchster Punkt
Mühlsteige, 524 m

Ausgangspunkt/Endpunkt
Neubulach, Parkplatz Besucherbergwerk, 515 m

Anfahrt
Auto: A 81 bis Ausfahrt Gärtringen, dann über Deckenpfronn und Gültlingen ins Nagoldtal und über Seitzental hinauf zur Bergwerkstraße in Neubulach; GPS 48.655016, 8.699550
Bus & Bahn: S-Bahn oder Bahn nach Herrenberg oder Weil der Stadt und weiter mit dem Bus; Info: www.efa-bw.de

Einkehr
Neubulach

Karte
Freizeitkarte F502 Pforzheim, 1:50 000, Landesamt für Geoinformation und Landentwicklung Baden-Württemberg (LGL)

Die mächtige Ruine Waldeck ist als Wanderziel zwar durchaus beliebt, vor allem aber bei den Einheimischen. Unterwegs zu ihr kann man ein Stück auf einem wilden Pfad durch ein urwaldartiges Tal wandern. Die Begehung dieses Weges ist ein eindrucksvolles Erlebnis, vor allem für Kinder. Man muss aber etwas vorsichtig sein, denn stellenweise geht es daneben steil abwärts.

Hinab zum wilden Ziegelbach Am Parkplatz vor dem Zugangsweg zum Besucherbergwerk finden wir das Wanderschild Besucherbergwerk (515 m). Hier nehmen wir den mit der blauen Raute markierten Weg und gehen in Richtung des Bergwerks. Sobald wir rechts unten die Kläranlage sehen, halten wir uns kurz rechts. An der Kurve geht links der »Fußweg zum Besucherbergwerk« ab. Wir nehmen aber den rechten, breiten Forstweg (Arbeitsdienstweg), der in den Wald führt.

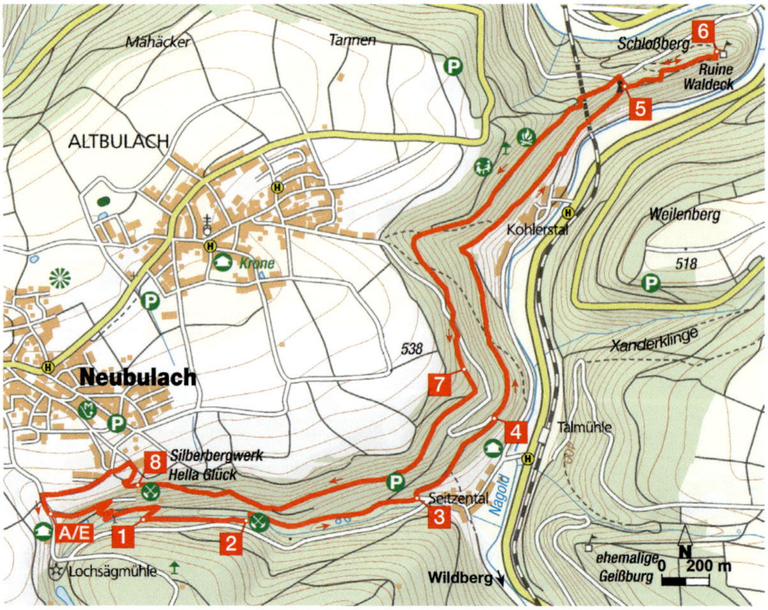

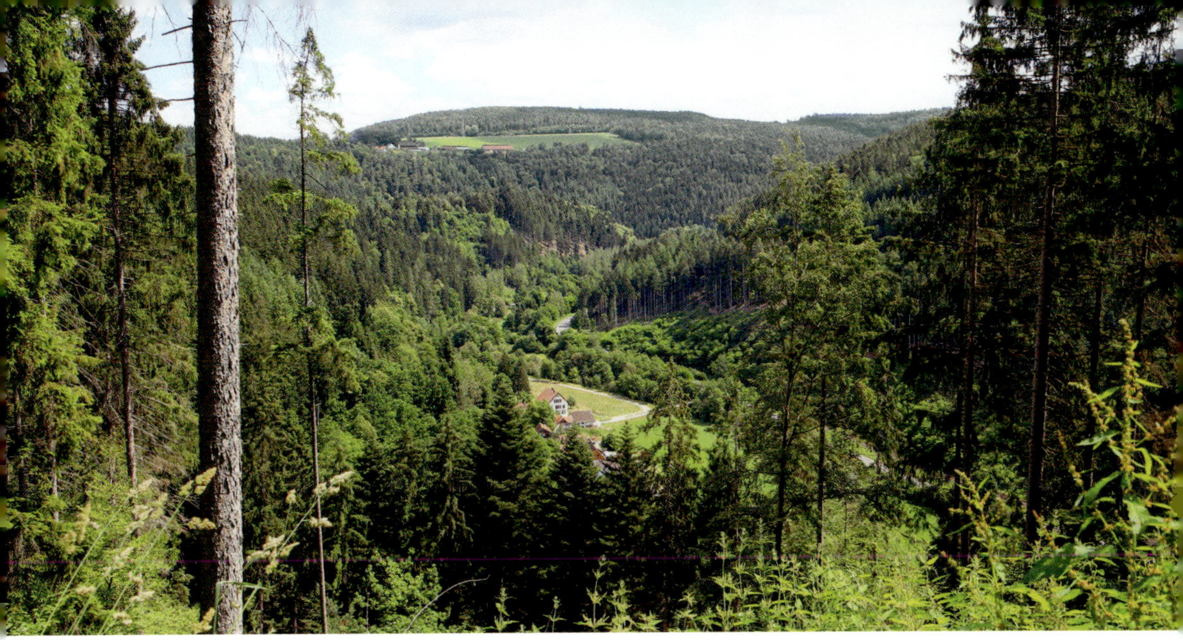

Ab und zu hat man vom Wanderweg aus einen Durchblick auf die Umgebung.

Etwas später weist rechts ein Schild zum »Pochwerk«. Wer diese Erinnerung an den mittelalterlichen Bergbau nicht sehen und auch den schwierigen Weg am Ziegelbach entlang nicht gehen will, wandert geradeaus weiter. Ansonsten biegen wir rechts ab und stehen nach kurzem Bergab vor einem Holzhäuschen, in dem sich das **Pochwerk** 1 befindet. Viel zu sehen gibt es nicht, man kann sich allerdings die verschiedenen Informationstafeln durchlesen.

Wer den bequemen Weg begehen will, wandert wieder hinauf zum Arbeitsdienstweg und hält sich weiterhin rechts. Wer den

Tourencharakter

Der größte Teil der Wanderung verläuft auf Forstwegen. Nimmt man die Variante über den Fledermauspfad am Ziegelbach, geht man auf einem schmalen Pfad, an dessen Seite es teilweise steil abfällt. Hierzu sollte man alpine Erfahrung mitbringen, trittsicher und schwindelfrei sein. Wanderstöcke sind von Vorteil. Bei Eis und Schnee sollte man dieses Wegstück nicht begehen, sondern den Forstweg benutzen. Sollte der Weg wegen Glätte oder hohem Wasserstand nicht begehbar sein, oder weil gar ein Stück abgerutscht ist, wandert man einfach vom Pochwerk aus wieder zurück auf den Arbeitsdienstweg und dann auf diesem weiter. Aufgrund dieses Wegstücks wurde die Wanderung als schwer klassifiziert, ansonsten kann man sie als mittel bezeichnen. Die letzten 400 Meter zur Ruine Waldeck verlaufen auf einem Pfad, der allerdings einfach zu begehen ist.

Ruine Waldeck

Die Ruine Waldeck (etwa 420 m) liegt auf einem langen und schmalen Umlaufberg. Aus rotem Sandstein gemauert und wie verwachsen mit dem Fels, die Steine bemoost und efeuüberwuchert, wirkt die größte Burg des Schwarzwalds wie ein richtiges Dornröschenschloss. Sie gehörte im Laufe der Jahrhunderte vielen Familien und machte eine abwechslungsreiche Geschichte durch. Die Vorburg erstreckte sich über den ganzen langen und schmalen Bergrücken des Schlossbergs – einen Umlaufberg – bis hin zu »Geigerles Lotterbett«. Die Anlage war rund 250 Meter lang und bestand aus vielen kleinen, durch vier Gräben voneinander getrennten, turmartigen Steinbauten auf hohen Felssockeln. Reste sind heute noch zu sehen. Man erkennt noch Rundbogentore, einen Rundturm, die mächtige äußere Wehrmauer mit Schießscharten bis in etwa zwölf Meter Höhe sowie im Zentrum den Rest des riesigen Bergfrieds (12. Jh.).

schwierigeren Weg vorzieht, nimmt den Abzweig kurz vor dem Pochwerk. Er führt hinab zum Ziegelbach und an diesem entlang. Man überquert den Bach auf Trittsteinen erst nach rechts, später nach links. Danach steigt man wieder hinauf zum breiten **Arbeitsdienstweg** (2) und folgt diesem weiter abwärts nach rechts.

Der Ziegelbach bietet einen wildromantischen Anblick.

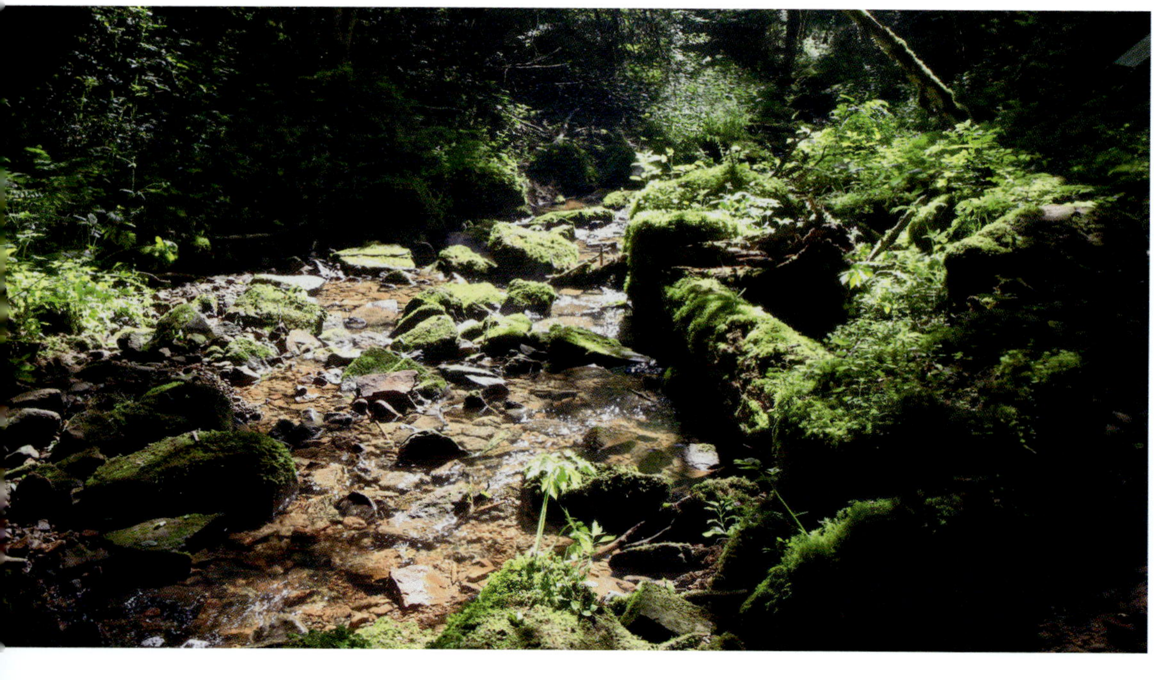

Über Geigerles Lotterbett zur Ruine Waldeck Wo rechts unten eine Kläranlage liegt, geht es für uns auf einem Asphaltweg weiter bis zu einem querenden Sträßchen in dessen **Kurve** 3. Wir nehmen hier die linke Variante und wandern auf der Straße hinauf bis zu einer **Linkskurve** 4. Hier spazieren wir geradeaus auf einem Forstweg weiter.

Er steigt immer an und bringt uns hinauf zu **Geigerles Lotterbett** (420 m) 5. Dies ist eine zeltförmige Felsformation, die früher angeblich einem Geiger als Nachtquartier gedient hat. Links davon liegt ein großer Rastplatz mit Tischen, Bänken und einer Grillstelle. Wir halten uns gleich am Wanderschild rechts und folgen einem Pfad bis zur **Ruine Waldeck** 6.

Waldwanderung zum Ausgangspunkt Nach der Besichtigung der Ruine gehen wir wieder zurück zu Geigerles Lotterbett und wandern rechts des Rastplatzes hinauf bis zu einem querenden Forstweg an dessen Kurve. Hier geht es auf dem linken Wegteil weiter.

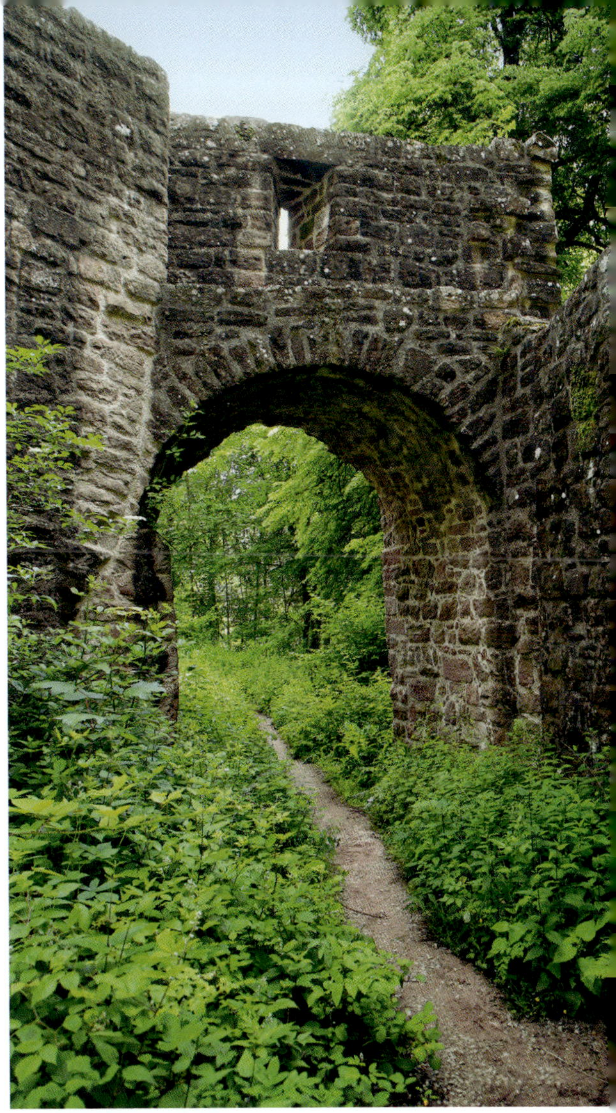

Um die Ruine Waldeck herum führt ein Pfad entlang der Mauern.

Er bringt uns zu einer Straße. Wir spazieren kurz nach links bergab, zweigen aber gleich danach rechts ab auf den **Eichbuschweg** 7. Er führt uns leicht auf und ab, zunächst durch den Wald, dann durch eine Freifläche, und schließlich im Wald wieder bergauf. Nach einiger Zeit weist nach links ein Schild zum »Besucherbergwerk« – wer dieses besichtigen möchte, hält sich hier links und geht später auf bekanntem Weg zurück zum Ausgangspunkt. Ansonsten wandern wir geradeaus weiter. Kurz danach zieht der Weg nach rechts bergauf zu den ersten Häusern von **Neubulach** 8. Hier richten wir uns in der querenden Mühlsteige nach links, biegen aber gleich wieder links ab. Vorbei an einem Parkplatz kommen wir zur Bergwerkstraße. Auf ihr gehen wir nach links hinab zum Ausgangspunkt.

14 Wasserfälle und Weinberge

Von Sasbachwalden durch die Gaishölle

mittel | 4,1 km | 240 Hm | 1.30 Std.

Tourencharakter
Der Anstieg entlang der Gaishöllwasserfälle verläuft auf einem Pfad und Treppenstufen, der Rückweg auf festen Wegen.

Tourenverlauf
Sasbachwalden/Freibad – Gaishölle unten 0.30 Std. – Gaishölle oben 0.20 Std. – Straubenhof 0.15 Std. – Sasbachwalden/Freibad 0.25 Std.

Höchster Punkt
Gaishölle oben, 493 m

Ausgangspunkt/Endpunkt
Sasbachwalden, Talstraße, Parkplatz am Freibad, 266 m

Anfahrt
Auto: A 3 bis Ausfahrt Achern, dann L 87 und L 86 nach Sasbachwalden. Dort der Beschilderung »Kurhaus« folgen, das Freibad liegt gleich dahinter; GPS 48.615484, 8.130162
Bus & Bahn: Bahn bis Achern, dann Bus bis Sasbachwalden; Info: www.efa-bw.de

Einkehr
Sasbachwalden

Karte
Freizeitkarte F501 Baden-Baden, 1:50 000, Landesamt für Geoinformation und Landentwicklung Baden-Württemberg (LGL)

Informationen
www.sasbachwalden.de

Die Gaishölle mit dem sie durchfließenden Bach und seinen zahlreichen Wasserfällen und Kaskaden ist eine typische Schwarzwaldschlucht: In ihr liegen große, bemooste Steine, über die der Bach herabfällt. Der zweite Teil der Wanderung steht im Gegensatz dazu im Zeichen der Aussicht und der Weinberge.

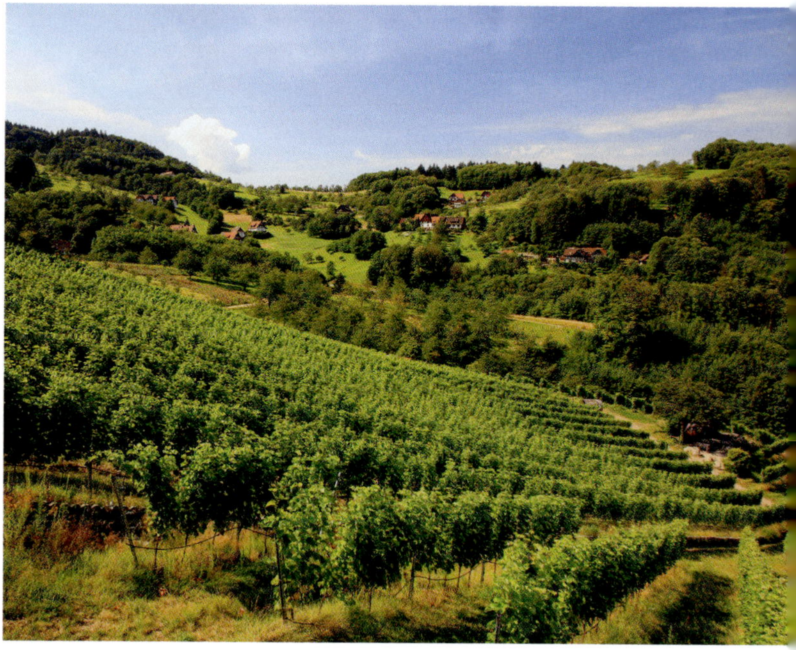

Zum Einstieg in die Gaishölle

Wir starten am Parkplatz des Freibades und gehen von dort aus in Richtung des Kurhauses. Davor noch biegen wir rechts ab und spazieren hinauf in den Park. Dort halten wir uns rechts und dann mit dem Wanderzeichen gelbe Raute gleich links; »Gaishölle Wasserfälle« ist bereits angeschrieben. Es geht etwas hinauf zu einem querenden Sträßchen (Am Hohacker), auf dem wir uns nach links wenden, sobald von dort eine Straße einmündet.

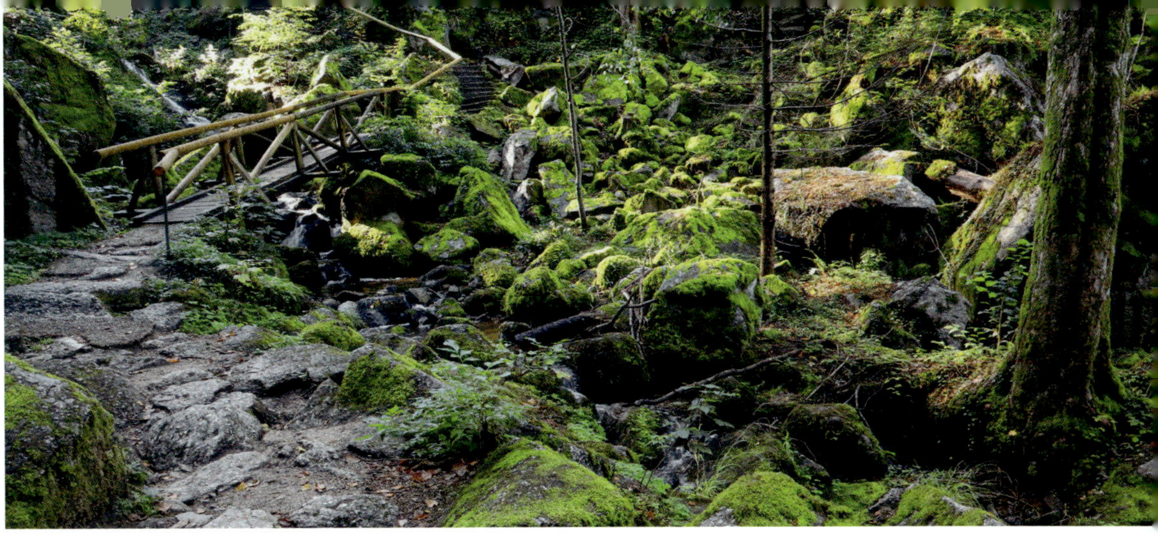

Entlang der Weinberge wandern wir nach links bis zum Schild **Hohacker** (262 m) ❶. Hier biegen wir rechts ab. Es geht etwas bergauf, dann stoßen wir auf das Schild Dr. Wagner-Kliniken (270 m). Hier werden wir nach rechts verwiesen. Nun steigt es entlang der Häuser an, wir passieren die privaten Parkplätze und sehen anschließend rechts einen kleinen Wanderparkplatz, an dem man die Tour auch beginnen könnte.

Durch die wilde Gaishölle führt ein sicherer Weg.

Linke Seite: Die Umgebung von Sasbachwalden ist durch Weinberge charakterisiert.

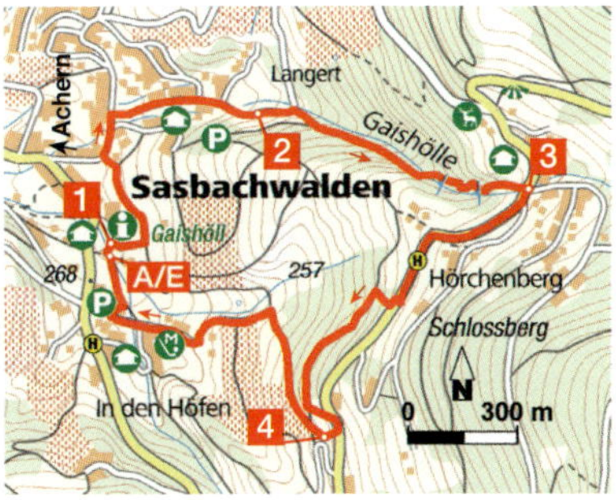

Entlang des munter sprudelnden Baches hinauf Danach kommen wir in den Wald, wo rechts das Wanderschild Gaishölle unten (350 m) und ein Erklärungsschild den Beginn der **Gaishöll-Schlucht** ❷ anzeigen.

Jetzt steigt es an. Der Bach mit seinen vielen kleinen Wasserfällen verläuft teils in etwas Entfernung, teils direkt neben dem Weg. Wir überqueren verschiedene Brücken und kommen schließlich zu einer Holzhütte und dem Schild Gaishölle Mitte (435 m). Nun wird es zeitweise etwas flacher, trotzdem sprudelt das Wasser immer noch munter neben dem Weg zwischen großen Felsbrocken herab. Schließlich verlassen wir den Wald und sind beim Schild **Gaishölle oben** (493 m) ❸.

Viel Aussicht über die Weinberge Nun biegen wir rechts ab, vorerst müssen wir am Straßenrand entlanggehen. Bei

Hinweis

Die Tour ist auch für Kinder interessant: Sie ist recht kurz und trotz des Anstiegs wegen der Wasserfälle unterhaltsam und kurzweilig. Im Sommer kann man nach der Wanderung den Tag im Freibad ausklingen lassen oder – auch zu anderen Jahreszeiten – eine Runde auf dem Minigolfplatz drehen.

einem großen Flurkreuz erreichen wir die Ansiedlung Hörchenberg (476 m). Ab jetzt haben wir eine herrliche Sicht in Richtung Sasbachwalden und hinaus in die Rheinebene. Wir behalten unsere Richtung bei und kommen zu einer großen Fototafel des Naturparks Schwarzwald Mitte/Nord, auf welcher die Aussicht erklärt wird.

Direkt danach beginnt ein Pfad neben der Straße, welcher uns kurz darauf in den Wald führt. Im Anschluss an den Wald begleiten uns Weinberge. Wir gehen bis kurz vor die Straße, dann geht es rechts ab und gleich darauf auf einer Treppe zum **Straubenhof** 4. Vor dem Hof biegen wir rechts ab.

Hinab zum Freibad Nun wandern wir entlang der Weinberge und mit prächtiger Sicht abwärts. Wo wir auf einen asphaltierten Weg treffen, biegen wir links ab und kommen zu den ersten Häusern von Sasbachwalden. Nach dem ersten Hof orientieren wir uns rechts und gehen bis zum Schild Minigolf (275 m). Hier werden wir nach rechts verwiesen. Nach dem Gebäude des Minigolfplatzes biegen wir links ab und kommen zum Parkplatz vor dem Freibad.

Blick vorbei an Hörchenberg zur Rheinebene

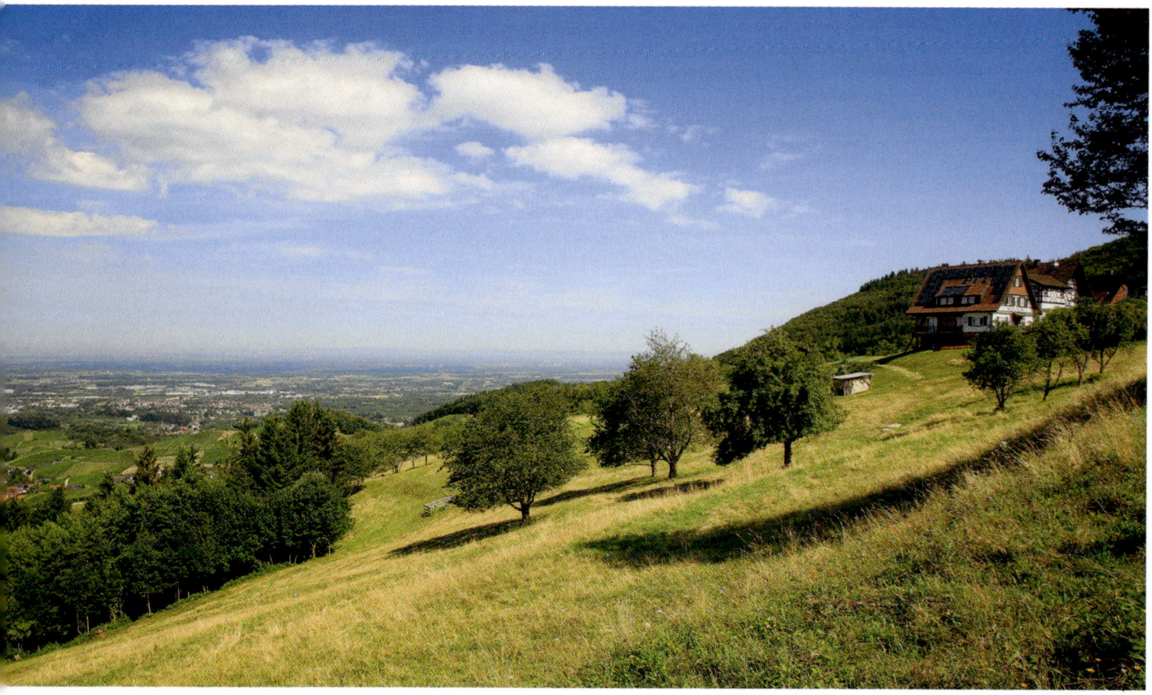

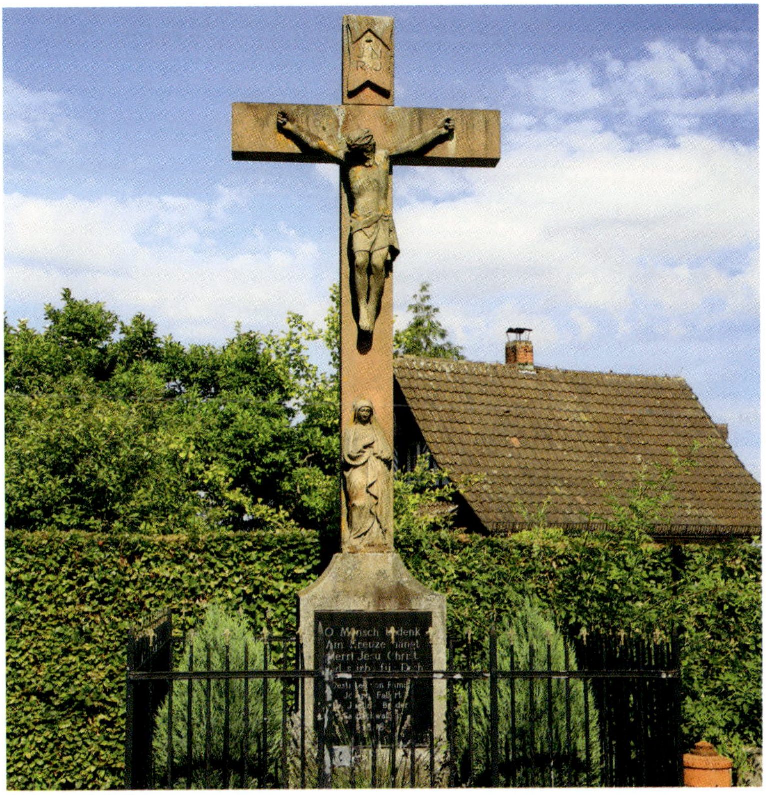

Vor Hörchenberg steht ein großes Flurkreuz.

Gaishölle

Die Gaishölle ist 800 Meter lang und überwindet einen Höhenunterschied von 150 Metern, wobei der Bach in unzähligen kleinen Kaskaden zu Tal stürzt. In seinem Bett sehen wir rund fünf Meter hohe Granitblöcke, die mit dicken Moospolstern oder Farnen bewachsen sind. Sie weisen die typische Form auf, die sie wie gestapelte Wollsäcke aussehen lässt – die sogenannte Wollsackverwitterung. Die Formen der Steine wurden vor den Eiszeiten ausgebildet, als ein extrem feucht-warmes Klima herrschte. Damals drang Wasser in die Klüfte des Granits ein und löste durch chemische Prozesse den Gesteinsverband allmählich auf, sodass nur die »Kerne« der einzelnen Felspartien übrig blieben. Da die großen Flächen stärker angegriffen wurden, entstanden die rundlichen Formen. Die Wasserfälle wurden bereits früh erschlossen. So führte das Großherzogliche Bezirksamt Achern am 21. März 1880 eine Besichtigung durch und schrieb hinterher an den Straßenmeister Frey: »Zur Verschönerung der Gegend und Hebung des Fremdenbesuches wird beabsichtigt, einen bequemen Fußpfad zur sogenannten Gaishöhle bei Sasbachwalden herzustellen und die bereits vorhandenen Waßerfälle soweit ohne große Kosten möglich beßer hervortreten zu laßen.«

15 Für ihn wurde sogar eine Maschine gebaut

Geheimnisvoller Huzenbacher See

schwer | 12,2 km | 490 Hm | 4 Std.

Tourenverlauf
Schwarzenberg – Silberberg 0.20 Std. – Huzenbacher See 0.65 Std. – Seeblickhütte 0.35 Std. – Huzenbach 1.20 Std. – Schwarzenberg 0.40 Std.

Höchster Punkt
Huzenbacher Seeblickhütte, 916 m

Ausgangspunkt/Endpunkt
Baiersbronn-Schwarzenberg, Murgtalstraße/B 462 beim Hotel Löwen, 487 m

Einkehr
Schwarzenberg

Karte
Freizeitkarte F502 Pforzheim, 1:50 000, Landesamt für Geoinformation und Landentwicklung Baden-Württemberg (LGL)

Informationen
www.baiersbronn.de

Der Huzenbacher See ist ein herrlicher Karsee. Zudem ist er mit der leider nicht erfolgreichen »Huzenbacher Maschine« auch geschichtsträchtig. Er ist zwar nicht ganz unbekannt, aber wie fast alle Karseen nur in einer längeren Tour mit einigem Aufstieg zu erreichen und deswegen nicht so überlaufen. Ab dem Seeblick geht es dann nur noch bergab.

Über Silberberg hinauf zum See Wir gehen von der S-Bahn-Station zum Wanderschild Alte Burg (480 m) und weiter zur Murgtalstraße/B 462, wo das Hotel Löwen steht. Autofahrer kommen vom Parkplatz westlich davon zu diesem Hotel. Auf der anderen Straßenseite steht das Wanderschild Schwarzenberg Silberbergwegle (475 m). Hier folgen wir mit Wanderzeichen blaue Raute der Treppe aufwärts in Richtung Wald.

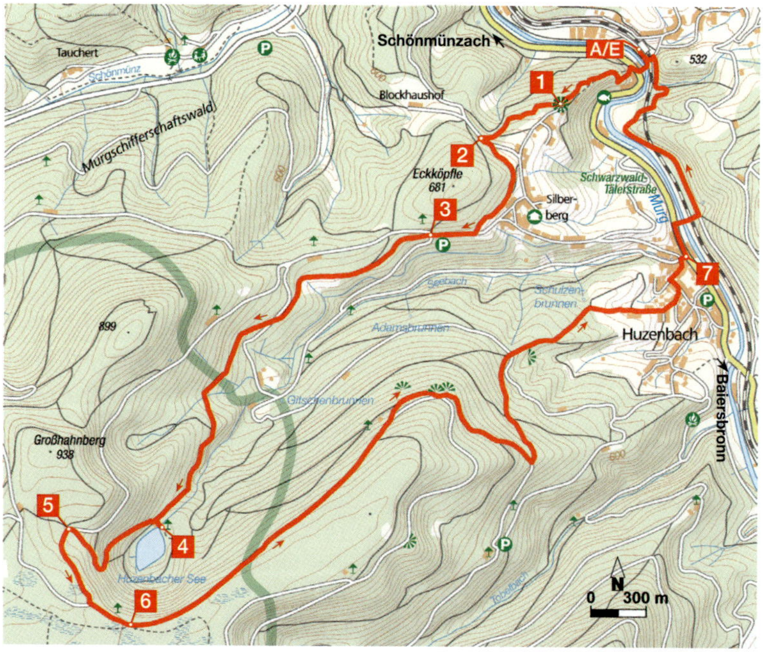

Bald führt uns der Pfad in den Wald und nach weiterem Aufstieg erreichen wir das erste Haus von **Silberberg** ❶. Nach diesem werden wir nach rechts in den Wald verwiesen. Nun wandern wir wieder relativ eben rechts der Ansiedlung bis zu einem Sträßchen. Dort steht das Schild Schlossbergwegle (609 m).

Anfahrt

Auto: A 81 bis Ausfahrt Gärtringen, weiter über Deckenpfronn und Neubulach zur B 294, auf ihr nach Besenfeld, nach dem Ort rechts ab ins Murgtal und über Huzenbach nach Schwarzenberg. Einen Parkplatz finden wir an der Murgtalstraße/B 462 beim Hotel Löwen; GPS 48.597892, 8.383132
Ausweichparkplätze sind der P+R-Parkplatz hinter der S-Bahn, der Waldparkplatz nach Silberberg oder Parkmöglichkeiten in Huzenbach.

Bus & Bahn: Bahn bis Bondorf oder Freudenstadt, dann S-Bahn. Aus dem Rheintal ab Rastatt mit der S-Bahn; Info: www.efa-bw.de

Wir halten uns links ❷ und dann gleich wieder rechts. Nun wandern wir auf einem Pfad am Waldrand entlang, bald mit herrlichem Blick über Silberberg auf die andere Seite des Murgtals. Nach einiger Zeit kommen wir zu einem Rastplatz mit einem Kneippbecken, danach mündet der Pfad in ein **Sträßchen** ❸. Wir folgen diesem zu einem Parkplatz. In dessen Mitte steht das Schild Silberberg (680 m). Am Ende des Parkplatzes wandern wir am Schild Eckköpfle (685 m) geradeaus weiter.

Einen ganz besonderen Reiz entfaltet der Huzenbacher See zur Zeit der Herbstfärbung.

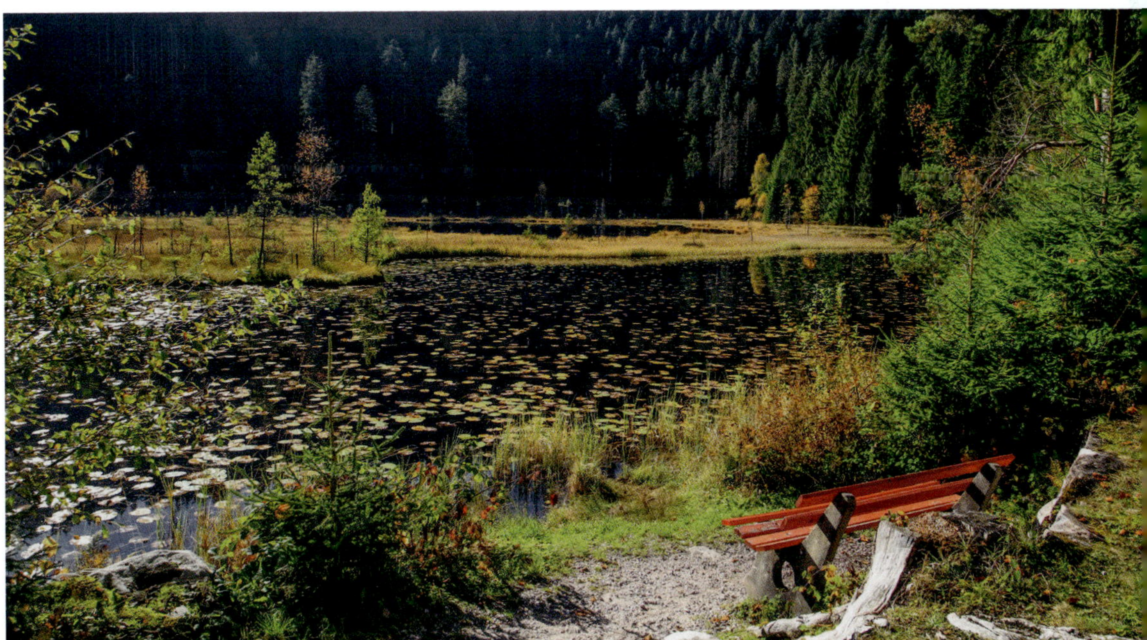

Tourencharakter

Große Teile der Tour verlaufen auf Forstwegen, teilweise auch auf schmalen Pfaden. Vor der Strecke vom Huzenbacher See bis zum Seeblick wird zwar mit einem Warnschild ob des schlechten Weges gewarnt, aber ganz so schlimm, wie man aufgrund des Textes vermuten könnte, ist es nicht – zu Tode kann hier keiner stürzen. Es ist aber ein steiler, steindurchsetzer Steig mit Wurzeln. Man sollte also schon trittsicher sein. Auch liegt der eine oder andere Baumstamm quer über dem Weg. Vor allem bei Nässe, Eis und Schnee besteht Rutschgefahr. Bei trockenem Wetter ist er aber gut zu gehen.

Bald überqueren wir einen Forstweg, danach zeigt uns ein Schild an, dass wir uns nun im Nationalpark Schwarzwald befinden. Wir wandern, vorbei an diesem Schild, geradeaus weiter. Immer sanft ansteigend erreichen wir schließlich den **Huzenbacher See** (753 m) **4**, eine der Perlen des Nordschwarzwaldes.

Weiter zum Seeblick Vor dem kleinen Schutzpavillon können wir nach links über die Brücke gehen, dort finden wir einige Bänke zum Ausruhen. Danach wandern wir, vorbei am Pavillon, kurz geradeaus weiter. Gleich darauf werden wir an einem Warnschild aufgrund des schlechten Wegs nach rechts auf einen steilen Steig verwiesen.

Diesem folgen wir nun immer bergauf. Wir kommen an einer Brücke mit einem – vermutlich ziemlich ausgetrockneten – Wasserlauf vorbei und stoßen, nachdem es wieder eben geworden ist, auf einen Forstweg. Dort biegen wir am Schild **Dachsbau** (901 m) **5** scharf links ab. Bald sehen wir links unten den Hu-

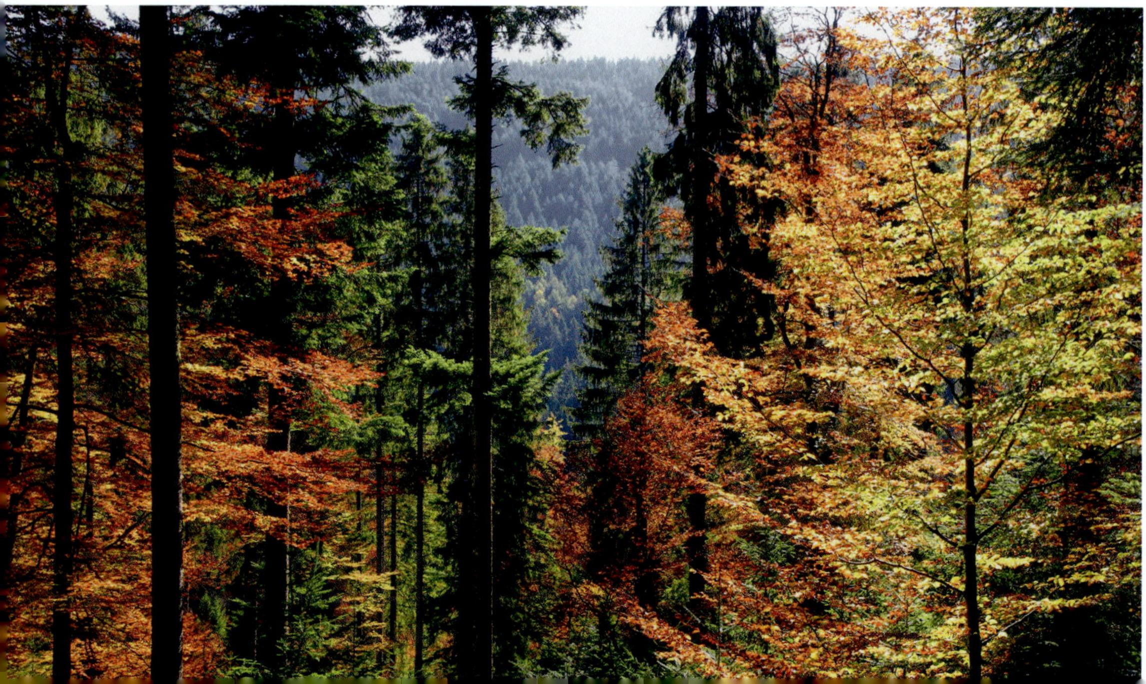

Auch im Schwarzwald bezaubert der Herbst mit seiner Farbenpracht.

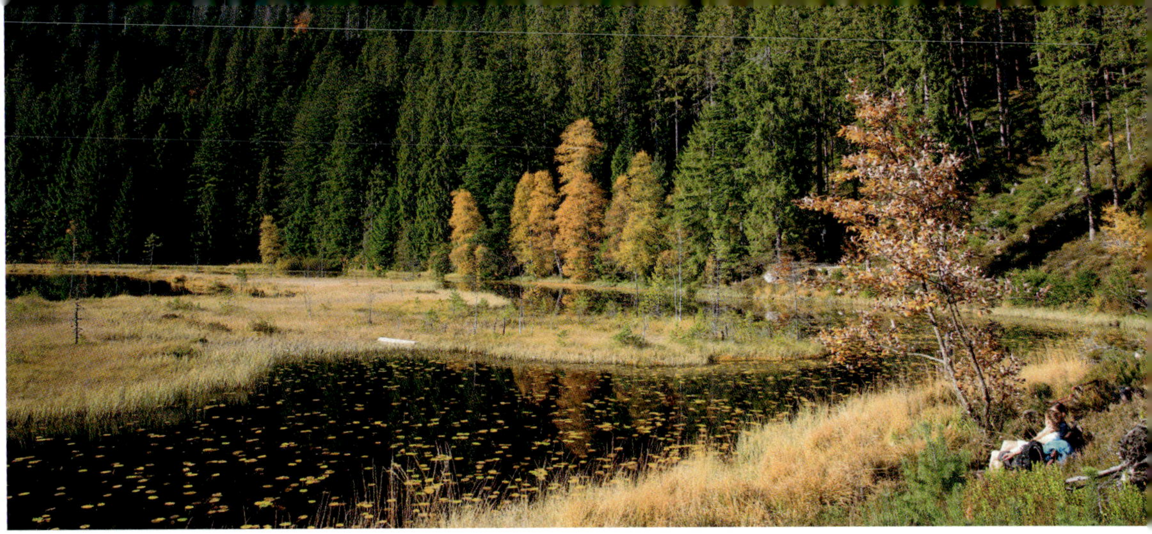

Nach dem langen Aufstieg aus dem Murgtal tut eine Rast am Seeufer gut.

zenbacher See. Nach einigen Bänken erreichen wir an einem querenden Weg das Schild Seeblick (913 m).

Wir halten uns links und wandern zur **Huzenbacher Seeblickhütte** (916 m) **6**: Hier hat man den schönsten Blick zum Huzenbacher See; auch Tisch und Bänke für eine ausgiebige Rast an der höchsten Stelle der Tour sind vorhanden. Von jetzt an geht es nur noch bergab.

Hinab und weiter entlang der Murg Etwas später wandern wir am Schild Kleemisse (901 m) vorbei. An einer Verzweigung nehmen wir den linken, abwärts führenden Weg. Nun verlassen wir den Nationalpark wieder. An der Kreuzung beim Schild Lieberg (776 m) gehen wir mit der gelben Raute geradeaus weiter bergab. Bald darauf kommen wir zum Schild Dobelwald (705 m); hier geht es scharf nach links weiter. Am Schild Heuweg (658 m) überqueren wir einen Forstweg, an einer Kreuzung folgen wir der gelben Raute geradeaus.

Uns immer an diesem Zeichen orientierend, erreichen wir schließlich den Waldrand. Hier gehen wir auf dem nach rechts ziehenden Sträßchen nach Huzenbach. Beim Schild Huzenbacher Höfe (517 m) biegen wir links ab, an der nächsten Kreuzung halten wir uns rechts und kommen hinab zur **Durchgangsstraße** **7**. Dort biegen wir am Schild Huzenbach Seebach Straße (480 m) links ab. Nach dem Ort überqueren wir die Murg auf einer Brücke. Danach wenden wir uns am Schild Reinhardsbrücke (479 m) nach links. Vorbei am Flößerbrunnen wandern wir parallel zur Bahnlinie zurück zum Ausgangspunkt.

Huzenbacher See

Der Huzenbacher See gehört zu den neun **Karseen** (siehe Tour 18) im Nordschwarzwald. Er ist der am tiefsten gelegene; in seiner Nähe befinden sich noch weitere Gletscherkare, allerdings ohne Wasser. Seinen Namen hat er von der »Hut«, also der Grenze, denn hier verlief die Grenze des Reichenbacher Klosterwalds. Er entstand wie die anderen Karseen in der letzten Eiszeit, der heutige kleine Moorsee hat eine Fläche von 2,7 Hektar.

Früher wurde er als Schwallsee für die **Flößerei** genutzt. Im Sommer 1895 baute die Forstverwaltung eine künstliche Stauvorrichtung, um ihn ein bis zwei Meter aufzustauen. Man hoffte, durch den Aufstau auch das Verlandungsgebiet beseitigen zu können. Allerdings hob sich dieses mit dem steigenden Wasserspiegel, löste sich vom Ufer und bildete eine ringförmige Insel mitten im See. Die Forstverwaltung versuchte, diese durch das Beladen mit Steinen zum Sinken zu bringen; dies gelang jedoch nicht, lediglich die Steine versanken. »Der schwebende Rasen ist ein Geflecht von Wurzeln, Wassermoosen und jungen Stämmen. Auf dieser Rasendecke gedeiht ein üppiger Pflanzenwuchs, eine wahre Freude für den Botaniker von Fach«, so C. Regelmann 1901 in der Zeitschrift des Württembergischen Schwarzwaldvereins. Heute wachsen auf dieser Insel sogar Bäume. Die schmale Verlandungszone ist vor allem mit einem Schnabelseggenried bewachsen. Als botanische Besonderheit sind die vielen gelben Teichrosen zu werten, die allerdings im 19. Jahrhundert künstlich eingebracht wurden. Der See ist 7,5 Meter tief und 2,7 Hektar groß, sein Wasservolumen beträgt 111 000 Kubikmeter; der Karboden selbst ist fünf Hektar groß. Besonders schön am See ist die Zeit im Juni und Juli, wenn die Teichrosen blühen, oder im Herbst, wenn das Gras seine leuchtend orangegelbe Farbe erhält.

Blick vom Verbindungspfad über den See

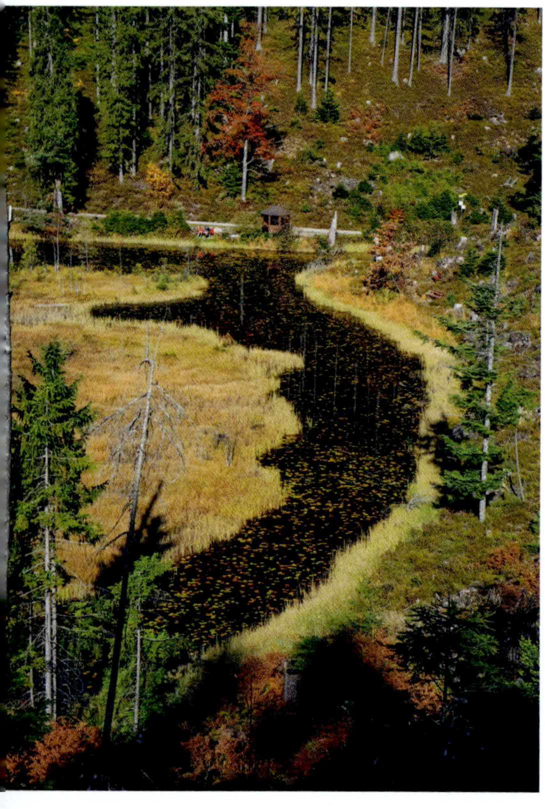

Eine Besonderheit des Ortes war der ab 1755 betriebene Holzaufzug, die sogenannte **Huzen-**

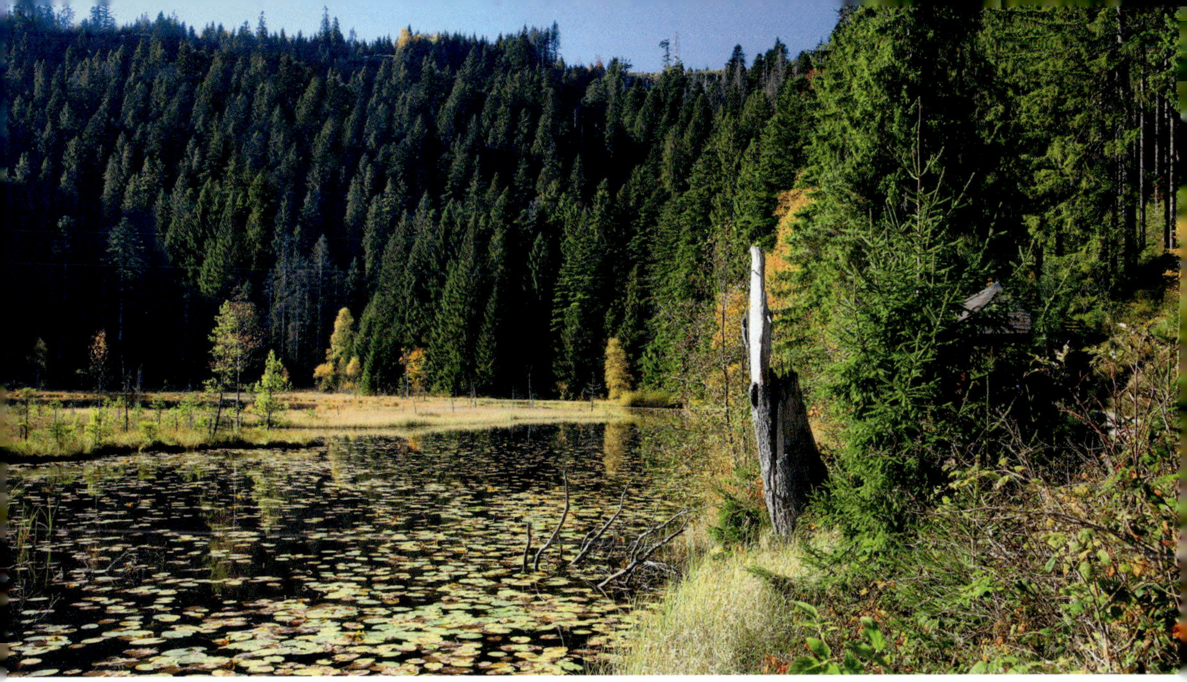

bacher Maschine. Sie war rund 1200 Meter lang und führte mit einem Höhenunterschied von rund 350 Metern von Huzenbach bis kurz vor Besenfeld. Warum? Nun, seinerzeit gab es hier noch zwei Staaten. Der Abtransport des Holzes aus dem württembergischen Schwarzwald scheiterte an der Landesgrenze zu Baden. Nachdem verschiedene württembergische Einigungsversuche gescheitert waren, entwickelte man die Idee, mittels der Maschine das Holz über den Berg ins Enz- und Nagoldtal und über Neckar und Rhein zum Hauptabnehmer Holland zu transportieren. Ein erster Plan versank in der Vergessenheit, auf ihn griff aber ein gewisser Herr Engel aus Straßburg zurück, der dann auch mit dem Bau beauftragt wurde. Er verschwand zwar nach Beginn der Bauarbeiten mit einem Vorschuss von 500 Gulden auf Nimmerwiedersehn nach Straßburg, die Maschine wurde aber trotzdem zu Ende gebaut. Sie bestand aus 700 Baumstämmen von zehn bis 22 Metern Länge. Damit die Hanfseile nicht nass wurden, war die Anlage mit Bretterwänden und einem Dach versehen. Auf der Strecke gab es elf Räderhäuser; in jedem mussten acht bis zehn Männer ein Rad drehen, um Stamm für Stamm bergaufzukurbeln. Man errechnete nach dem ersten Betrieb, dass ein Stamm ungefähr sechs bis sieben Stunden brauchen würde und auf der ganzen Anlage bei Vollbetrieb ungefähr zwölf Stämme pro Tag auf den Berg transportiert werden könnten. Am 14. August 1758 wurde die Maschine aber durch einen Unfall zerstört und nicht wiederaufgebaut.

Die Teichrosen, welche das Bild des Sees prägen, wurden im 19. Jahrhundert künstlich eingebracht.

16 Durch das stille Zinsbachtal

Von Altensteig zum Bömbachsee

schwer | 16,5 km | 250 Hm | 4.30 Std.

Tourenverlauf
Altensteig – Kohlsägemühle 0.50 Std. – Zinsbachmühle 0.65 Std. – Sportplatz Spielberg 0.45 Std. – Bömbachsee 0.20 Std. – Altensteig 1.30 Std.

Höchster Punkt
Vor Sportplatz Spielberg, 632 m

Ausgangspunkt/Endpunkt
Altensteig, Parkplatz am Stadtgarten, Poststr. 100, 455 m

Anfahrt
Auto: A 81 bis Ausfahrt Gärtringen, dann über Jettingen und Nagold nach Altensteig. Der Ausgangspunkt liegt am Ende der Stadt; GPS 48.588832, 8.600935
Bus & Bahn: Bahn oder S-Bahn bis Herrenberg oder Weil der Stadt, dann mit dem Bus; Info: www.efa-bw.de

Einkehr
Kohlsägemühle, Altensteig

Karten
Freizeitkarten F502 Pforzheim und F504 Freudenstadt, 1:50 000, Landesamt für Geoinformation und Landentwicklung Baden-Württemberg (LGL)

Auch wenn wir am Anfang der Tour auf dem Ostweg des Schwarzwaldvereins wandern, ist die Strecke durch das Zinsbachtal doch nicht überlaufen – es ist ein stilles Tal inmitten dichter Wälder, das sich seinen ursprünglichen Schwarzwaldcharakter bewahrt hat. Nach dem Wald wandern wir auf der Hochfläche zurück, was uns weite Blick auf die Umgebung beschert.

Durch das Zinsbachtal zur Kohlsägemühle Wir gehen vom Parkplatz aus an der Mauer entlang stadtauswärts. Im Stadtgarten hinter der Mauer sehen wir einen schönen, gut ausgestatteten Spielplatz. An der Mauer ist auch schon das Zeichen des Ostwegs des Schwarzwaldvereins, die schwarzrote Raute, angebracht. Sie wird uns eine ganze Weile begleiten.

An der Verzweigung halten wir uns rechts in die Pfalzgrafenweiler Straße, links sehen wir das Wanderschild Altensteig Stadtgarten (455 m). Gleich danach zweigen wir links ab in die Obere Talstraße. Wir kommen noch an ein paar Häusern vorbei, dann sind wir aus der Stadt draußen. Rechts des Weges fließt der Zinsbach, der hier ein schönes Bild abgibt. Beim Tennisplatz beginnt auch ein Kanal, der eine Weile links direkt neben dem Weg verläuft.

Wo der Radweg nach »Erzgrube« links abgeht, wandern wir rechts des Kanals geradeaus weiter. Rechts liegt bald ein Campingplatz, etwas später kommen wir an einen See – die aufgestaute **Nagold** ❶. Im Anschluss steigt der Weg kurz an und wir stoßen auf ein Sträßchen, dem wir in Gehrichtung folgen. Bald zweigen wir mit dem Wanderzeichen am Schild Zinsbachsteg (465 m) links ab.

Nachdem der Weg etwas gefallen ist, kommen wir zum Schild Kohlsägemühle (485 m). Hier geht es nach links, nun wieder bergauf. Zuerst sollten wir aber einen kurzen Abstecher zur

Kohlsägemühle ❷ machen, denn bei ihr kann man ein riesiges Mühlrad bewundern.

Weiter zur Zinsbachmühle Danach nehmen wir am Wanderschild den ansteigenden Weg. Nach 200 Metern biegen wir am Schild Kohlsteige (500 m) rechts ab. Nun wandern wir auf einem Pfad, später auf einem Forstweg. An einer Dreiergabelung geht es auf dem mittleren Pfad weiter. Er bringt uns zu einem breiten, aber unbefestigten Weg. Auf ihm kommen wir zu einem asphaltierten Sträßchen, kurz danach zweigen wir links ab. Nach einer Weile gelangen wir an einer Lichtung auf einen querenden Weg. Wir spazieren in Gehrichtung nach rechts weiter und sehen nach ein paar Minuten rechts unten die

Tourencharakter

In der ersten Hälfte der Tour wandern wir auf dem Ostweg des Schwarzwaldvereins auf Forstwegen und Pfaden. Hier ist die Wegführung abwechslungsreich, aber etwas kompliziert. Trotzdem ist die Orientierung einfach, denn wir folgen immer der schwarzroten Raute. Nach einem Aufstieg geht es über die Hochfläche zurück, hier besteht ein Teil des Wanderwegs aus festen Wegen und Sträßchen.

Morgenstimmung am Zinsbach

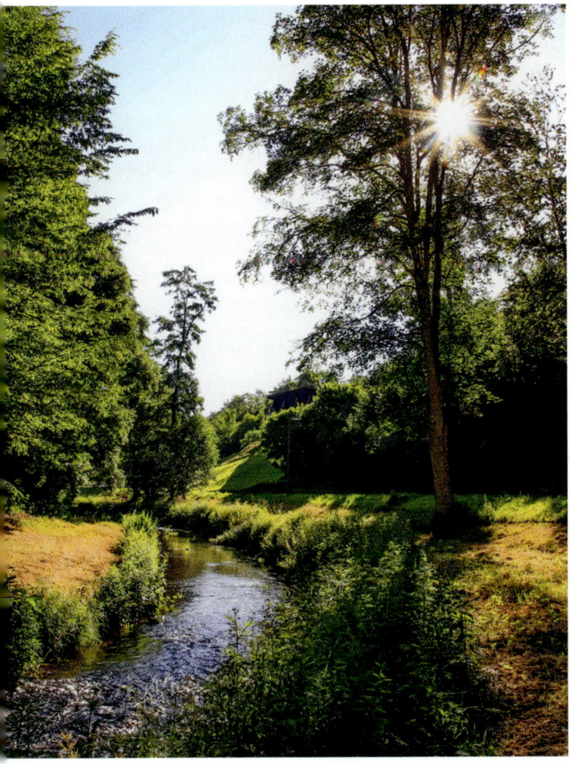

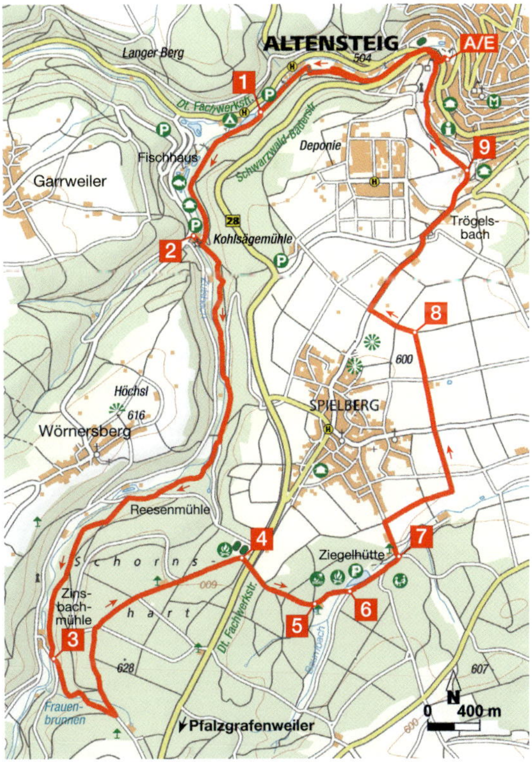

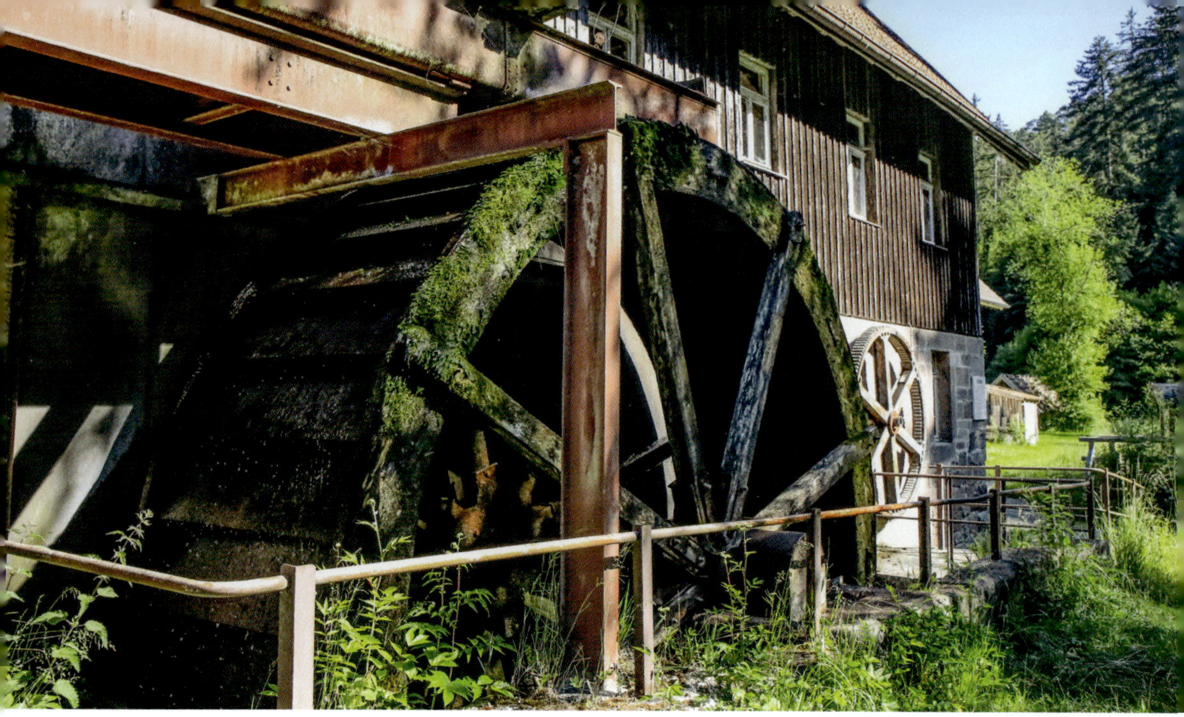

Das riesige Mühlrad an der Zinsbachmühle bewegt sich noch.

Zinsbachmühle. Danach stoßen wir vor der Straße auf das Schild **Zinsbachmühle** (539 m) **3**.

Hinauf zum Bömbachsee Hier nehmen wir den nach links ansteigenden Pfad. Auf ihm erreichen wir das Schild Büchelesbrunnen (620 m). Nun wandern wir auf einem geschotterten Forstweg erst kurz geradeaus, dann zweigen wir aber auf den scharf links abgehenden Weg ab. Wanderzeichen sehen wir vorerst keine mehr.

Wir marschieren immer geradeaus und lassen uns von den verschiedenen rechts abgehenden Wegen nicht beirren. Nach einer Rechtskurve kommen wir schließlich beim **Sportplatz von Spielberg** **4** zu einer Landstraße. Hinter ihr geht es geradeaus weiter, wieder in den Wald. An dessen Ende biegen wir mit der blauen Raute links ab **5**. Hier steht auch eine kleine Schutzhütte, rechts daneben liegt ein Wassertretbecken.

Es geht durch ein Wiesental bis vor den **Bömbachsee** **6**. Links des Sees gibt es Wiesen, auf denen man ruhen kann, der Weg führt aber rechts des Sees weiter. Vorbei am Schild Bömbachsee (565 m) kommen wir zum Schild **Ziegelhütte** (560 m) **7**.

Mit Aussicht durch die Felder Hier halten wir uns links, nun mit der gelben Raute. Kurz vor den ersten Häusern folgen wir dem

Zeichen nach rechts durch die Felder. Vor uns sehen wir den an seinem Sendemast erkenntlichen Egenhäuser Kapf.

Nach ein paar Minuten knickt der Weg links ab. Wir überqueren bald die Straße und wandern danach an einer Scheune und einer als Naturdenkmal geschützten Hecke vorbei. 350 Meter weiter quert ein **Sträßchen** 8, auf dem wir nach links gehen. An der Kreuzung nach dem großen landwirtschaftlichen Anwesen biegen wir rechts ab. Bald erreichen wir die Landstraße. Ihr folgen wir nach rechts bis zum Ortsschild Trögelsbach. Nach dem Haus wechseln wir auf den links der Straße abwärts führenden Weg. Er fällt ab bis zum querenden **Reinhold-Kirn-Weg** 9.

Auf ihm gehen wir nach links weiter. Bald haben wir einen prächtigen Blick nach rechts zum Fachwerkparadies Altensteig, das sich den steilen Hang hinauf erstreckt. Immer abwärtsgehend erreichen wir wieder den Stadtgarten. Nach rechts gehen wir an der Mauer entlang zum Ausgangspunkt.

Wiesenlandschaft am Bömbachsee

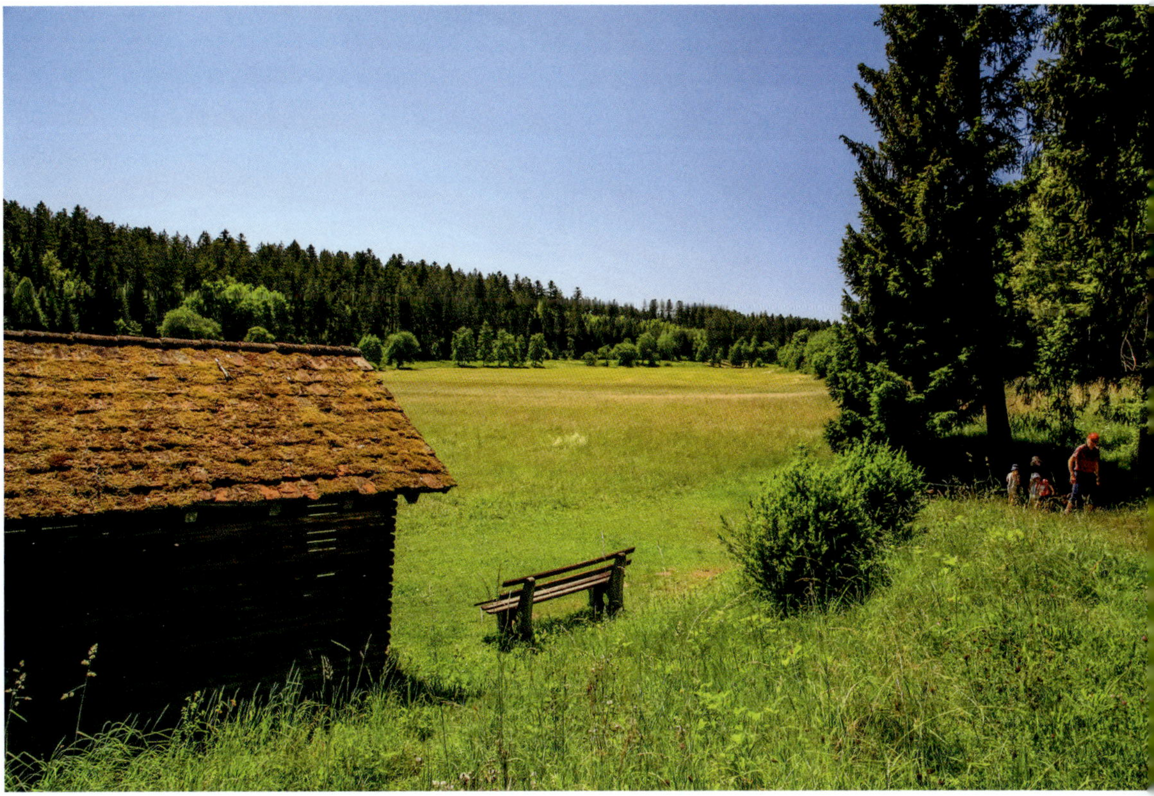

17 Karsee und Erinnerung an den Orkan Lothar

Über den Buhlbachsee zum Lotharpfad

mittel | 8,6 km | 270 Hm | 2.40 Std.

Tourencharakter
Wir wandern teils auf Forstwegen, teils auf Pfaden. Insbesondere am Anfang bis zum Buhlbachsee sollte man gut auf den steindurchsetzten Weg achten.

Tourenverlauf
Parkplatz Bärenteich – Buhlbachsee 0.20 Std. – Spaltbächle unten 0.20 Std. – Lotharpfad 0.55 Std. – Schwarze Lache 0.40 Std. – Parkplatz Bärenteich 0.25 Std.

Höchster Punkt
Zuflucht, 954 m

Ausgangspunkt/Endpunkt
Baiersbronn, Parkplatz Bärenteich an der B 500, 930 m

Einkehr
Zuflucht

Karten
Freizeitkarten F504 Freudenstadt und F503 Offenburg, 1:50 000, Landesamt für Geoinformation und Landentwicklung Baden-Württemberg (LGL)

Auf dieser Tour bekommen wir einen guten Eindruck vom urwaldartigen Charakter, den der Wald im Nationalpark Schwarzwald zeitweise aufweist. Nach einer Rast am See geht es bergab zum Spaltbächle, das zwischen dick vermoosten Steinen abwärts plätschert und rauscht. Die dritte Sehenswürdigkeit des Tages ist der Lotharpfad – ihn kann man zwar nicht gerade als Geheimtipp bezeichnen, aber interessant und sehenswert ist er allemal.

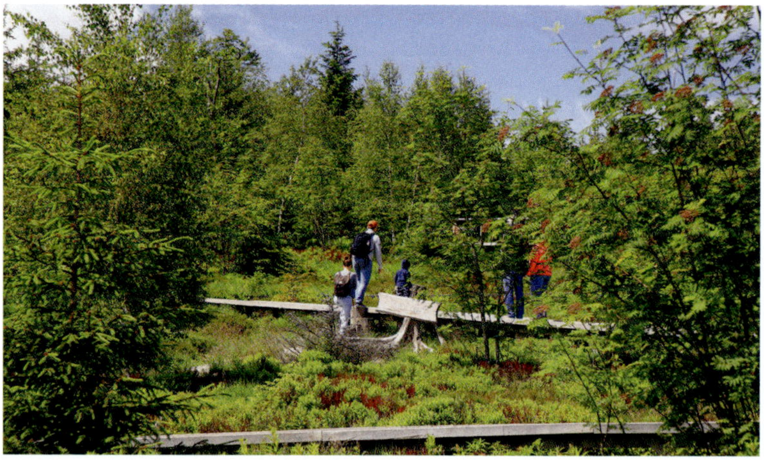

Auch Kindern wird der teilweise abenteuerliche Lotharpfad gefallen.

Hinab zum Buhlbachsee Wir gehen vom Parkplatz Bärenteich (930 m) aus mit dem Wanderzeichen blaue Raute auf dem steilen Steig in Richtung »Buhlbachsee« bergab. Der Wald bis zum See weist mit seinem vielen Totholz und den Steinen und Felsbrocken einen recht urtümlichen Charakter auf. Nach zwei querenden Wegen und einem längeren, nicht ganz so steilen Stück nach rechts erreichen wir das Wanderschild Buhlbachsee (789 m). Hier biegen wir links ab und gehen noch 200 Meter bis zu dem **Karsee** (1). Man kann ihn nicht umrunden, aber an seinem Ufer ein Stück nach rechts oder links gehen. Ein Tisch und Bänke laden zur Rast.

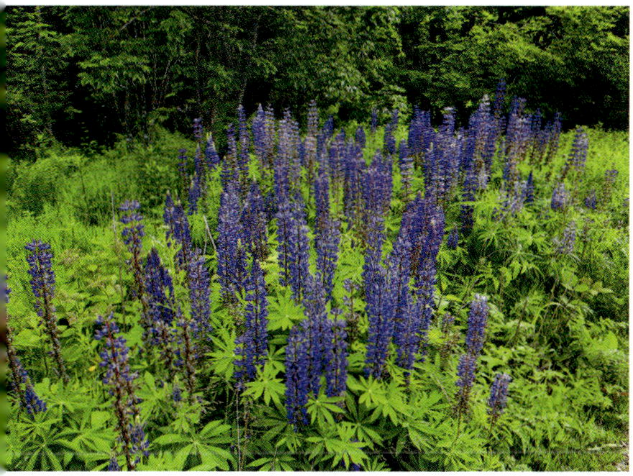

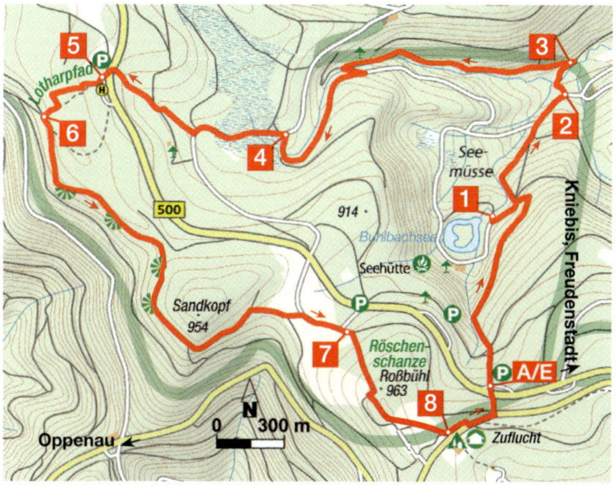

Der Schwarzwald besteht nicht nur aus Wald, immer wieder sind auch leuchtend bunte Blumen zu sehen.

Entlang des Spaltbächles hinauf Danach gehen wir zurück und am Wanderschild vorbei in Richtung »Spaltbächle«. Vorerst geht es weiter bergab bis zu einem **querenden Weg** 2, wo wir rechts die Bärenteichhütte sehen. Wir halten uns aber links. Links des Weges sehen wir eine gemauerte Rampe. Solche Rampen längs der Wege sehen wir öfters im Nordschwarzwald. Sie dienten in früheren Zeiten dazu, den Waldarbeitern das Aufladen des Holzes auf Schlitten zu erleichtern: Man konnte die schweren Stämme mit Pferden hinaufziehen und von oben auf die Schlitten herabfallen lassen.

Mit lautem Rauschen der Bäche erreichen wir kurz darauf das Schild **Spaltbächle** (768 m) 3. Hier halten wir uns links. Nun geht es rechts des idyllischen Spaltbächles und bald auf einem Pfad wieder hinauf. Links rauscht idyllisch der Bach und wir haben immer wieder einen Blick auf seine kleinen Wasserfälle und Kaskaden. Viel zu schnell sind wir dann am oberen Ende des Pfads angelangt. Hier halten wir uns erst links, kurz darauf rechts. Nun geht es auf einem breiten Forstweg weiter aufwärts bis zu einem **querenden Weg** 4. Rechts sehen wir eine weitere Rampe, die sogar mit der Jahreszahl 1862/63 versehen ist.

Anfahrt

Auto: Autobahn A81 bis Ausfahrt Horb, dann über Horb nach Freudenstadt. Von dort auf der B28 über Kniebis zum Abzweig nach rechts in die B500/Schwarzwaldhochstraße in Richtung Baden-Baden. Wir ignorieren den Abzweig nach links in Richtung Zuflucht, gleich danach folgt rechts der Parkplatz Bärenteich; GPS 48.494424, 8.246719

Bus & Bahn: Bahn nach Freudenstadt, Bus über Kniebis bis Zuflucht; Info: www.efa-bw.de

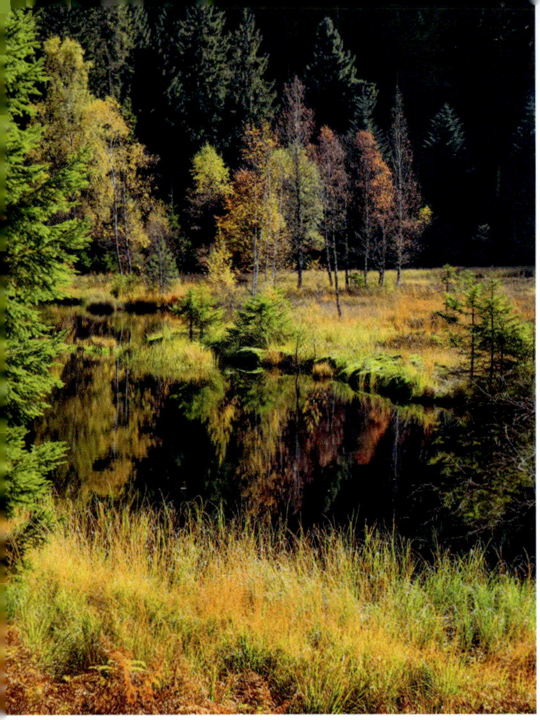

Herbstliche Stille am Buhlbachsee

Wir wandern aber nach links weiter. Es geht vorbei am Schild Hahnenmisse (863 m) zum Schild Buhlbacher Läger (885 m). Hier biegen wir rechts ab. Wir passieren eine weitere Rampe und erreichen bald die B500/Schwarzwaldhochstraße. Hinter ihr befindet sich der **Parkplatz des Lotharpfads** 5.

Lotharpfad und Panoramaweg Auf dem Lotharpfad gehen wir jetzt ein Stück; wer will, kann auch den ganzen kurzen Rundweg begehen, ansonsten folgen wir immer der Beschilderung »Panoramaweg«. Es geht im Zickzack etwas aufwärts, dann zieht der Pfad nach links. Nach einem Grenzstein werden wir mit der gelben Raute nach rechts verwiesen. Gleich darauf liegt links ein hölzernes Aussichtspodest, das zu besteigen sich lohnt. Danach wandern wir etwas abwärts zu einem querenden Weg. Hier halten wir uns am Schild **Lotharpfad Seensteig** (930 m) 6 mit der roten Raute des Westwegs links.

Lotharpfad

Der Lotharpfad wurde auf einer vom Orkan Lothar zerstörten Waldfläche errichtet, um die Schäden, aber auch das Wiedererwachen der Natur nach einer solchen Katastrophe zu dokumentieren. Auch wenn man das ursprüngliche Durcheinander der umgestürzten und geborstenen Stämme nur noch vereinzelt erkennen kann, es sind immer noch genügend beeindruckende Wurzelteller der umgestürzten Bäume vorhanden. Sie sind zum Teil wie Knochen ausgebleicht und ähneln modernen Kunstwerken.

Der Orkan Lothar war eine der großen Wetterkatastrophen im Land. Er fegte, ausgehend von der Biskaya, am zweiten Weihnachtsfeiertag 1999 mit Spitzengeschwindigkeiten von über 272 km/h (gemessen am Hohentwiel/Singen) über das Land und richtete vor allem in Nordfrankreich, der Schweiz, Süddeutschland und Österreich große Sturmschäden an; auch im Schwarzwald hat er große Teile der Wälder zerstört. In Baden-Württemberg fielen ihm am Sturmtag 13 Menschen zum Opfer. Insgesamt betrug der Schaden in Baden-Württemberg etwa eine Million Kubikmeter Holz – umgerechnet wären dies etwa 16 600 Eisenbahnwaggons, die eine Distanz von Tübingen bis Düsseldorf einnehmen würden. Würde man das Holz auf Lkw laden, würde dies eine 800 Kilometer lange Schlange ergeben.

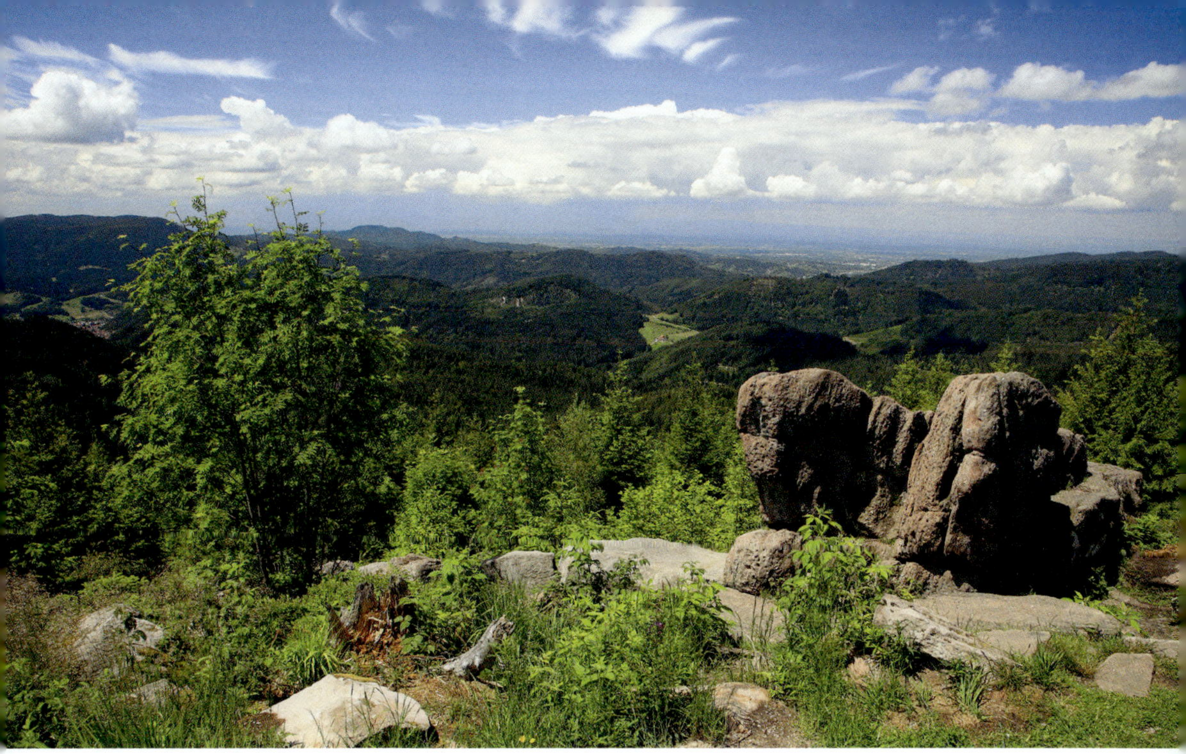

Anfangs mag man vielleicht etwas enttäuscht sein, denn die Aussicht ist von Bäumen verdeckt. Es folgen aber verschiedene Stellen mit herrlichem Blick ins Renchtal und nach Westen in Richtung Rheintal. Beim Aussichtspunkt Renchtalblick sehen wir vor uns in weiter Entfernung den Buchkopfturm. Am nächsten Aussichtspunkt steht eine Art Fernglas, in dem angezeigt ist, wo man Sturmwurfflächen und den Lotharpfad sieht. Nach einer Verzweigung zieht der Weg, nun im Wald, nach links. Mit etwas Bergab kommen wir zu einer Freifläche vor der Schwarzwaldhochstraße.

Ab dem Lotharpfad wandern wir ein Stück auf einem herrlichen Panoramaweg. Der Blick reicht über die wellenförmigen Schwarzwaldhöhen bis ins Rheintal.

Mit historischen Erinnerungen zurück Wir wandern am Wanderschild Schwarze Lache (910 m) vorbei und zum **Parkplatz am Waldrand** ❼. Hier weist uns die rote Raute nach rechts in den Wald. Nun steigt es wieder an. Nach dem Wald kommen wir an einem Grenzstein vorbei. Man sieht das württembergische Wappen, auf der badischen Seite anstatt eines Wappens aber ein »B«. Danach führt der Weg nach links weiter. Links des Weges liegt die ehemalige Röschenschanze. Sie wurde 1794 von dem württembergischen Ing.-Major Rösch während des 1. Koalitionskriegs (1792–1797) erbaut und bot Platz für 1400 Soldaten. 1796 wurde sie aber von den Franzosen erobert, wobei die Verteidiger 350 Männer verloren.

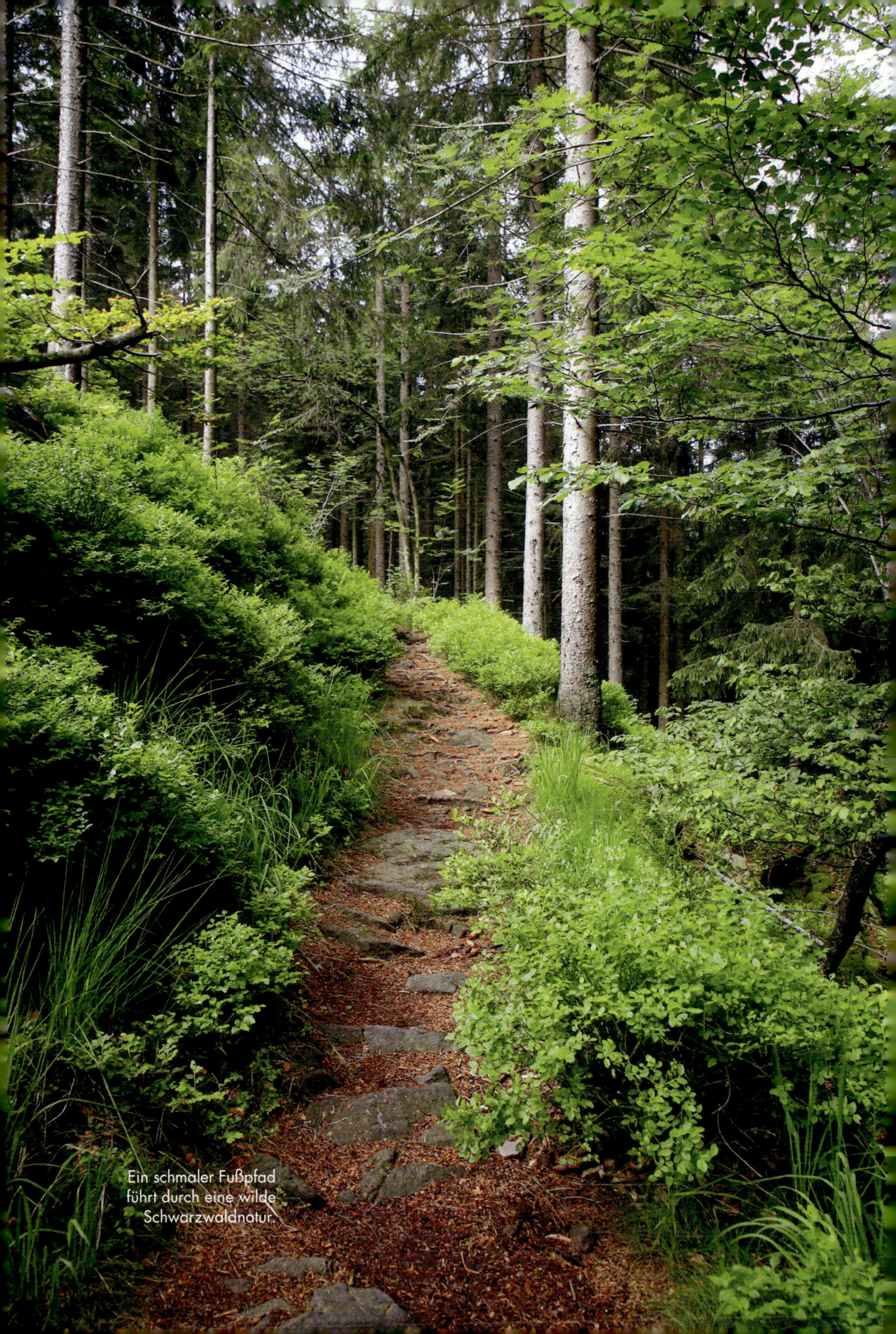

Ein schmaler Fußpfad führt durch eine wilde Schwarzwaldnatur.

Bald danach erreichen wir einen Parkplatz. Vor ihm zieht unser Pfad nach links durch die Wiesenfläche. Wer sich dafür interessiert: Im Parkplatz kann man einen gut erhaltenen Grenzstein von 1673 betrachten. E.H.Z.W. bedeutete »Eberhard Herzog zu Württemberg« und HSSB »Hochstift Straßburg«.

Man kann vom Parkplatz aus zur L402 und dort nach links zum Hotel auf der Zuflucht gehen oder dem Pfad folgen, der auch dorthin führt.

Die Zuflucht lag genau an der ehemaligen Grenzlinie. Das heutige Gasthaus ging aus einer 1807 von der Stadt Oppenau als Blockhütte errichteten Schutzhütte für Waldarbeiter und Gespanne hervor. 1833 wurde ein einfaches Rasthaus erbaut. Aus ihm ging das Höhenhotel Zuflucht hervor. Das 1907 eröffnete Haus war eines der bedeutendsten Hotels auf dem »Grinden-Schwarzwald«. Zeitweise diente es als Jugendherberge.

Wir gehen am Schild **Zuflucht Parkplatz** (954 m) 8 nach links durch den Parkplatz hindurch und nach ihm links der L402 auf einem Pfad weiter. Wo von links ein Weg kommt, zweigen wir gleich danach mit der blauen Raute links ab. Es geht etwas hinab, wir überqueren die Schwarzwaldhochstraße und sind wieder am Parkplatz Bärenteich.

Am Buhlbachsee wurde ein schöner Rastplatz eingerichtet.

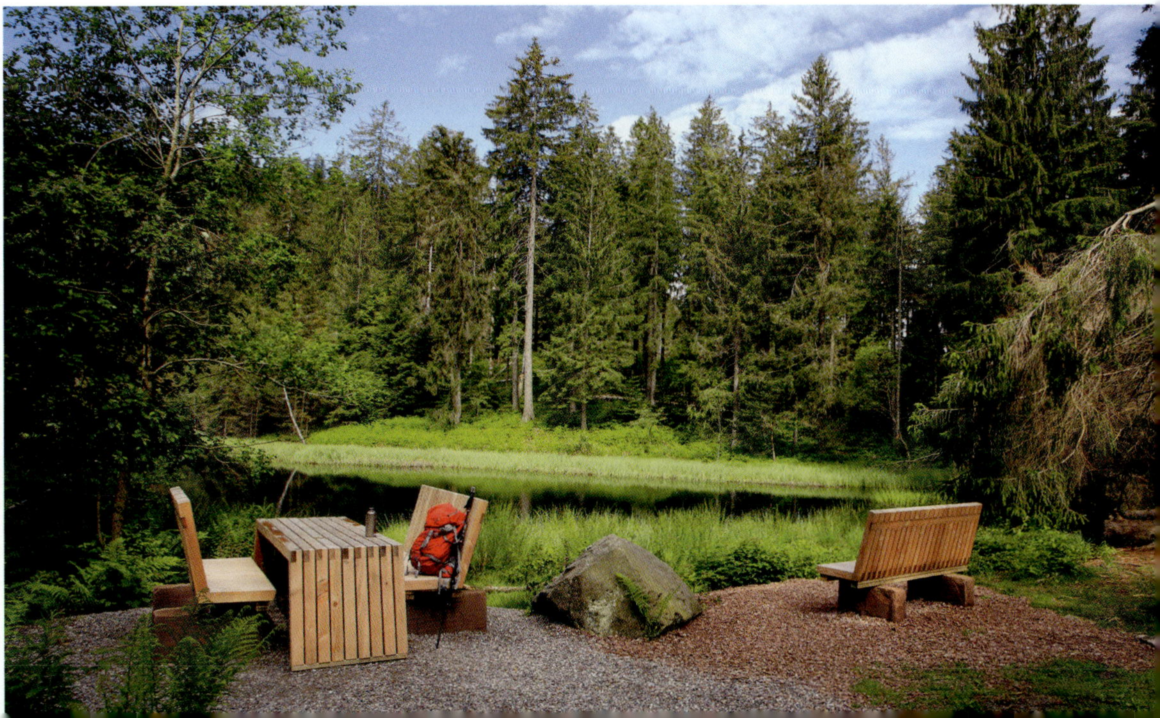

18 Wassererlebnis: Wasserfall und See

Über den Rosshimmelwasserfall zum Ellbachsee

mittel | 7,7 km | 220 Hm | 2.20 Std.

Tourencharakter
Die Wanderung verläuft meist auf Forstwegen, der Aufstieg vom See und das letzte Stück der Tour ab der Alexanderschanze auf Pfaden. Vor allem das letzte Stück kann bei Feuchtigkeit recht matschig sein.

Tourenverlauf
Parkplatz Zimmerholz – Schanzbrunnen 0.20 Std. – Rosshimmelwasserfall 0.20 Std. – Ellbachsee 0.30 Std. – Alexanderschanze 0.50 Std. – Parkplatz Zimmerholz 0.20 Std.

Höchster Punkt
Alexanderschanze, 968 m

Ausgangspunkt/Endpunkt
Baiersbronn, Parkplatz Zimmerholz, 951 m

Einkehr
Kniebis

Karte
Freizeitkarte F504 Freudenstadt, 1:50 000, Landesamt für Geoinformation und Landentwicklung Baden-Württemberg (LGL)

Der Schwarzwald ist mit Wasser gesegnet: Bäche, Seen und Wasserfälle findet man überall. Auch auf dieser Wanderung blubbert und plätschert es beständig, zumal nach feuchtem Wetter. Die Tour führt gleich zu zwei Attraktionen. Zuerst kommen wir am Rosshimmelwasserfall vorbei, danach erreichen wir den idyllischen Ellbachsee.

Zum Lothardenkmal Wir gehen vom Parkplatz aus zum Wanderschild Parkplatz Zimmerholz (951 m) und folgen dort der Beschilderung »Plon« in den Wald. Der Weg fällt nun immer sanft ab. Nach einem scharf rechts abgehenden Weg kommen wir zu einem markanten großen Stein, der als **Lothardenkmal** (1) zur Erinnerung an den Orkan Lothar am 26. 12. 1999 beschriftet ist.

Über den Schanzbrunnen zum Rosshimmelwasserfall Hier biegen wir am Schild Plon (900 m) rechts ab. Nach ein paar Minuten beschreibt der Weg eine Linkskurve. Hier weist ein Schild auf den »Schanzbrunnen« hin. Man spaziert ein paar Meter auf dem rechts abgehenden Weg in Richtung des Wasserbehälters, dann

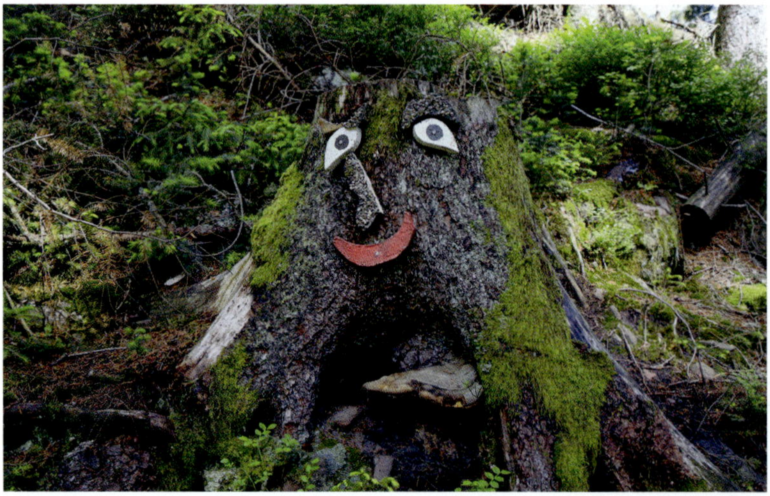

Eine solche Begegnung bringt Stimmung in die Wanderung.

geht es auf einem Steig etwas nach links hinab zu der kleinen **Quelle** 2.

Ansonsten folgen wir aber dem Weg weiter bergab bis zum Schild Oberes Gewölbe (810 m). Hier halten wir uns rechts in das Seehaldetalsträßchen. Nun wandern wir durch einen idyllischen Wald mit mächtigen alten Bäumen. An einer Linkskurve sehen wir rechts einen ersten, aber eher unscheinbaren Wasserfall. Gleich danach folgt jedoch der richtige **Rosshimmelwasserfall** (790 m) 3. Er fällt über eine hohe Karwand eines ehemaligen Karsees zum Teil in freiem Fall, zum Teil rieselt er über eine große Steinplatte.

Anfahrt

Auto: Autobahn A 81 bis Ausfahrt Horb, dann über Horb nach Freudenstadt. Von dort aus auf der B 28, nach Kniebis rechts abzweigen auf die B 500/Schwarzwaldhochstraße in Richtung Baden-Baden. Der zweite Parkplatz rechts ist der Parkplatz Zimmerholz; GPS 48.486152, 8.273973

Bus & Bahn: Bahn nach Freudenstadt, Bus über Kniebis bis Alexanderschanze; Info: www.efa-bw.de

Zum Ellbachsee Danach wandern wir bis zu einer Kreuzung. Hier gehen wir mit dem Wanderzeichen gelbe Raute auf dem rechten etwas ansteigenden Weg weiter. Am Schild Ellbachsee (784 m) stehen wir bereits vor dem **See** 4.

Im Vergleich zu den anderen Karseen ist der Ellbachsee mit seinen zwei Metern nicht sonderlich tief. Er ist von einem sogenannten Bultenmoor umgeben und als ausgewiesenes Natur-

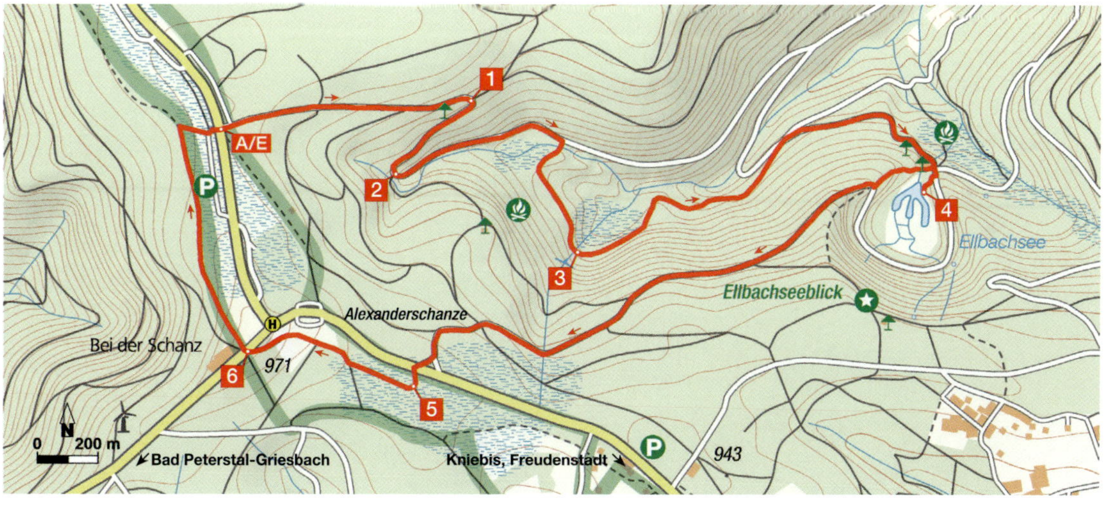

denkmal ein Biotop für viele gefährdete Tier- und Pflanzenarten. Hier halten wir uns später rechts, zuerst können wir aber noch geradeaus ans Ufer des Karsees gelangen; auch Bänke zum Ausruhen gibt es dort.

Zur Alexanderschanze Danach geht es am Wanderschild auf einem Steig weiter in Richtung »Alexanderschanze«, nun führt uns die blaue Raute. Kurz darauf erreichen wir die Ellbachseehütte. An ihr führt der Weg vorbei, danach steigt er in Serpentinen an bis zu einem Forstweg mit dem Schild beim Ellbachsee (820 m). Hier folgen wir der gelben Raute nach rechts. Nun geht es ständig, aber mäßig bergauf.

An einer Verzweigung nehmen wir den linken, weiter ansteigenden Forstweg, danach führt uns das Zeichen am Schild Rosshimmel vorbei. Wir kommen zu einer Kreuzung, hier geht es geradeaus weiter zu einer Verzweigung. Dort halten wir uns mit der gelben Raute links zur Straße. An der Gabelung direkt vor ihr nehmen wir den linken Weg, überqueren die **Schwarzwaldhochstraße/B 28** 5 und wandern hinter ihr auf dem schmalen Pfad weiter. Er zieht nach rechts und bringt uns zum ehemaligen Hotel Alexanderschanze.

Der Rosshimmelwasserfall zeigt ein zweigeteiltes Bild: Zuerst stürzt er über eine Felsstufe steil hinab, danach rieselt er über eine flache Gesteinsplatte weiter.

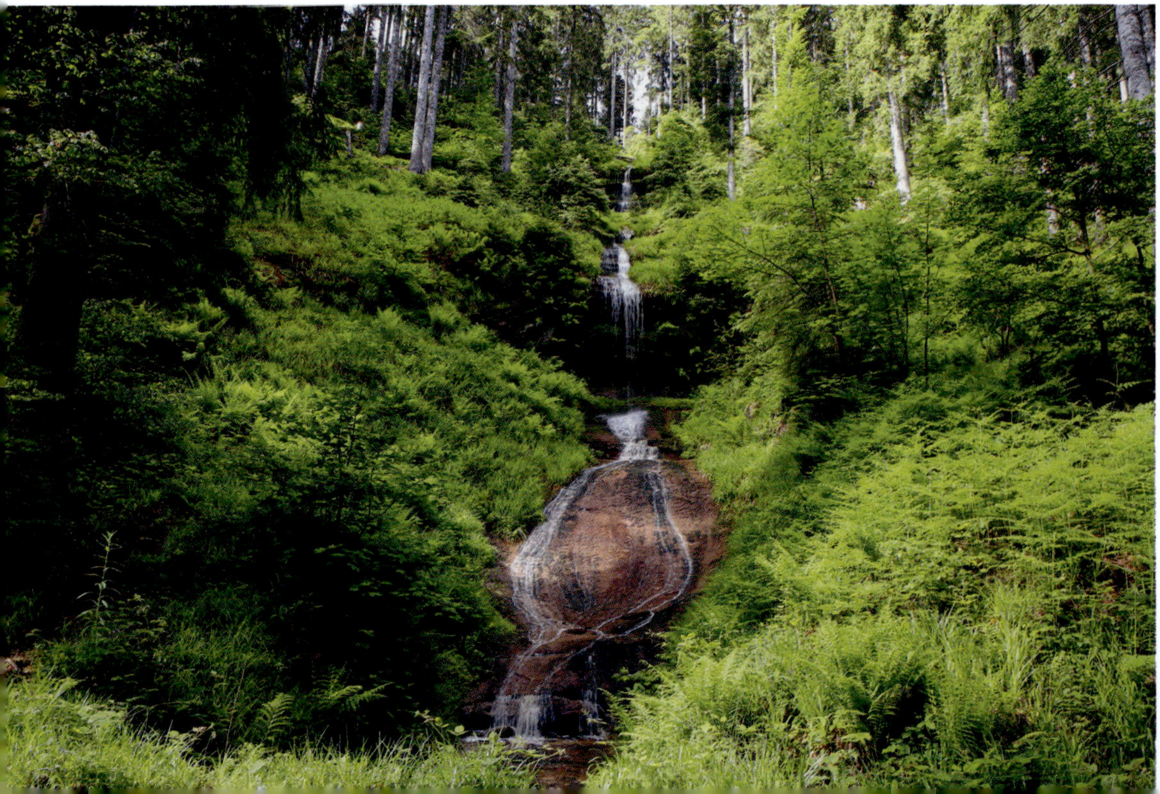

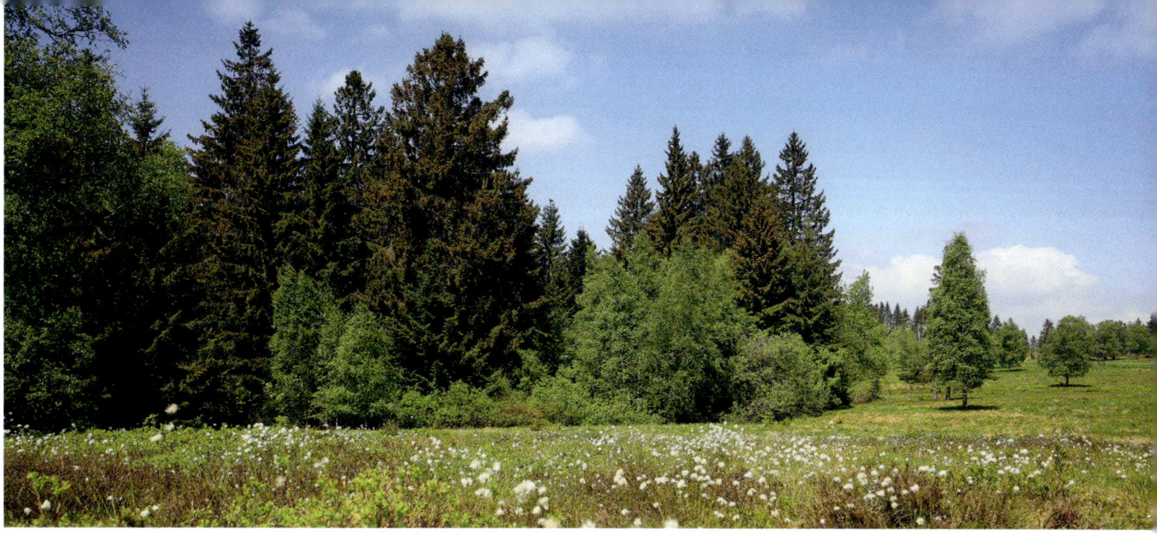

Auf dieser moorigen Wiesenfläche wachsen Orchideen und Wollgras.

Dreifürstenstein und Grenzweg Nach dem kleinen Garagengebäude linker Hand biegen wir links ab und kommen zu einem Parkplatz. Hier überqueren wir bei dem mächtigen Stein, der die Grenze zwischen dem Landkreis Freudenstadt und dem Ortenaukreis dokumentiert, die Straße. Zuerst gehen wir aber nach dem Stein ein paar Meter nach links in den Wald und bewundern den **Dreifürstenstein** 6. Er ist mit schönen Wappen der Länder Baden und Württemberg und auf der Nordseite des Hochstifts Straßburg verziert.

Auf der anderen Straßenseite begeben wir uns zum Schild Alexanderschanze (968 m). Dort wandern wir mit der roten Raute des Westwegs auf einem Pfad weiter. Kurz darauf steht rechts des Wegs ein weiterer Grenzstein, der zur Wegseite das Wappen des Hochstifts Straßburg, auf der Rückseite das württembergische Wappen trägt. Ohne Höhenunterschied geht es nun zum Schild Am Badberg (947 m). Hier werden wir nach rechts zum Parkplatz Zimmerholz verwiesen. Wir müssen noch ein Stück durch den Wald, dann über eine Wiesenfläche mit Orchideen und Wollgras, wie sie für eine Höhe von fast 1000 Metern und das Naturschutzgebiet Kniebis-Alexanderschanze typisch ist. Schließlich erreichen wir die Schwarzwaldhochstraße und unseren Ausgangspunkt.

Hinweis

Es gibt noch zwei Attraktionen in der Nähe, die man ohne große Umwege anfahren kann. Fährt man auf der B 500/Schwarzwaldhochstraße in Richtung Baden-Baden, liegt nach wenigen Minuten links der Lotharpfad (siehe Tour 18).

Der zweite kurze Abstecher geht zur Aussichtsplattform Ellbachsee bei Kniebis. Hier folgt man der Beschilderung, die etwas westlich von der Infostelle bei Kniebis beginnt. Hier kann man das Ziel dieser Wanderung, den Ellbachsee, direkt von oben betrachten.

Karseen

Im nördlichen Schwarzwald findet man viele **Karseen**, die landschaftlich zu den schönsten Zielen gehören. Meist liegen sie hoch oben und sind nur durch längere Wanderungen mit großem Anstieg zu erreichen. Deswegen gehören sie auch nicht zu den Hotspots der Wanderer und Touristen. Eine Ausnahme ist der Mummelsee, der direkt an der Schwarzwaldhochstraße liegt.

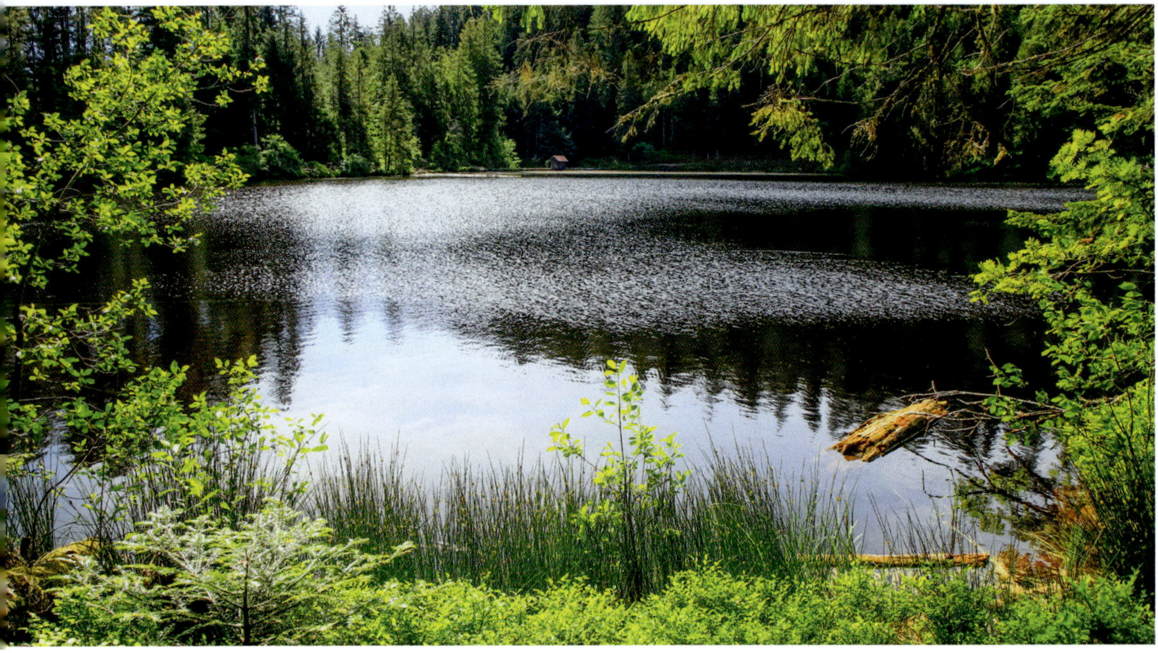

Stille am Glaswaldsee

Doch wie entstanden die Karseen? Die zahlreichen Kare im Schwarzwald haben sich insbesondere nach der letzten **Eiszeit** ausgebildet, die erst vor rund 10 000 Jahren zu Ende gegangen ist. Ihre Karmulden wurden vom Eis ausgehobelt, das gleich einem Bagger vom Untergrund und von seitlichen Wänden Gestein losgerissen hat. Auch aufgrund von Lawinen sind von der Rückwand Felsbrocken herabgestürzt. Das Material sammelte sich in Form von gebogenen Wällen als Moränen.

In den nach Norden, Osten, Nordosten und Südosten ausgerichteten **Talschlüssen** häuften sich große Mengen Schnee an. Da sie wegen ihrer Lage nicht von den Sonnenstrahlen erwärmt wurden, schmolzen sie nicht. In der Folge sind die meisten Seen in einer Nord-Ost-Lage ausgerichtet, denn die Sonne wandert im Tageslauf von Ost über Süd nach West, und der meist niederschlagsreiche Wind kommt überwiegend aus Meeresrichtung Südwest, West und Nordwest. Durch Antauen und Wiedergefrieren bildete sich harter Firn und schließlich Gletschereis. Nachdem dieses geschmolzen war, blieben die Seen übrig. Alle Karnischen sind aus einem bestimmten Gestein, dem Eck'schen Konglomerat, gebildet.

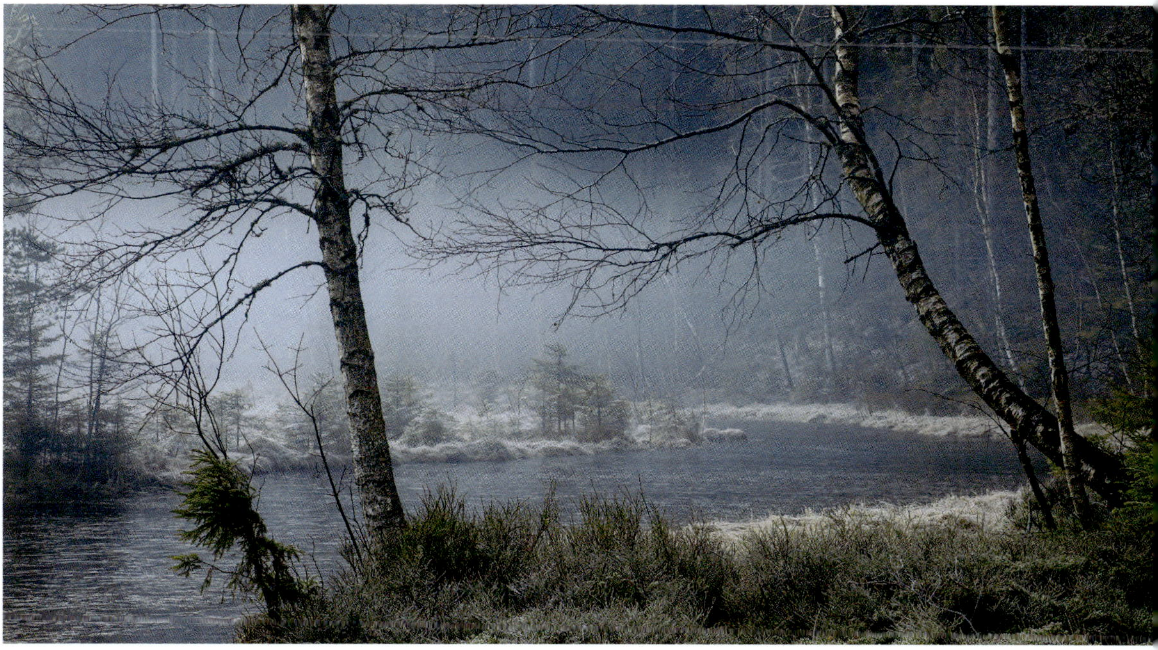

Die Karseen sind auch im Winter ein Erlebnis – hier ein Blick auf den Ellbachsee im Morgennebel.

Die bedeutendsten der ursprünglich 60 Karseen sind neben dem Ellbachsee unter anderem der Mummelsee, der Wildsee, der Glaswaldsee (siehe Tour 22) und der Herrenwieser See sowie der Buhlbachsee (siehe Tour 17), der Huzenbacher See (siehe Tour 15) und der Schurmsee. Wiederhergestellt wurden außerdem der Langenwaldsee, der Langbronnenweiher und der Sankenbachsee. Weitere 14 Seen sind erst nach dem Erscheinen des Menschen endgültig verschwunden, nur Namen wie beispielsweise »Blindsee« deuten noch auf ihr einstiges Bestehen hin. Nach dem Ende der Kaltzeit gab es noch 35 zusätzliche Seen. Es existieren außerdem über 100 Karmulden, die nie ein Gewässer beherbergt haben.

19 Auf den Spuren des Hofbaumeisters

Von Obermusbach über Hallwangen nach Untermusbach

mittel | 12,7 km | 160 Hm | 3.30 Std.

Tourencharakter
Rundwanderung auf gut zu gehenden Naturwegen, Forstwegen und festen Wegen. Die Route ist immer gut mit dem Zeichen für »Schickhardts Flößerweg« bezeichnet.

Tourenverlauf
Obermusbach/Sportplatz – Wald nach L409 0.30 Std. – Emil-Hamma-Platz 0.20 Std. – Anfang Barfußpfad 1.10. Std. – Luise Mayer Platz 0.40 Std. – Sportplatz 0.50 Std.

Höchster Punkt
Nach Landstraße L409 im Wald, 737 m

Ausgangspunkt/Endpunkt
Freudenstadt-Obermusbach, Sportplatz, Mühlhaldenstr. 46, 690 m

Einkehr
Kiosk am Anfang des Barfußparks

Karte
Freizeitkarte F504 Freudenstadt, 1:50 000, Landesamt für Geoinformation und Landentwicklung Baden-Württemberg (LGL)

Informationen
www.freudenstadt.de

Hinweis
Möglich ist, am Wendepunkt in Hallwangen ein Stück des Barfußpfads zu begehen; hier gibt es auch einen Hochseilgarten.

Der württembergische Hofbaumeister Heinrich Schickhardt war ein bedeutender Mann, dem viele Baulichkeiten und Projekte zu verdanken sind. Der bestens ausgeschilderte »Schickhardts Flößerweg« bietet ihm zu Ehren eine herrliche Genusswanderung um Ober- und Untermusbach bis Hallwangen, teils im Wald, teils im Freien mit schönen Blicken über die Landschaft.

Wald und Wiesen Wir gehen vom Vereinsheim am Sportplatz von Obermusbach aus etwas zurück in Richtung Ort, werden aber gleich nach dem Platz nach links zum Wald verwiesen. Wo der asphaltierte Weg vor dem Wald nach links zieht, gehen wir geradeaus in den Wald hinein. Bald wandern wir am Schild Reutäcker (699 m) geradeaus vorbei und treffen in der Folge auf die L409. Wir halten uns kurz rechts und dann am Waldrand

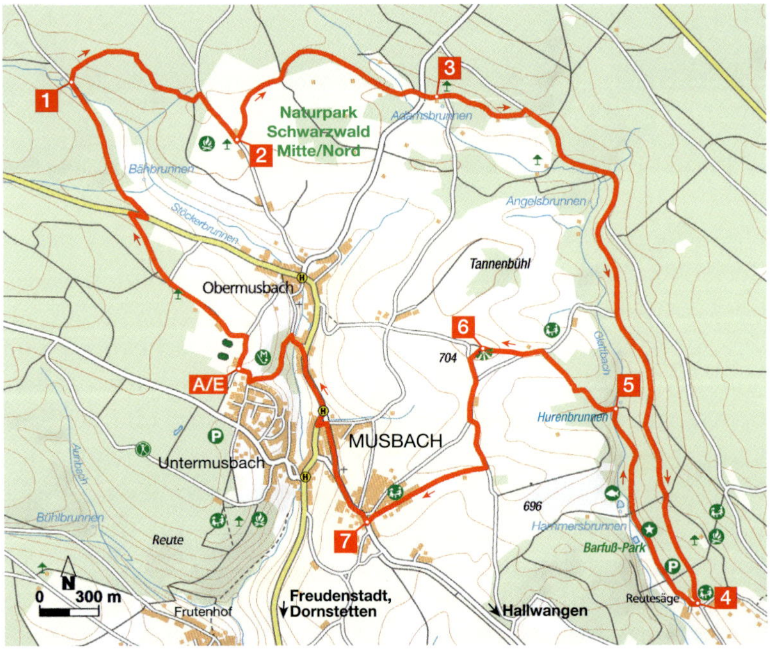

links. Nun wandern wir entlang einer Lichtung in den Wald und weiter bis zu einer Brücke. Nach ihr werden wir auf den zweiten Weg nach rechts verwiesen ❶.

Anfahrt

Auto: A 81 bis Ausfahrt Horb am Neckar, dann über Horb und vorbei an Dornstetten zum Abzweig der B 28 nach links in Richtung Freudenstadt. Hier geht es rechts, dann gleich links ab und über Hallwangen und Untermusbach nach Obermusbach; GPS 48.503661, 8.464307

Bus & Bahn: Bahn oder S-Bahn bis Freudenstadt, dann Bus bis Untermusbach Schule; Info: www.efa-bw.de

Weite Aussicht am Grillplatz Der Weg steigt anfangs an, dann zieht er auf der Höhe nach rechts. An einer Verzweigung spazieren wir nach links aus dem Wald und folgen dem Sträßchen nach rechts. An einer **Scheune** ❷ geht es nach links weiter. Nach der Scheune liegt in dem kleinen Gehölzstück, dem Emil-Hamma-Platz, der Grillpatz Obermusbach.

Geradeaus zum Barfußpark Wir wandern aber nach der Scheune durch die Wiesen, später unbefestigt, zum Wald und gehen in ihm bis zu einem Querweg. Er bringt uns nach links aus dem Wald. Wir überqueren die K 4728 und marschieren geradeaus zum Schild **Glattbächle** (695 m) ❸. An diesem vorbei kommen wir zu einem querenden Schotter-

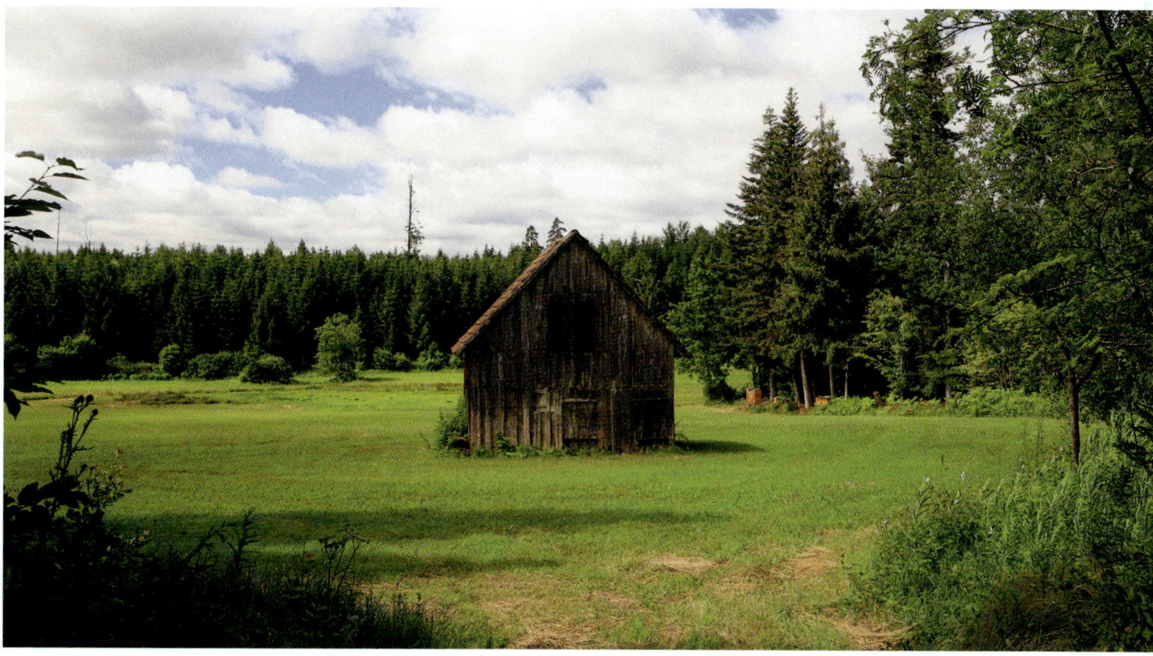

Feldscheune auf einer Lichtung mitten im Wald

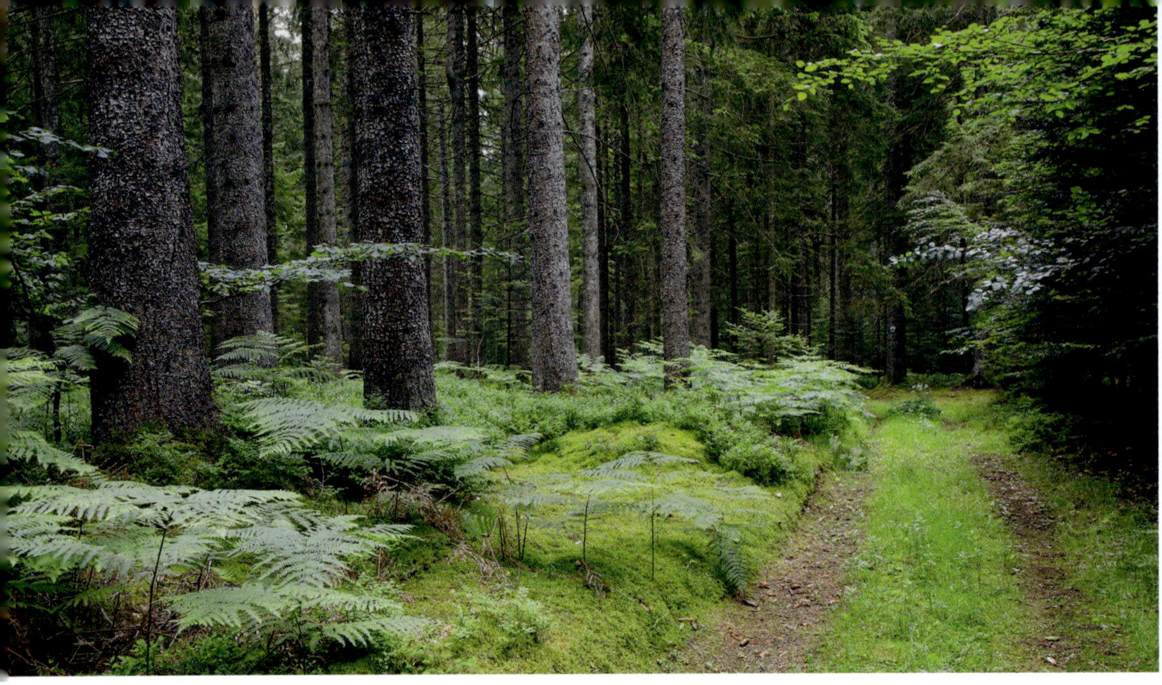

Die Wanderung führt durch schöne und teilweise recht unberührte und einsame Waldstücke.

weg. Hier biegen wir rechts ab, nun folgen wir eine ganze Weile dem Weg in dieselbe Richtung. Wir passieren die Schilder Hausers Heuscheuer (603 m), Angelsbrunnen (685 m), den querenden Barfußweg und kommen zum Anfang des Barfußwegs beim Schild **Hallwangen Barfußpark** (646 m) 4.

Heinrich Schickhardt

Der bekannte Württembergische Hofbaumeister Heinrich Schickhardt (1558–1635) war wie viele seiner Zeitgenossen ein Allround-Talent. Neben seinen Planungen zu Städten, Kirchen und Schlössern wurde er auch mit Einrichtungen im Bereich der Wassertechnik betraut. Dazu gehörte nicht nur der Bau von Brücken und Mühlen, sondern Schickhardt überprüfte auch Gewässer auf Schiff- und Flößbarkeit. Um das Jahr 1607 untersuchte er die hiesigen Bäche, ob sie zum Flößen geeignet wären – wahrscheinlich wollte man Buchen nach Stuttgart transportieren.

Aussichtsreicher Pavillon Hier wandern wir nach rechts zu den großen Infotafeln und biegen danach rechts ab. Nun geht es eine Zeitlang parallel zum links und rechts verlaufenden Barfußpfad. Wir passieren das Schild Erlensee (648 m) und kommen zum Schild **Hurenbrunnen** 5, wo wir links abbiegen. Gleich darauf zieht der Weg nach rechts und steigt an zum Waldrand. An diesem entlang spazieren wir bis zu einen querenden Asphaltweg. Nun gehen wir an der Holzhütte vorbei hinauf zu dem **Pavillon (Luise Mayer Platz)** 6 und nach diesem nach links weiter. Vom Pavillon haben wir wohl die schönste Aussicht des Tages, wenn wir Glück haben vielleicht sogar bis zu den Alpen.

Vorbei am Segelflugplatz und zurück Wir biegen links ab, lassen eine Scheune links liegen und wandern links am Segelflugplatz vorbei bis zum Schild Mahd (690 m). Dort zweigen wir rechts ab und kommen nach Untermusbach hinein. An der querenden **Dornstetter Straße** 7 biegen wir rechts ab und marschieren parallel zur Straße abwärts. Wo rechts der Grenzweg abgeht, halten wir uns links zur Stockerbachstraße und folgen dort dem Fußweg nach rechts.

Sobald links der Sägmühleweg abgeht, folgen wir diesem. Gleich danach biegen wir nach kurzem Anstieg hinter der Sägemühle links ab auf einen Naturweg. Er bringt uns hinauf zu einem Wohngebiet, rechts sehen wir schon das Vereinsheim am Sportplatz, unseren Ausgangspunkt.

Immer wieder grüßen uns auf der Wanderung solche netten Zeitgenossen.

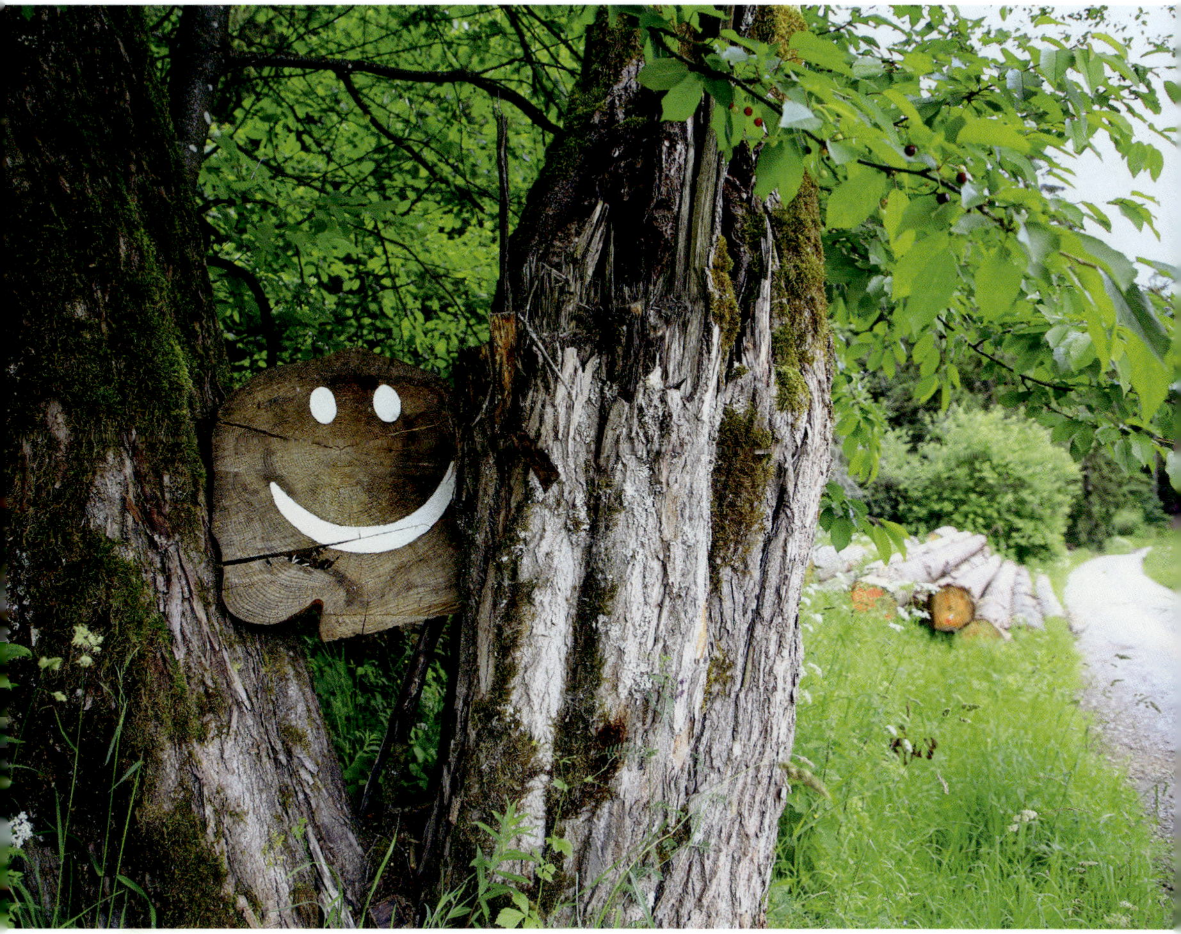

20 Von Grenzstein zu Grenzstein

Zwischen Kniebis und Freudenstadt

leicht | 6 km | 60 Hm | 1.40 Std.

Tourencharakter
Die Rundwanderung verläuft meist auf Naturpfaden; zum Teil können sie bei feuchtem Wetter rutschig und matschig sein.

Tourenverlauf
Kniebis Wanderparkplatz – Abendwieshütte 0.15 Std. – Auerhahnköpfle 0.15 Std. – Spindelhau 0.20 Std. – Mooswiese 0.30 Std. – Parkplatz 0.20 Std.

Höchster Punkt
Ausgangspunkt, 908 m

Ausgangspunkt/Endpunkt
Kniebis, 908 m

Einkehr
Kniebis

Karte
Freizeitkarte F504 Freudenstadt, 1:50 000, Landesamt für Geoinformation und Landentwicklung Baden-Württemberg (LGL)

Informationen
www.freudenstadt.de

Hier zwischen Kniebis und Freudenstadt verlief die Grenze zwischen den ehemaligen Staaten Baden und Württemberg. Entlang der einstigen Trennlinie verläuft ein schöner Pfad, an dem in regelmäßigen Abständen Grenzsteine stehen. Die Tour führt durch einen herrlichen und für die Region typischen Wald, der in Teilen Züge eines Bannwalds aufweist.

Über die Abendwieshütte zum Grenzweg Wir halten uns am Parkplatz am Schild Salzleckerweg (894 m) in Richtung »Fußgängerbrücke« und wandern parallel zur Straße auf einem Naturweg hinab zum Schild Fußgängerbrücke (866 m). Die Brücke lassen wir aber links liegen und folgen dem asphaltierten Weg nach rechts. Gleich darauf zweigen wir mit dem Wanderzeichen gelbes Dreieck links ab auf den Heimatpfad. Anschließend errei-

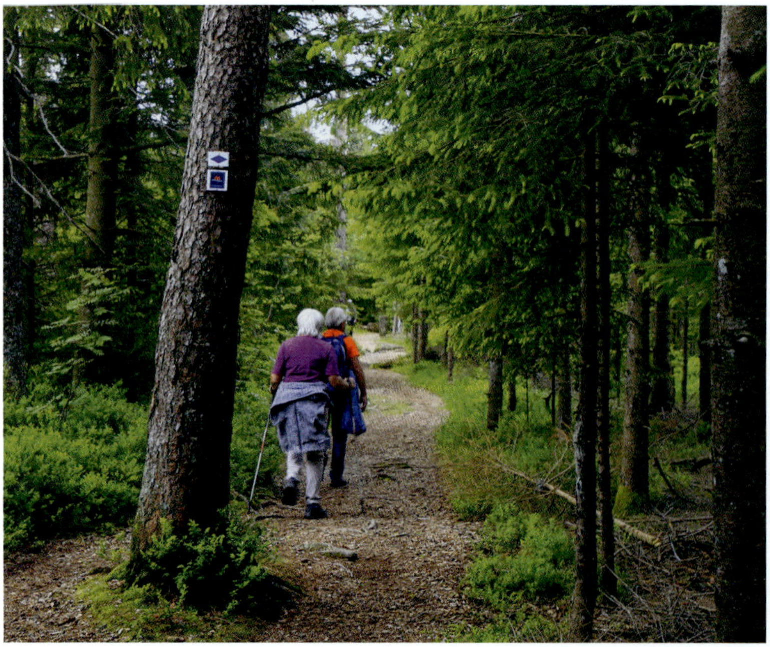

Auf den weichen Waldwegen wandert es sich besonders gut.

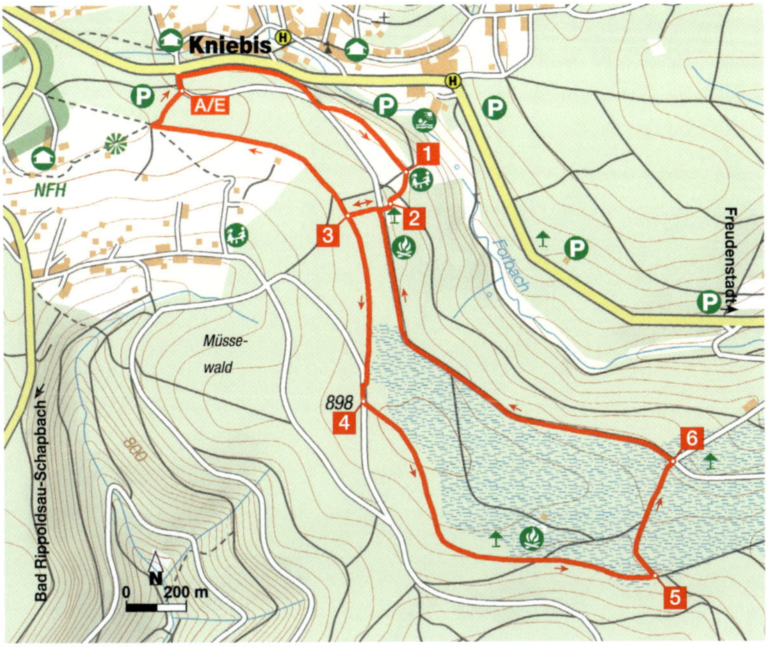

chen wir eine Lichtung (Abendwiese) und wandern an ihr entlang. Nach links geht es steil bergab – kein Wunder, dass hier von 1929 bis 1960 eine Skischanze stand! Der Schanzenrekord auf ihr soll 18 Meter betragen haben.

Etwas später erreichen wir den **Ort der Besinnung** 1; hier stehen ein Kreuz und Bänke, links befindet sich ein

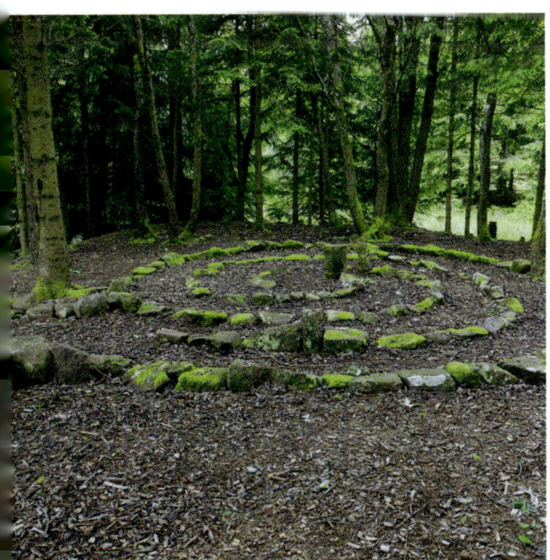

Steinlabyrinth am Ort der Besinnung

Anfahrt

Auto: Autobahn A 81 bis Ausfahrt Horb, dann über Freudenstadt nach Kniebis. Nach der Fußgängerbrücke und der Tankstelle geht es rechts ab nach »Kniebis Dorf«, unser Parkplatz liegt aber links der Straße. Er ist von dieser Richtung aus nicht anfahrbar, wir müssen daher zunächst weiter geradeaus fahren und dann umdrehen; GPS 48.470988, 8.305556

Bus & Bahn: Bahn bis Freudenstadt, dann mit dem Bus; Info: www.efa-bw.de

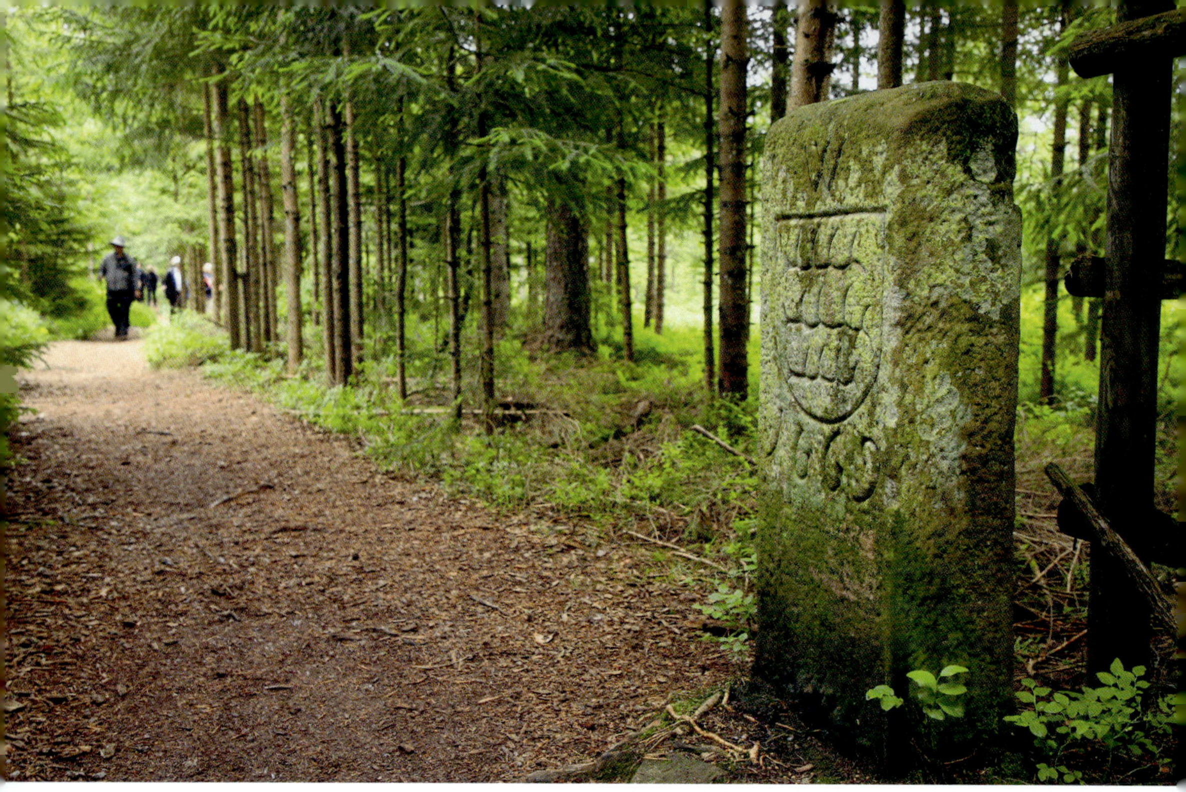

Meist sieht man auf dem Grenzweg die badische Seite mit ihrem Wappen auf den Grenzsteinen, dieser hier zeigt aber die württembergischen Hirschstangen.

Aussichtspunkt und rechts ein Steinlabyrinth. Wir biegen rechts ab und gelangen kurz darauf zur **Abendwieshütte** (882 m) **2** mit einem Grillplatz. An ihr gehen wir links vorbei und kommen zum Salzleckerweg. Hinter ihm sehen wir den Försterstein, der an zwei Förster erinnert; hier kommen wir auf dem Rückweg wieder vorbei.

Von Grenzstein zu Grenzstein Wir wandern links am Försterweg vorbei und auf einem Pfad zu einem querenden Weg. Am Schild **Mooswiese** (895 m) **3** biegen wir links ab. Nun folgen wir mit dem Wanderzeichen blaue Raute dem Grenzweg. Unterwegs kommen wir an teilweise schön gestalteten ehemaligen Grenzsteinen vorbei, die auf der Wegseite nach Westen das badische, auf der Rückseite nach Osten das württembergische Wappen zeigen. Vor einem festen Weg steht links ein Grenzstein, danach halten wir uns links und stoßen auf das Schild **Auerhahnköpfle** (898 m) **4**. Auf dem Grenzstein links davon ist

Grenzweg

Dieser Weg markiert die Grenze der einstigen Länder Baden und Württemberg; hier sieht man auch viele Grenzsteine mit den Wappen der beiden Länder aus dem 17. bis 19. Jahrhundert. Später wandern wir noch einmal ein Stück entlang der ehemaligen Grenze.

zusätzlich noch das fürstenbergische Wappen zu sehen.

Am Grenzstein vorbei führt der Grenzweg weiter, nun wieder als schmaler Pfad. Dieser kann bei Feuchtigkeit rutschig und matschig sein. Nach weiteren Grenzsteinen kommen wir zum Schild **Spindelhau** (878 m) 5.

Kniebis

In Kniebis stand einst ein bereits vor 1267 erwähntes Hospiz, das aus der Marienkapelle einer Klausnerei hervorging und ab 1275 den Franziskanern gehörte. Es lag am Fernweg, der sich von Augsburg über Ulm, Urach und Tübingen nach Straßburg zog. Im Laufe der Zeit wurde es reich beschenkt, vermutlich auch von dankbaren Reisenden. 1320 kam es mit dem Amt Dornstetten an Württemberg, 1341 schloss es sich dem Benediktinerkloster Alpirsbach an. Die ehemalige hochgotische Klosterkirche brannte 1799 ab, als napoleonische Truppen bei ihrem Rückzug hier ein Rind brieten. In der Vorhalle sind heute noch schöne Maßwerkfenster zu sehen.

Am Schluss wieder auf dem Grenzweg Hier folgen wir dem breiten Forstweg nach links. Nach einer Kreuzung erreichen wir den asphaltierten **Salzleckerweg** 6. Auf diesem marschieren wir eine ganze Weile nach links, bis wir rechts die **Abendwieshütte** 2 und links den Försterweg sehen. Hier gehen wir wie zuvor nach links zum Schild **Mooswiese** 3, nur biegen wir jetzt rechts ab. Wieder auf dem Grenzweg gehend, kommen wir an weiteren Grenzsteinen vorbei. Nach einiger Zeit erreichen wir das Portal des Grenzwegs. Dahinter biegen wir am Schild Heide (910 m) rechts ab und sind kurz darauf wieder am Ausgangspunkt.

Die Abendwieshütte liegt mitten im Wald und bietet sich zu einer Rast an.

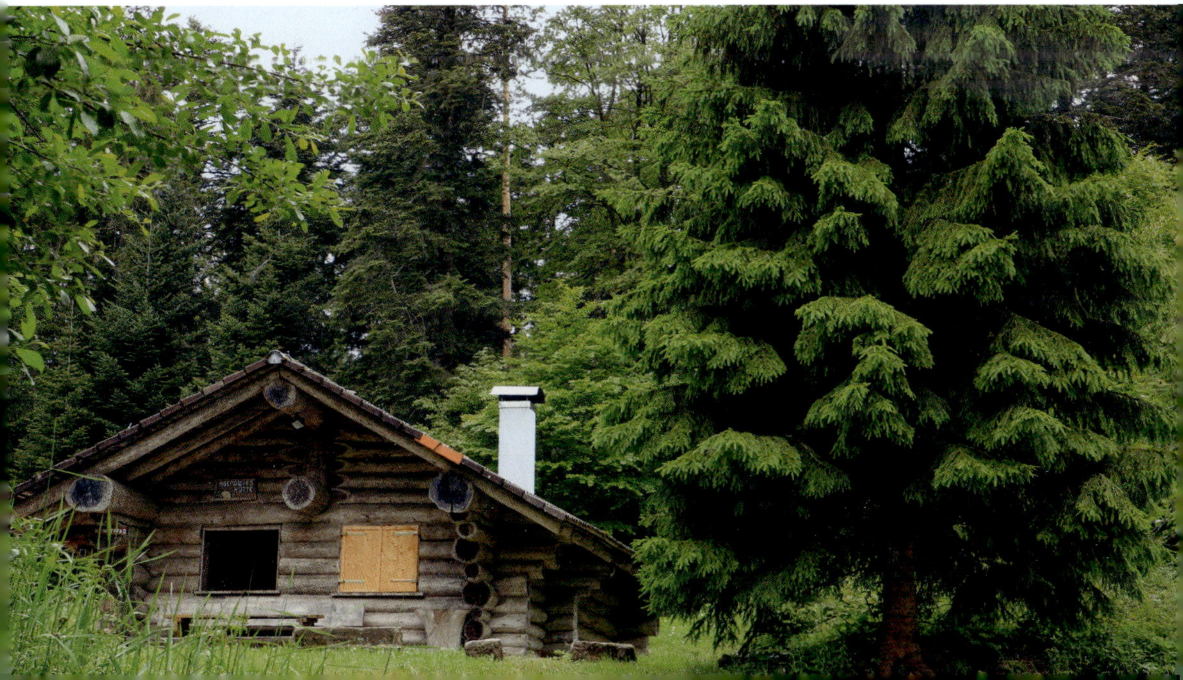

21 Auf und Ab mit Aussichtsturm

Start in Bad Griesbach

mittel | 6,6 km | 330 Hm | 2.15 Std.

Tourencharakter
Rundtour, die in der ersten Hälfte ständig ansteigt, in der zweiten Hälfte dafür bergab führt. Wanderzeichen sind nicht überall vorhanden. Bis auf den Aufstieg entlang des Wasserfalls auf einem Steig und einer Steintreppe wandern wir auf Forstwegen.

Tourenverlauf
Bad Griesbach – Habererturm 0.40 Std. – Wasserfall unten 0.20 Std. – Abzweig 0.25 Std. – Bad Griesbach 0.50 Std.

Höchster Punkt
Nach dem Wasserfall, 790 m

Ausgangspunkt/Endpunkt
Bad Peterstal-Griesbach, Kniebisstraße, Parkplatz gegenüber der Kirche, 492 m

Anfahrt
Auto: A 81 bis Ausfahrt Horb, dann B 28 über Horb und Freudenstadt nach Bad Griesbach; GPS 48.450051, 8.236961
Bus & Bahn: Bahn über Appenweier; Info: www.efa-bw.de

Einkehr
Bad Peterstal-Griesbach

Karte
Freizeitkarte F503 Offenburg, 1:50 000, Landesamt für Geoinformation und Landentwicklung Baden-Württemberg (LGL)

Informationen
www.bad-peterstal-griesbach.de

Wenn ein Ort wie Bad Peterstal-Griesbach im Tal liegt, dann ist es nur logisch, dass die Wanderziele um diesen herum mit Anstiegen verbunden sind: Wir steigen aus dem Renchtal hinauf, erst zum Aussichtsturm, danach entlang eines Wasserfalls, der sich aber nur nach dem Winter oder Regenperioden so richtig zeigt. Die Tour selbst verläuft fast ständig im Wald.

Hinauf zum Habererturm Wir folgen am Parkplatz dem schmalen Weg, der links des Baches nach Süden führt. Er bringt uns am unteren Rand des Friedhofs vorbei. Nach dem Hof mit dem großen Dach treffen wir auf den **Waltersweg** ❶. Auf ihm gehen wir nach links hinauf. Bei einem Linksknick sollten wir zurückschauen, wir haben hier einen prächtigen Blick auf Bad Griesbach mit der Kirche und den Berghöhen dahinter.

Gleich danach orientieren wir uns an der Verzweigung mit dem Wanderzeichen gelbe Raute links. Nun wandern wir im Wald auf einem Forstweg ständig bergauf. An einer Kreuzung behalten wir am Schild **Kreuzkopfschanze** (585 m) ❷ unsere Richtung bei, ehe wir am Schild Emmersbach (620 m) links in Richtung »Habererturm« abiegen.

Bald sind wir auf einem Bergrücken bei einer Kreuzung. Bevor wir von den beiden rechts abgehenden Wegen aber den linken einschlagen, der in Richtung »Wasserfall« abwärts führt, steigen wir zunächst nach links in wenigen Minuten hinauf zum **Habererturm** ❸. Er wurde im zeittypischen Stil eines Bergfrieds zu Ehren von Professor Dr. Haberer, einem großen Förderer der Renchtalbäder, von dessen Sohn Carl Albert erbaut. Die Eröffnung des 16 Meter hohen Turms fand im Oktober 1899 unter Mitwirkung des Schwarzwaldvereins statt. Er bietet eine prächtige 360-Grad-Aussicht auf das obere Renchtal und die umliegenden Schwarzwaldhöhen.

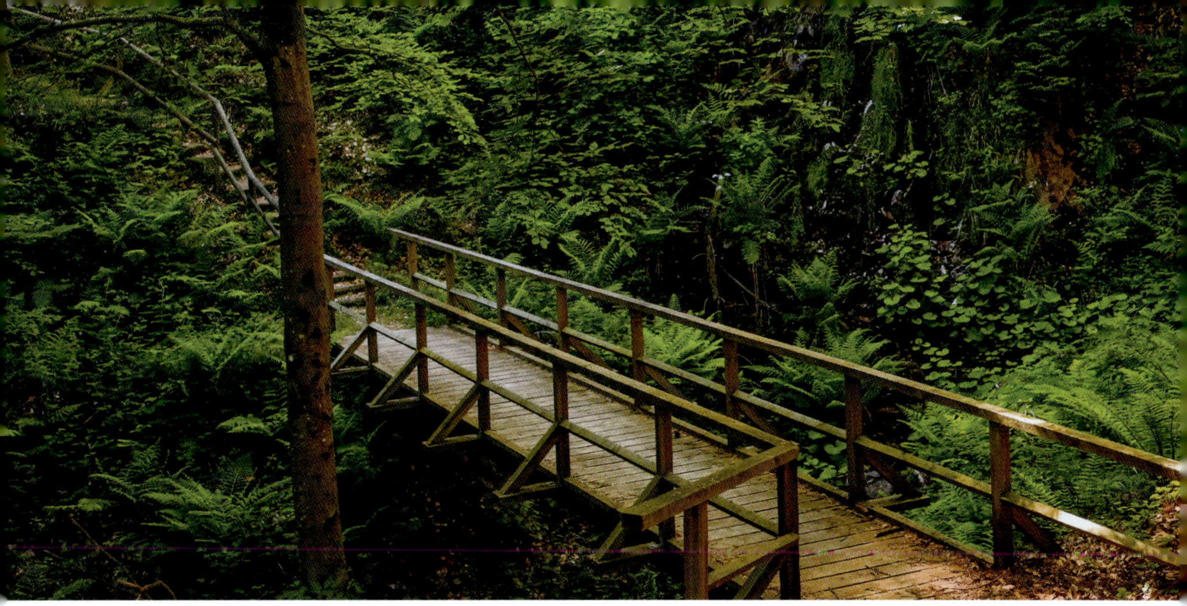

Zum Wasserfall

Danach gehen wir wieder abwärts zu der Kreuzung und auf dem linken Weg zu einem querenden Forstweg. Dort biegen wir am Schild **Turmwald** (650 m) **4** rechts ab. Nach einer Weile sind wir am **Wasserfall** **5**, dessen Auslauf wir auf einer Brücke überqueren. Nun wandern wir auf einem Steig mit Treppenstufen eine Zeitlang entlang des Wasserfalls hinauf. An einem querenden Forstweg steht das Schild Wasserfall (737 m).

Der Wasserfall wird auf einer Brücke überquert.

Weiter durch den Wald

Hier halten wir uns rechts. Über das Wanderschild Rappenschliff (755 m) kommen wir zum Schild **Waltersweg** (750 m) **6**. Hier biegen wir scharf rechts in den Waltersweg ab. Ab jetzt geht es immer bergab. Wir passieren das Schild Silbereck (700 m), danach die bekannten Schilder Emmersbach und Kreuzkopfschanze.

Wo wir nach dem Wald auf einen querenden Weg stoßen, könnten wir zwar nach rechts auf bekanntem Weg zurückgehen, doch wir biegen links ab und kommen hinab zur Wassertretstelle, die uns nun nach dem steilen Auf- und Abstieg sicher guttun wird.

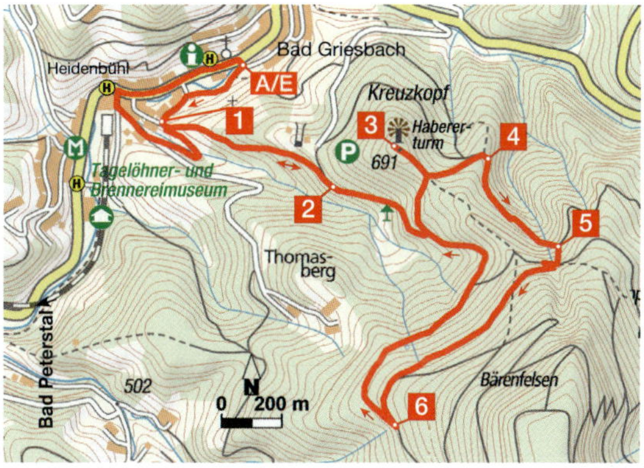

Danach folgen wir dem Weg hinab zum Schild Bahnhof (458 m) an der Durchgangsstraße. Wir zweigen rechts ab und gehen, vorbei am Schild Kimmichseppenhof (456 m), zurück zum Ausgangspunkt.

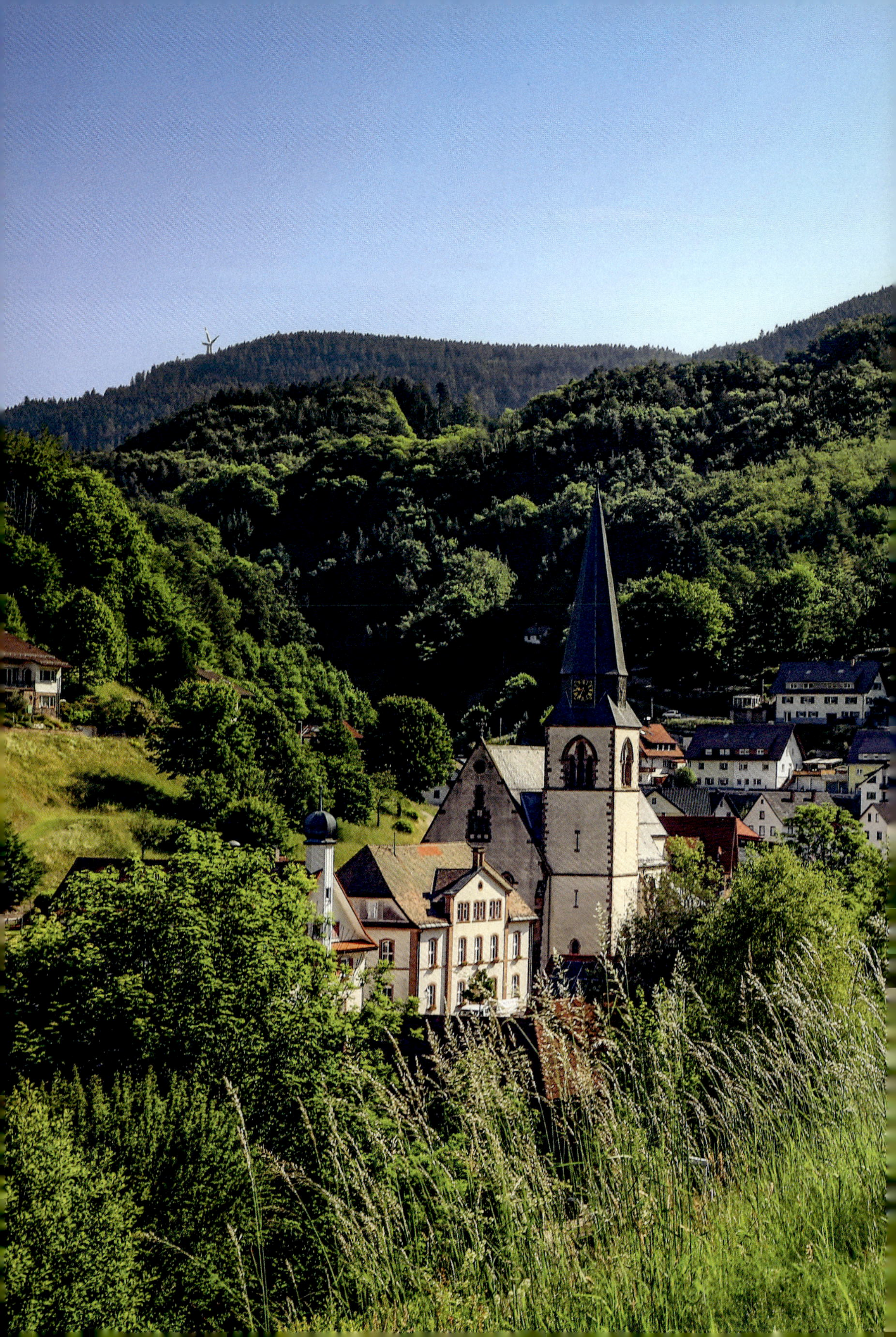

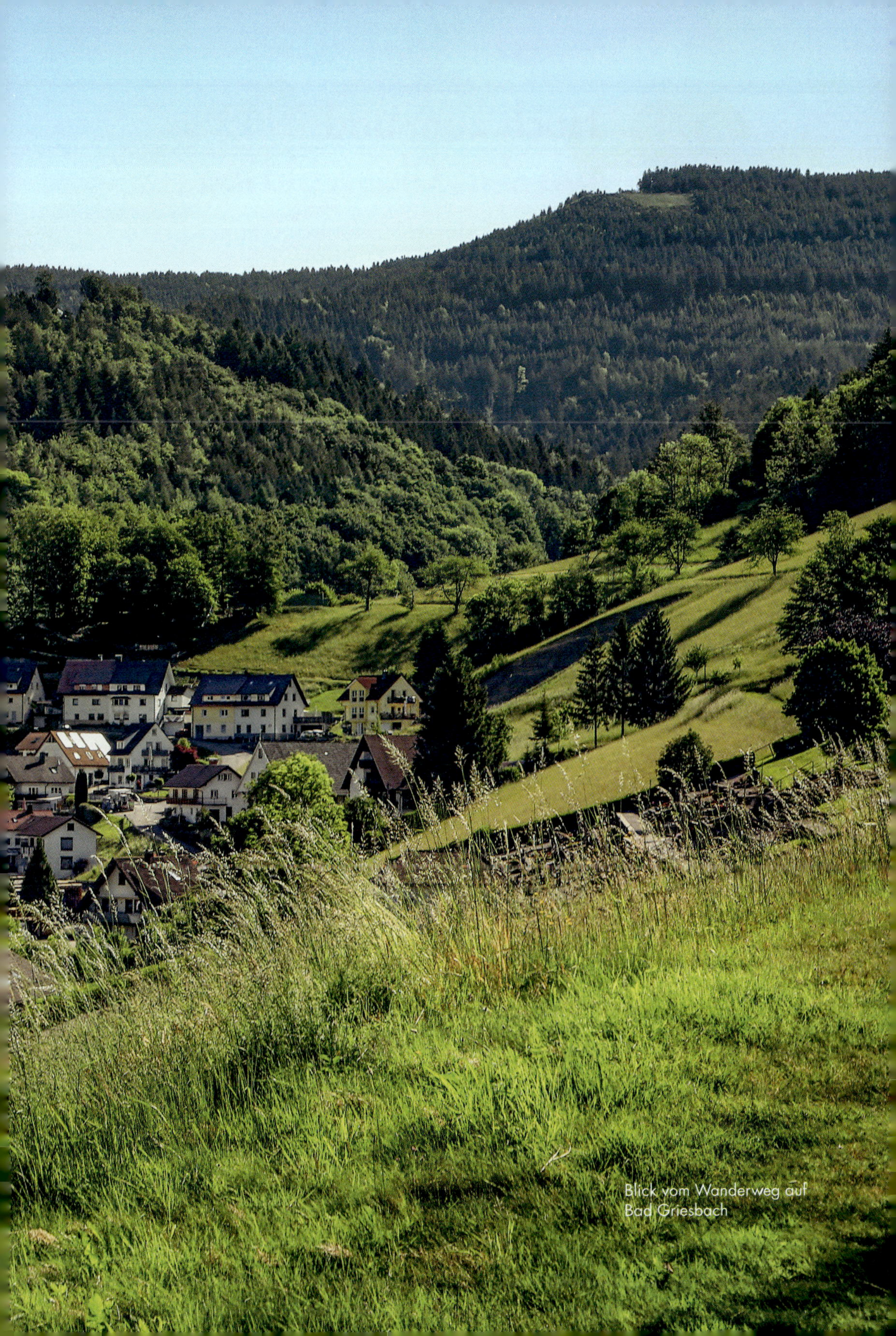

Blick vom Wanderweg auf Bad Griesbach

22 Hoch zum und um den Glaswaldsee

Von Bad Peterstal-Griesbach zum Karsee

schwer | 7,2 km | 270 Hm | 2.20 Std.

Tourencharakter
Die Wanderung steigt auf der ersten Hälfte steil an, dementsprechend geht es anschließend wieder hinab. Sie verläuft zu großen Teilen auf Forstwegen. Zum Seeblick, hinab zum See und zum Klagstein geht es aber auf Naturwegen und Steigen.

Tourenverlauf
Bad Peterstal-Griesbach/Parkplatz Freiersberg – Juliusbrunnen 0.15 Std. – See Ebene 0.20 Std. – Seeblick 0.10 Std. – See 0.25 Std. – Klagstein 0.50 Std. – Parkplatz Freiersberg 0.20 Std

Höchster Punkt
See Ebene, 942 m

Ausgangspunkt/Endpunkt
Bad Peterstal-Griesbach, Parkplatz Freiersberghütte, 747 m

Anfahrt
Auto: A 81 bis Ausfahrt Horb, dann B 28 über Horb und Freudenstadt nach Bad Griesbach; GPS 48.450051, 8.236961

Einkehr
Bad Peterstal-Griesbach

Karte
Freizeitkarte F503 Offenburg (LGL), 1:50 000, Landesamt für Geoinformation und Landentwicklung Baden-Württemberg (LGL)

Informationen
www.bad-peterstal-griesbach.de

Zwischen dem Renchtal im Westen und dem Wolfachtal im Osten erstreckt sich ein dicht bewaldeter und bis zu 1000 Meter hoher Bergrücken, der zu allen Seiten von tiefen Tälern umgeben ist. In einem dieser Täler entdecken wir mit dem Glaswaldsee einen der wenigen Bergseen des mittleren Schwarzwalds. Der See ist von steilen Hängen umgeben, nur in Richtung Osten gibt es einen schmalen Durchlass, durch den der Seebach ins Tal rauscht.

Steiler Anstieg zum Aussichtspunkt Wir gehen vom Parkplatz und dem Schild Freiersberg (747 m) zur Hütte. Rechts von ihr steht mit dem mächtigen Freiersberger Tor ein Westweg-Portal. Wir wandern aber mit dem Zeichen des Westwegs, der roten Raute, geradeaus in den Wald hinein. Dass der Name des Weges »Steigerlesweg« seinen Grund hat, werden wir später erleben.

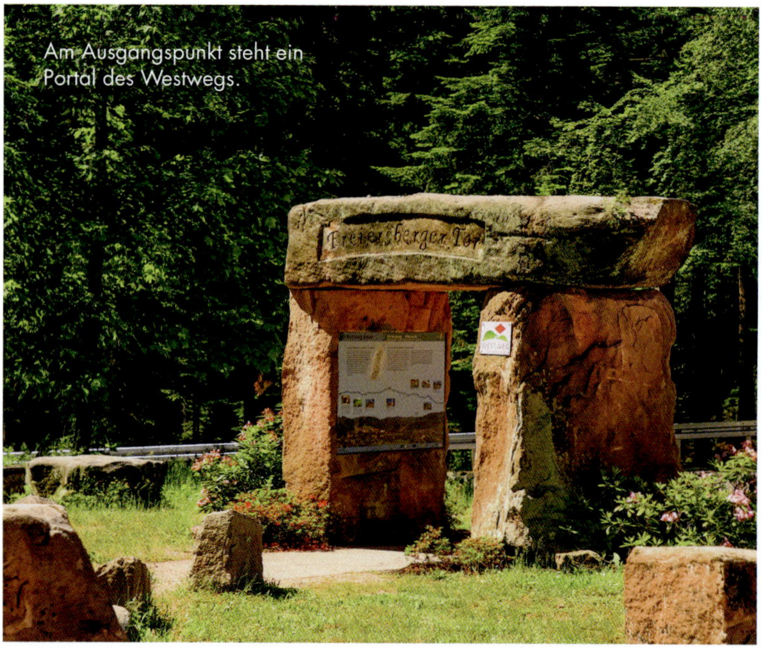

Am Ausgangspunkt steht ein Portal des Westwegs.

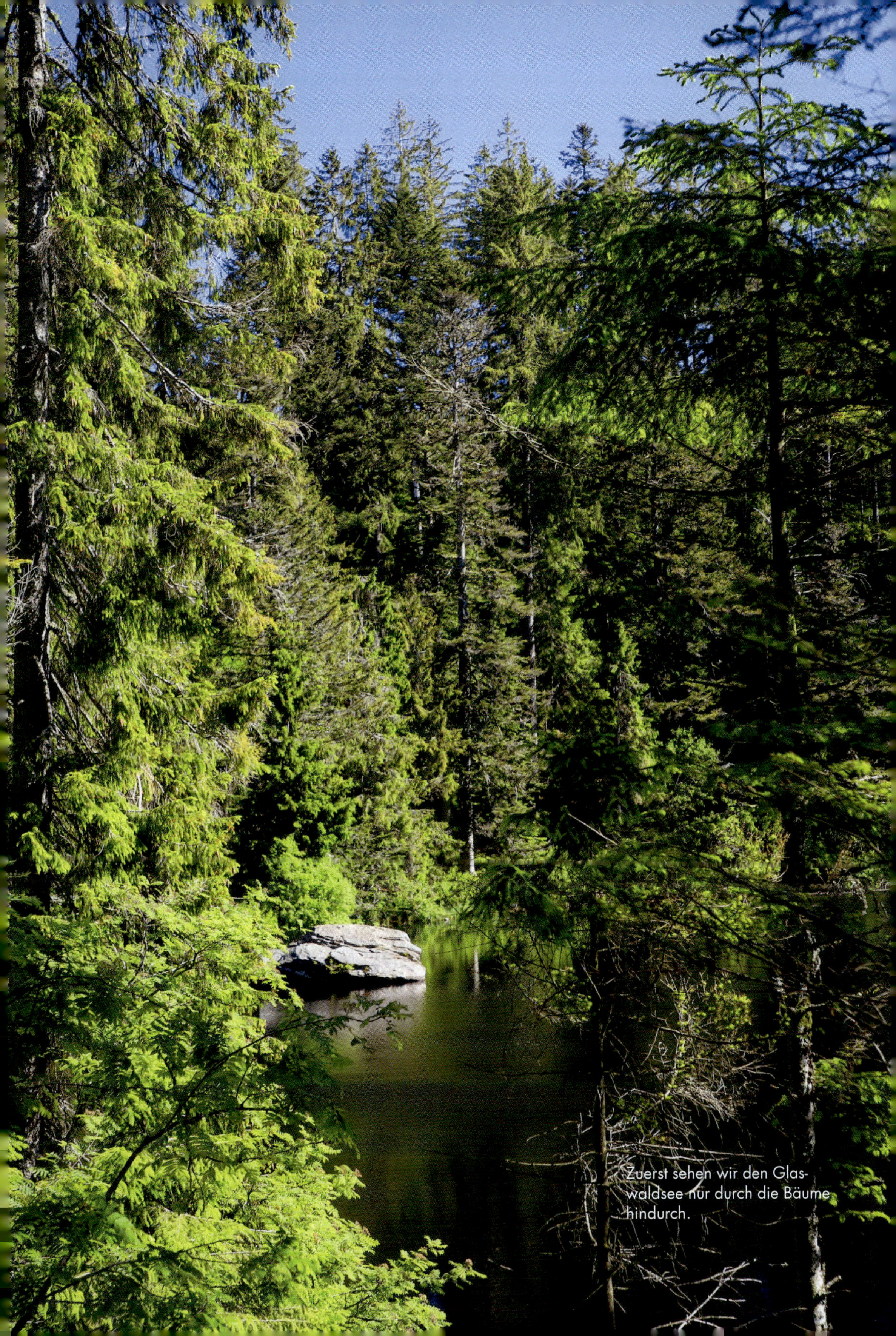

Zuerst sehen wir den Glaswaldsee nur durch die Bäume hindurch.

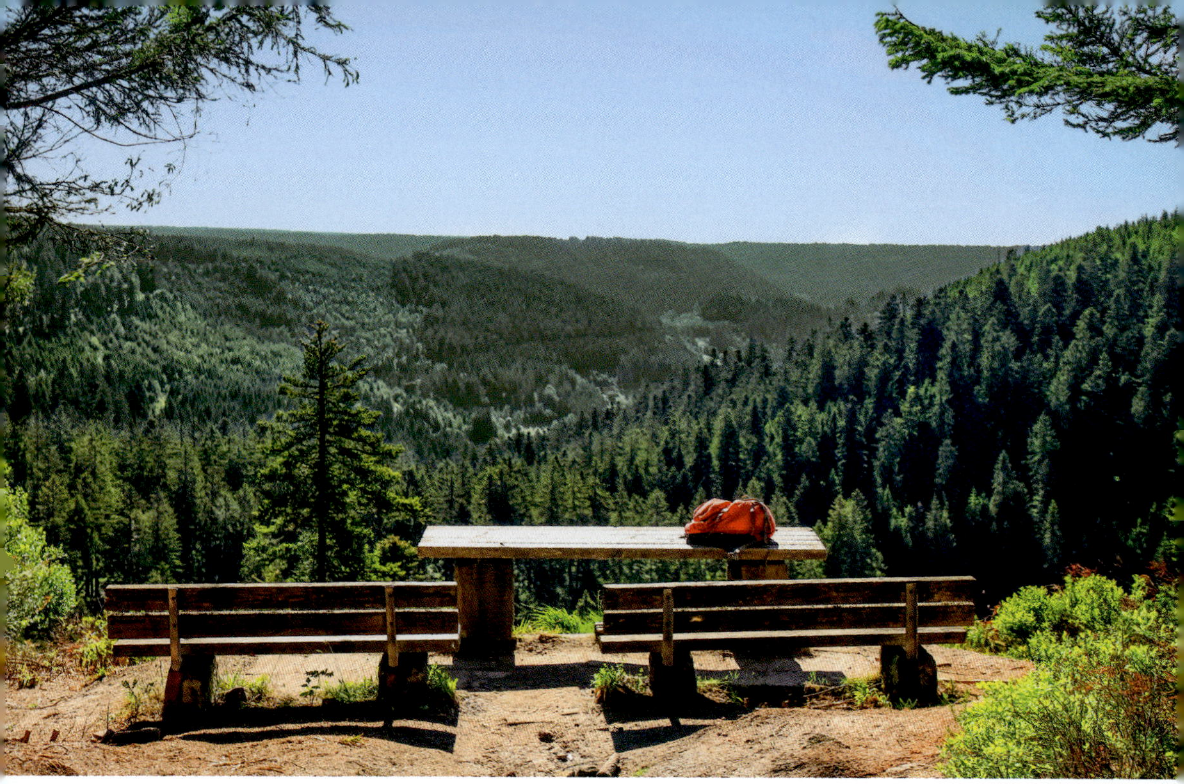

Bei einer Rast am Aussichtspunkt Seeblick lässt man das Auge über die Schwarzwaldhöhen schweifen.

Anfangs geht es sanft bergauf, später wird es an der Verzweigung, an der wir geradeaus weitergehen, steiler. Wir wandern am **Juliusbrunnen** (822 m) 1 vorbei, danach am Schild **Am Klagstein** (865 m) 2, gehen aber immer weiter bergauf. Nachdem links ein breiter Weg abgezweigt ist, wird es ebener. Wir halten uns an einer Verzweigung mit dem Wanderzeichen links auf einen Naturweg.

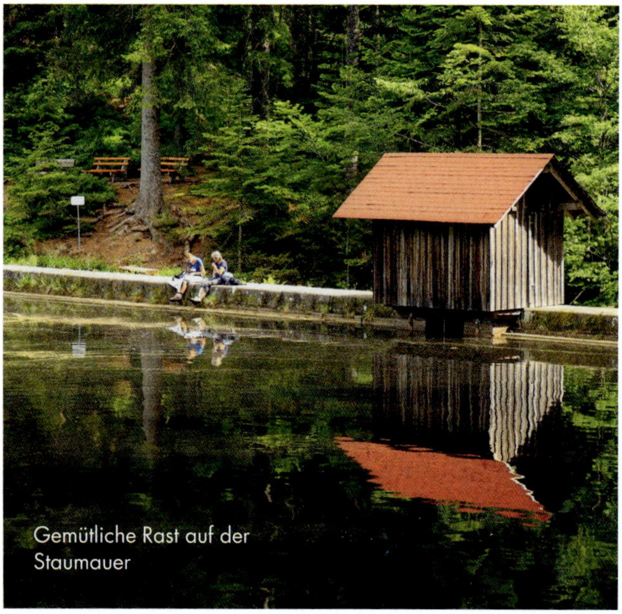

Gemütliche Rast auf der Staumauer

Am nächsten querenden Weg wenden wir uns nach links und kommen zum Schild **See Ebene** (942 m) 3. Wer zum Aussichtspunkt Seeblick will, folgt mit der roten Raute dem schmalen Naturweg links der Bank. Er knickt bald rechts ab, dann fällt er als steindurchsetzter Pfad ab. Schließlich finden wir rechts einen **Aussichtspunkt** 4 mit Tisch und Bänken. Der See liegt fast direkt unter uns.

Hinab zum Karsee Danach gehen wir zurück zur See Ebene und biegen mit der blauen Raute links ab. Ein ebenfalls steindurchsetzter Weg führt uns hinab zum **Seeufer** 5. Nun können wir das idyllische Gewässer umrunden. Schön rasten kann man an der Seehütte am Fuß der Karwand oder gegenüber am Staudamm mit der kleinen Hütte.

Hinab mit Abstecher zum Klagstein Anschließend steigen wir wieder hinauf zur See Ebene. Von hier aus wandern wir auf demselben Weg wieder zurück. Wer will, macht vorher noch einen Abstecher zum Klagstein. Von diesem mächtigen Felsgebilde hat man eine weite Aussicht über die Schwarzwaldhöhen. Er ist aber nicht einfach zu besteigen.

Man zweigt hierzu am Schild **Am Klagstein** 2 links auf einen Naturweg ab. Nach ein paar Minuten wird man mit der gelben Raute nach links verwiesen. Nun steigt es an, bis wir vor dem mächtigen **Felsmassiv** 6 stehen. Allerdings wird es nur besteigen können, wer ein wenig Klettererfahrung hat. Außerdem sollte man im besten Falle mit einem Partner unterwegs sein, um sich gegenseitig unterstützen zu können.

Weiter zum Ausgangspunkt geht es vor dem Stein nach rechts, nun auf einem schmalen Steig steil hinab. Unterwegs kommen wir an drei alten Grenzsteinen vorbei, dann treffen wir auf einen breiten Weg. Auf diesem wandern wir zum Schild **Juliusbrunnen** 1 und nach links auf bekanntem Weg zurück.

Der Juliusbrunnen liegt am Wegrand.

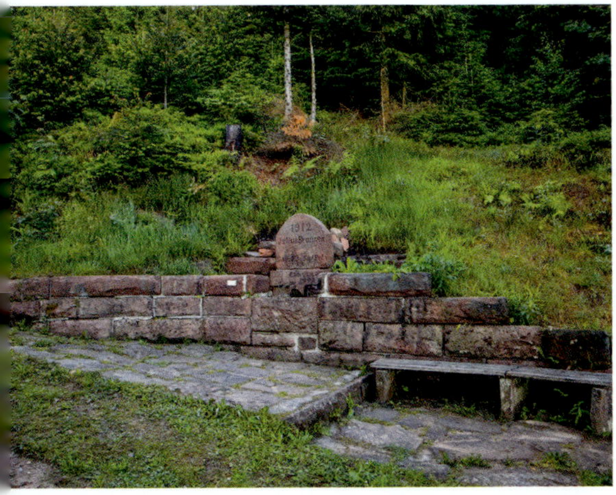

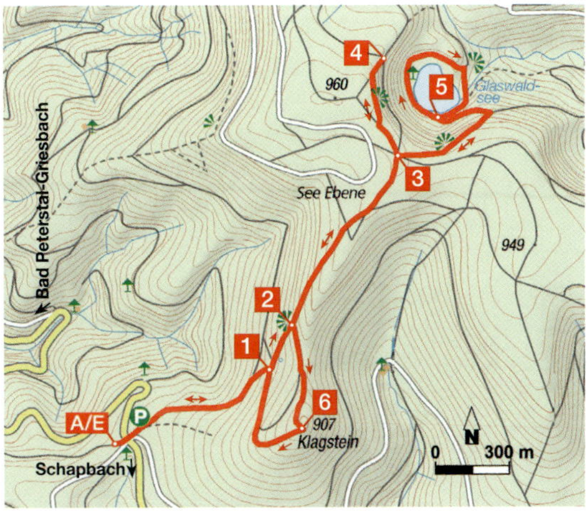

Glaswaldsee

Der etwa 840 Meter hoch gelegene **Glaswaldsee** ist wie so viele andere Seen durch die Schürfarbeit eines Gletschers entstanden. Das Eisfeld, welches das Kar aushobelte, versteilte die Hänge auf der Rückseite und schliff das Loch aus, in dem heute der See liegt. Das Material, das der Gletscher mit sich führte, ließ er bei seinem Rückzug als mächtigen Endmoränenwall zurück. In diesen grub sich der Bach, der den See entwässert, im Laufe der Jahrtausende immer tiefer ein.

Im Frühjahr 1743 kam es zu einer **Katastrophe**, als sich wegen einer raschen Schneeschmelze eine große Menge Wasser hinter dem Wall aufstaute. Diesem Druck hielt der Damm dann nicht mehr stand und der Seebach schlug eine große Bresche in den Wall. Der See lief schlagartig aus, die Flutwelle zerstörte im Seebachtal mehrere Bauernhöfe und riss auch die Bewohner mit sich. Später wurde er wieder aufgestaut und der Damm mit einer Schleuse versehen. Auf diese Weise konnte man im 18. und 19. Jahrhundert den Wasserlauf der Wolf regeln und dem Flüsschen Wasser zuführen, um die Fahrt der Flöße zu verbessern.

Vom Aussichtspunkt Seeblick kann man die Waldidylle genießen.

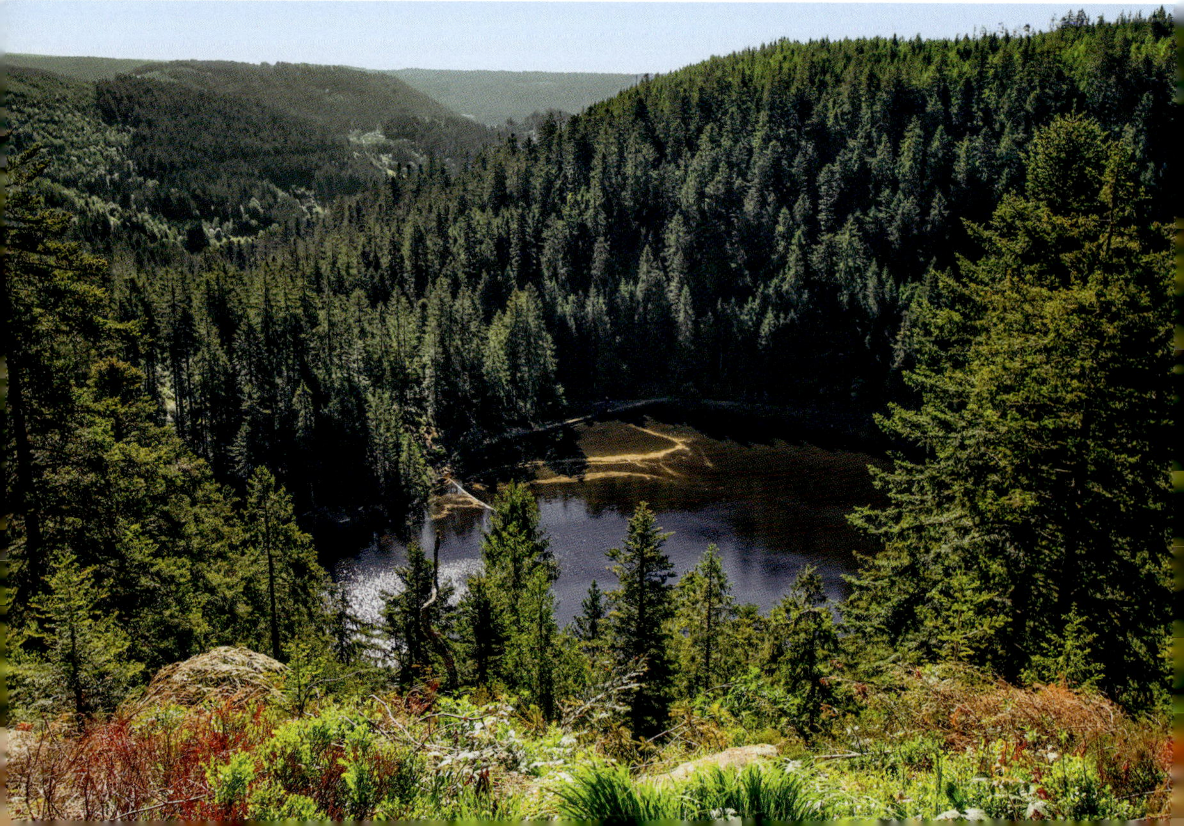

Durch den Dammbruch und die Schwallungen in späteren Zeiten verlor der See allerdings seine natürlichen Torfverlandungszonen, wie sie andere Karseen aufweisen, und besitzt daher eine offene Wasserfläche. Die Berghänge um ihn herum sind von einem fast urtümlichen Wald bewachsen, denn eine forstwirtschaftliche Nutzung lohnt sich kaum. Auf den Felsen, die ständig vom Niederschlagswasser überrieselt werden, wächst eine reiche Moos- und Flechtenvegetation.

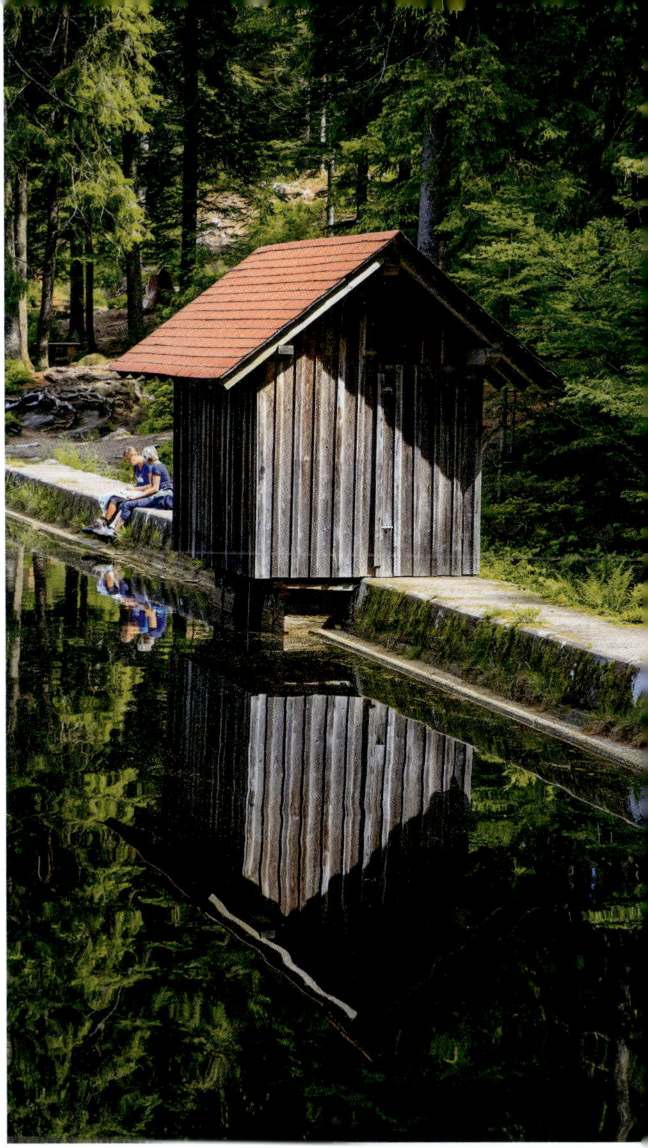

Hier wurde der Glaswaldsee schon vor langer Zeit aufgestaut.

Der 2,7 Hektar große Glaswaldsee ist nur 11 Meter tief, also im Vergleich zu den anderen Seen relativ flach, was wohl damit zu erklären ist, dass er durch Einstürze von oben und Schlammanhäufung aufgefüllt wurde. Sein **heutiger Name** ist auf eine Glashütte zurückzuführen, die im 17. Jahrhundert mitsamt einem Weiler in der Einmündung des Langen Grundes in den Seebach stand. Die Benennung hat aber häufiger gewechselt: Erst war er als Wildsee bekannt, dann als Sebenweiher.

Im 17. Jahrhundert urteilte **Johann Jakob Mentzinger**: »… dass das Wasser nit lauter, sondern bestendig Laugenfarben, und der See gleichsam schwartz aussiehet. Und eben deßwegen, weil es ein faules, verlegnes wasser, wirt auch kein fisch darinnen gefunden, und da man etwa gesunde fische darein zu tun probiren wollen, sind solche alsobald umgefallen und verdorben …« Hingegen schrieb der Schriftsteller **Heinrich Hansjakob** (1837–1916) über den See, der für ihn »unbeweglich wie ein Stück Ewigkeit« dalag: »Es ist wohl der kleinste, aber nach meinem Geschmack der feinste Bergsee des Schwarzwaldes, und zwar deshalb, weil er der düsterste ist und voll von einer Melancholie, die es einem förmlich antut, in seinem Wasser zu sterben«.

23 Bauernhöfe ohne Zahl

Von Hinterhambach nach Mühlstein

mittel | 7,7 km | 280 Hm | 2.20 Std.

Tourencharakter
Wir wandern meist auf festen Wegen, nur an einzelnen Stellen auf einem Pfad.

Tourenverlauf
Hinterhambach/Parkplatz – Schnaiderhof 0.45 Std. – Mühlstein 0.25 Std. – Heugrabeneckhütte 0.35 Std. – Parkplatz 0.35 Std.

Höchster Punkt
Hinter Mühlstein, 553 m

Ausgangspunkt/Endpunkt
Zell am Harmersbach-Hinterhambach, Parkplatz bei der Erholungsanlage Hinterhambach, 310 m

Anfahrt
Auto: A5 bis Offenburg, dann B33 bis Biberach, von dort bis Unterharmersbach, dann links ab nach Hinterhambach; GPS 48.364207, 8.089028
Bus & Bahn: Bahn bis Offenburg, S-Bahn bis Unterharmersbach Bahnhof, dann zu Fuß zum Ausgangspunkt in Hinterhamersbach; Info: www.efa-bw.de

Einkehr
Mühlstein, Kuhhornkopfhütte, Oberburehof

Karte
Freizeitkarte F503 Offenburg, 1:50 000, Landesamt für Geoinformation und Landentwicklung Baden-Württemberg (LGL)

Informationen
www.zell.de

Die Gegend um Zell am Harmersbach zählt zu den schönsten im mittleren Schwarzwald, nicht umsonst gibt es im Bereich dieser Wanderung auch einen Premiumwanderweg. Während wir beim Aufstieg durch ein schönes Tal einige Bauernhöfe in typischer Lage passieren, bietet sich uns auf dem Rückweg oft eine prächtige Sicht über das Tal und die Höhen des Schwarzwalds.

Zwischen Bauernhöfen immer hinauf Wir gehen ab dem Schild Wassertretstelle Hinterhambach am Bach entlang in Richtung »Strietparkplatz«. An einer querenden Straße spazieren wir nach links vor einen Hof und dort nach rechts weiter. Nun steigt es sanft an. Wir passieren den links liegenden Strietparkplatz und das Schild **Schottenhöfen Denninger** (385 m) ❶, wo wir uns an der Verzweigung links halten. Am Schild Schottenhöfen Schnaiderhof (400 m) gehen wir am gleichnamigen **Hof** ❷ vorbei und erreichen das Schild Schottenhöfen Mühlsteiner Rank (440 m).

Über Mühlstein zur Aussicht Hier biegen wir links ab und wandern durch den Wald und danach durch Wiesen hinauf zu der Ansiedlung **Mühlstein** ❸. Die Geschichte des mächtigen Hofes, in dem sich heute die Vesperstube Vogt auf Mühlstein befindet, ist auf einer Tafel erklärt.

Am Schild Mühlstein (550 m) biegen wir links ab. Nun marschieren wir meist durch eine offene Landschaft mit herrlichen Weitblicken nach links und rechts. Vorbei am Schild Uf de Weid (545 m) stoßen wir auf einen mächtigen Baum mit dem »Mostbänkle« und dem Schild **Wolfsdobel** (525 m) ❹. Hier behalten wir unsere Richtung bei, nun geht es abwärts.

Im Wald biegen wir am Wanderschild Heugraben (490 m) links ab, ebenso beim Schild Heugrabeneck (440 m). Gleich darauf wenden wir uns vor der kleinen **Heugrabeneckhütte** ❺ mit

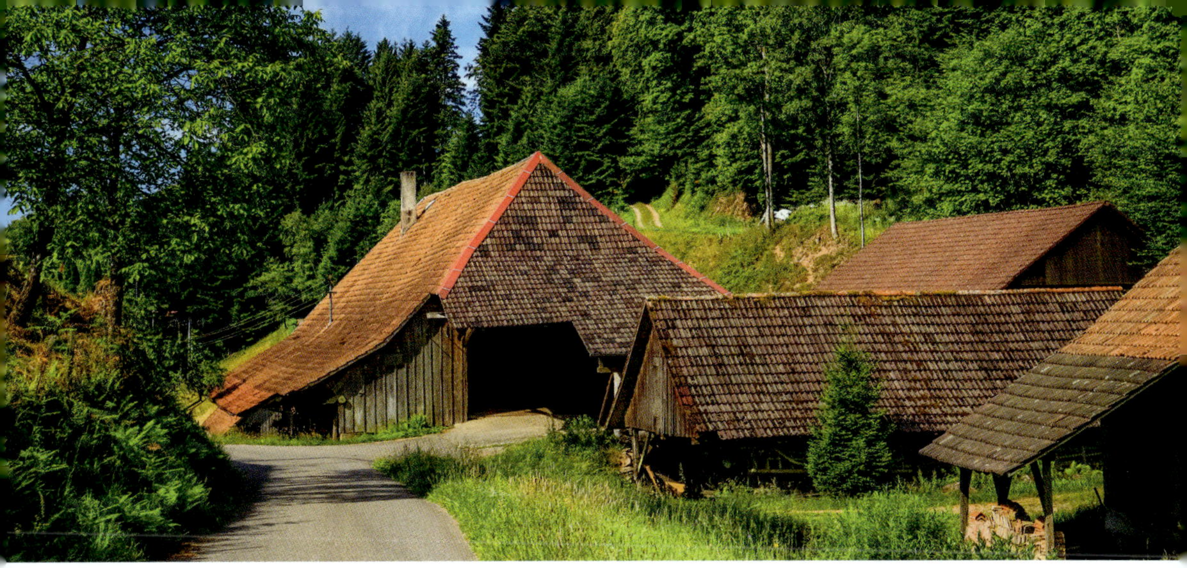

Der Schnaiderhof ist ein einsamer Bauernhof auf der Strecke.

den Wanderzeichen gelbe Raute und Premiumwanderweg nach rechts. Nun steigt es für 200 Meter etwas steiler an bis zum Schild überm Heugraben (470 m). Hier werden wir nach links verwiesen. Wer will, kann aber noch rund 500 Meter und 80 Höhenmeter zur Kuhhornkopfhütte weitergehen. Sonn- und feiertags (außer August) ist sie bewirtschaftet.

Ansonsten geht es jetzt auf einem schmalen Steig bergab zu einem breiten Weg. Wir halten uns an den links abwärts führenden Weg und erreichen kurz darauf das Schild überm Strietparkplatz (430 m). Hier zweigen wir rechts ab in Richtung »über Eck«. Wieder führt uns ein Steig zu einem breiten Weg, auf dem wir nach rechts weitergehen.

Vorbei an einem Rastplatz, an dem man manchmal auch einen Schnaps zum Selbsteinschenken findet, kommen wir zu einem **Rastplatz** 6 mit Bank und Sessel samt dem heimischen »Hahn und Henne«-Symbol. Hier biegen wir links ab zum Oberburehof – allerdings nicht ohne uns vorher noch an der herrlichen Sicht über das Tal mit den großen Bauernhöfen erfreut zu haben.

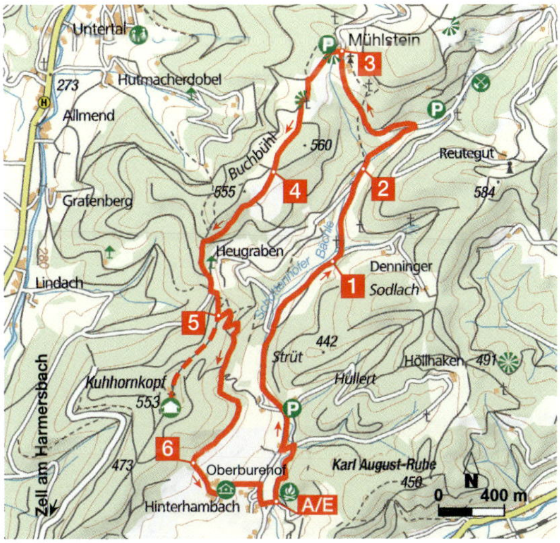

Wir spazieren etwas bergab und durch den Hof hindurch, dann geht es hinab zu der Straße, die das Tal durchzieht. Dahinter am Waldrand liegt unser Ausgangspunkt.

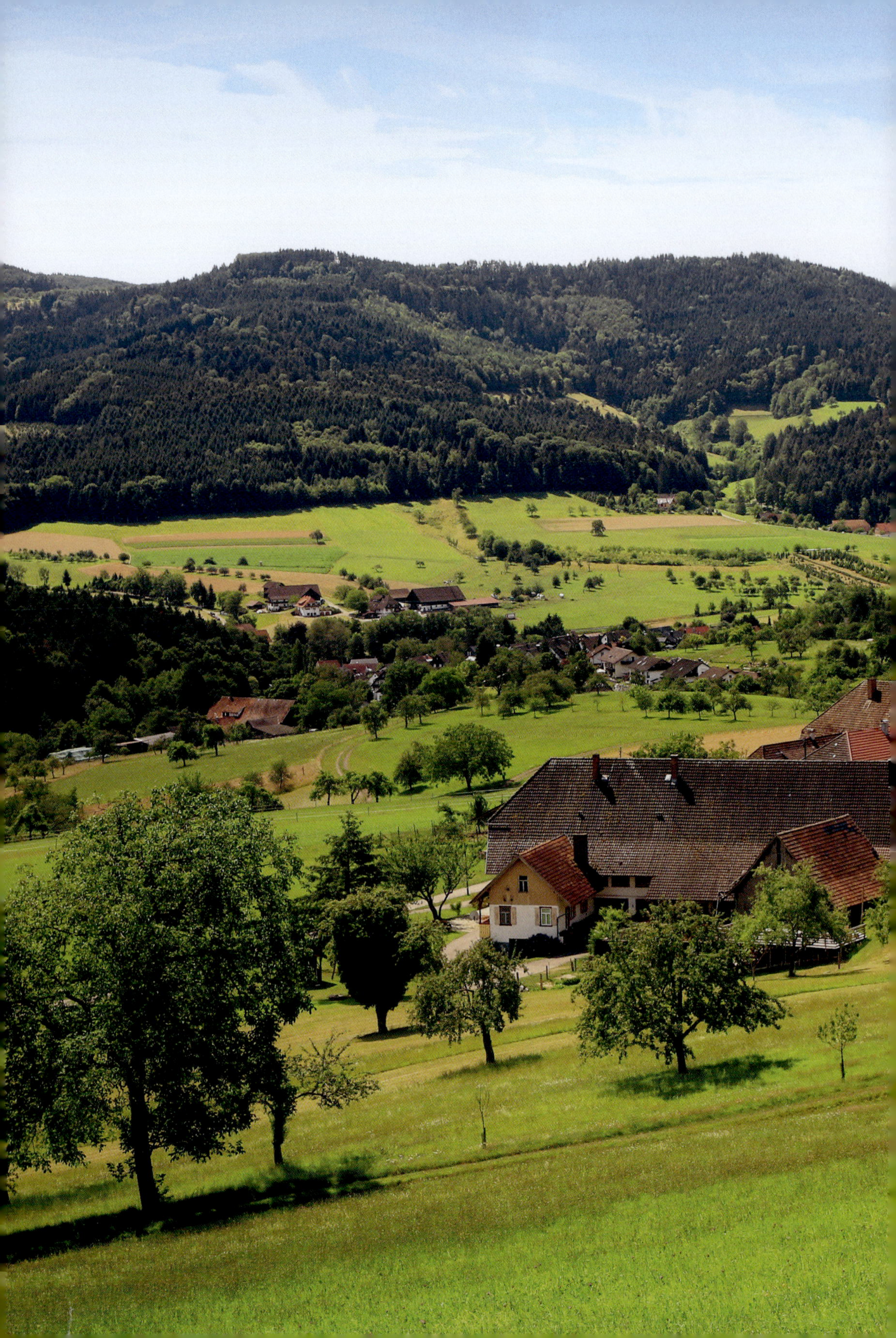

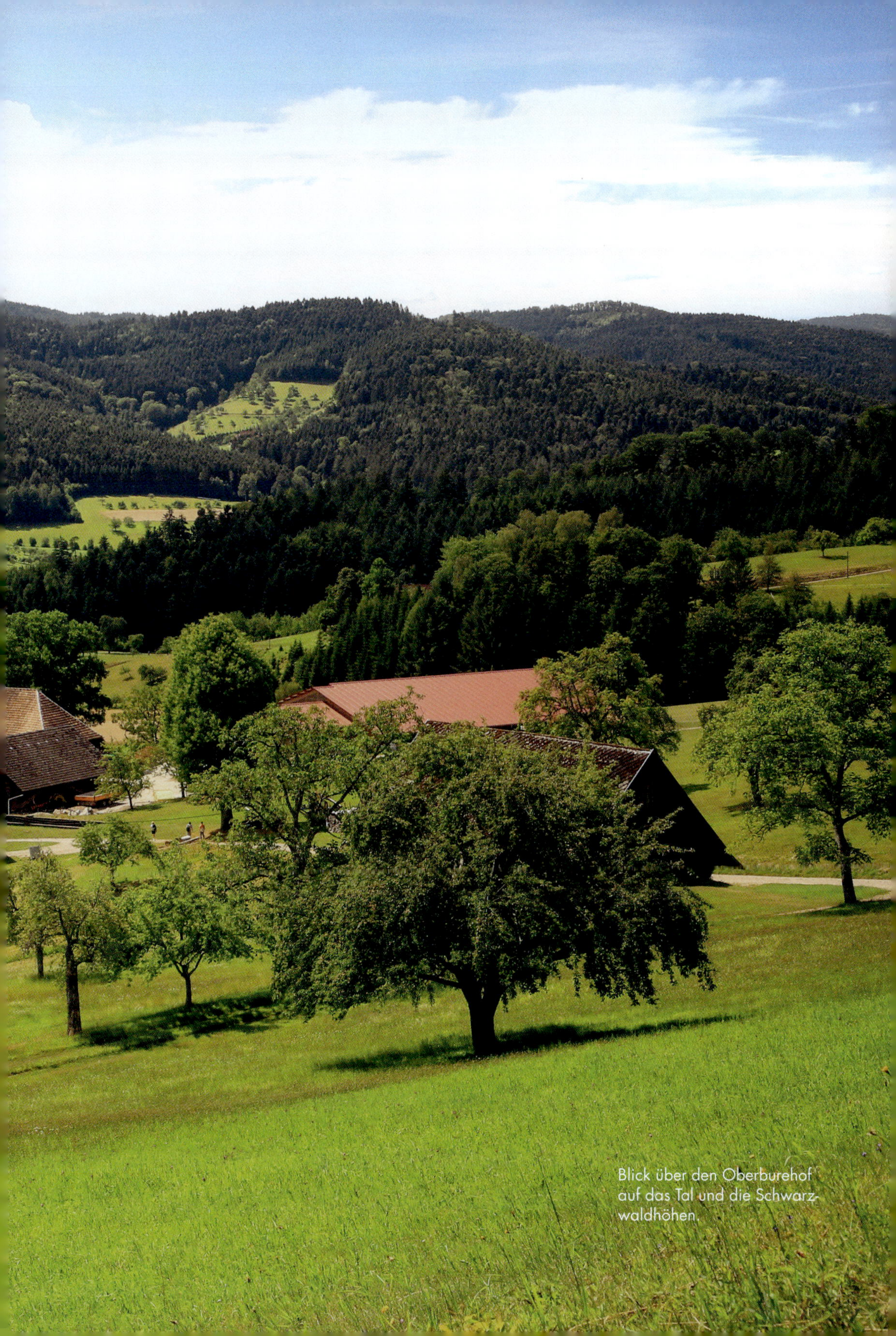

Blick über den Oberburehof auf das Tal und die Schwarzwaldhöhen.

24 Teufelsstein und Aussicht

Waldwanderung um St. Roman

schwer | 11 km | 320 Hm | 3.30 Std.

Tourencharakter
Wir wandern meist auf festen Wegen, nur zwischendurch auf Pfaden. Eine Beschilderung ist nicht immer vorhanden.

Tourenverlauf
St. Roman – Teufelsstein 0.30 Std. – Waldhans 0.50 Std. – St. Romaner Höhe 0.40 Std. – Alexenhof 1.10 Std. – St. Roman 0.20 Std.

Höchster Punkt
Vor Klausenwaldweg, 770 m

Ausgangspunkt/Endpunkt
Wolfach-St. Roman, Parkplatz, 635 m

Anfahrt
Auto: A 81 bis Ausfahrt Rottweil, dann auf der B 462 über Schramberg nach Schiltach, ab dort auf der B 294 in Richtung Freiburg bis nach Oberlehengericht, danach rechts abzweigen; GPS 48.328463, 8.289900

Einkehr
St. Roman, Benzenhof

Karte
Freizeitkarte F503 Offenburg, 1:50 000, Landesamt für Geoinformation und Landentwicklung Baden-Württemberg (LGL)

Informationen
www.wolfach.info

Die weiten Waldgebiete um St. Roman etwas nördlich des Kinzigtals weisen so manche Besonderheit auf – zum Beispiel gleich zu Anfang eine kleine Wallfahrtskirche und danach einen Teufelstein genannten großen Felsbrocken, zu dem es auch eine passende Sage gibt.

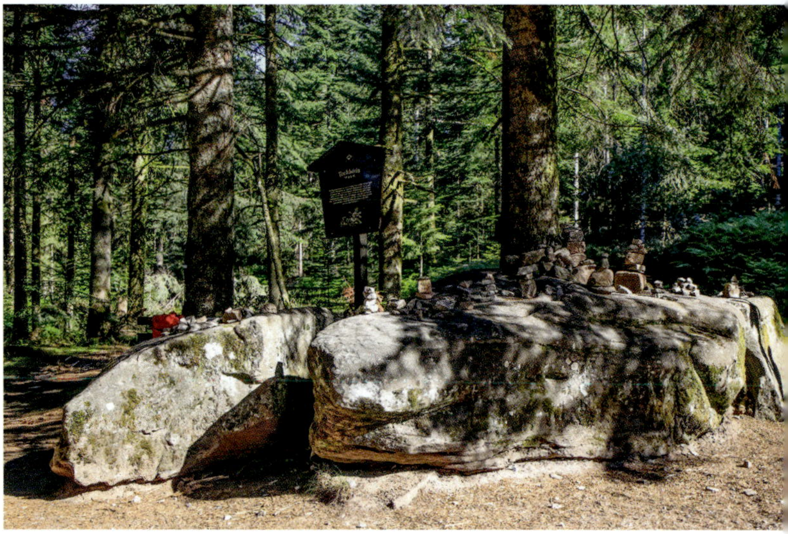

Über die Wallfahrtskirche zum Teufelstein Am Ortseingang von St. Roman steht das Wanderschild Zufahrt Eckenhöfe. Von hier aus spazieren wir zum Hotel, vor dem das Wanderschild St. Roman Adler (642 m) steht. Hier biegen wir mit dem Zeichen des Hansjakobwegs in Richtung »Teufelsstein« rechts ab. Das Sträßchen führt uns in Serpentinen hinauf zur **Wallfahrtskirche** 1.

Die Wallfahrtskirche, die auch am Jakobsweg liegt, wurde 1360 erstmals als Filialkirche von Wolfach erwähnt und 1784 zur Pfarrkirche erhoben. Sie besitzt sehenswerte Objekte aus Holz: Nicht nur die Skulpturen, sondern auch der Altartisch ist aus einem Wurzelstock gefertigt. Das gotische Sandsteinsakramentshäuschen an der Wand trägt die Jahreszahl 1481. Der Kirchenpatron St. Roman soll Mädchen geholfen haben, einen Mann zu finden, und so erhielt die Kirche am Tag des Heiligen, dem 9. August, früher auch Besuch von älteren »Mädchen«. Der Spruch dazu hieß: »Suchst Du einen Mann, wallfahr nach St. Roman.« Das heutige Bauwerk stammt von 1922, der Turm von 1902. An der Kirchendecke sieht man die Hofzeichen der Bauern der Umgebung, die beim Bau durch Mitarbeit und Spanndienste geholfen haben. An der Außenwand ist ein Gedenkstein an den Heubacher Beiförster Josef Anton Fürst angebracht, der hier mit seiner Frau und einigen seiner 13 Kinder begraben ist. Ihn hat der Schwarzwälder Volksschriftsteller Heinrich Hansjakob als »Fürst vom Teufelstein« literarisch verewigt.

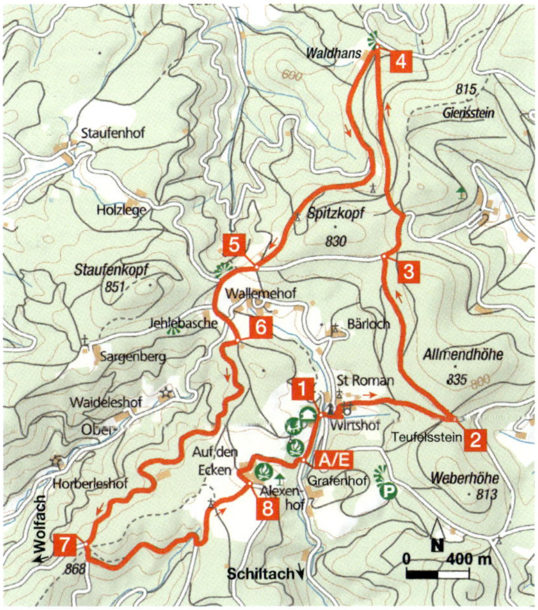

Danach kommen wir in den Wald. Wir halten uns an der Verzweigung links und steigen an bis zum **Teufelsstein** (750 m) ❷. Der etwa sechs Kubikmeter große Felsbrocken geht auf den Bau der Kirche in St. Roman zurück. Als der Teufel nämlich den Kirchenbau bemerkte, war er derart erbost, dass er die Kirche mit dem größten Stein, den er finden konnte, zerstören wollte. Da kam jedoch der Herrgott vorbei und markierte diesen Stein mit drei Kreuzen. Daraufhin wurde er so schwer, dass ihn der Teufel trotz aller Anstrengung nicht mehr anheben konnte. Sogar seine Fingerabdrücke sollen heute noch im Stein zu sehen sein.

Linke Seite: Steinmännchen auf dem Teufelsstein

Bewegte Landschaft um St. Roman

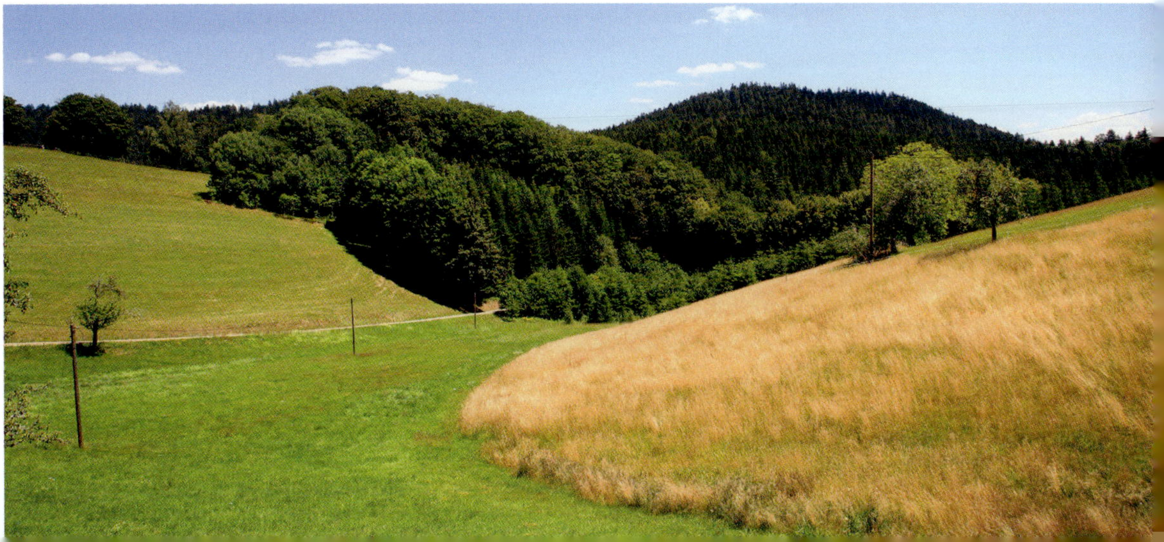

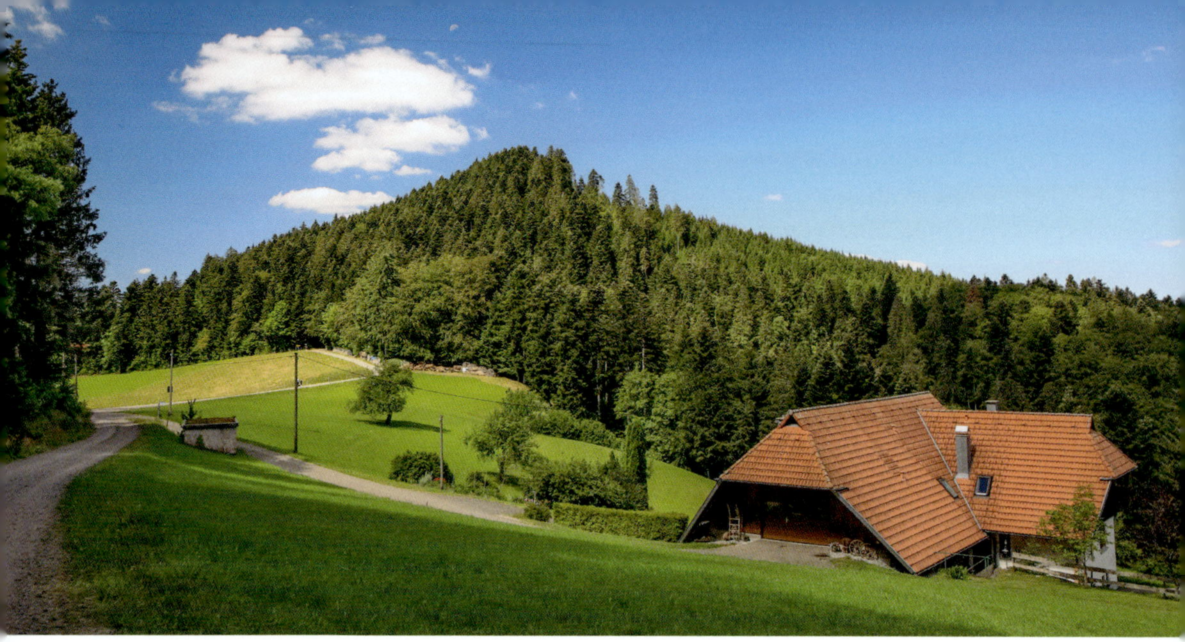

Auf der Wanderung kommt man an einigen Bauernhöfen vorbei.

Zum Hof Waldhans Wir biegen links ab in Richtung »Vorder Hals« und wandern relativ eben weiter. Dass der mit der gelben Raute markierte Weg rechts abzweigt, ignorieren wir einfach, denn dieser endet ohne Weiterführung. Der breite Weg hingegen bringt uns zum Klausenwaldweg. Wir biegen am Wanderschild **Vorder Hals** (762 m) 3 mit der blauen Raute rechts ab. Wir wandern etwas bergab und folgen dann dem Zeichen nach links zum Schild Hinter Hals (753 m).

Wir marschieren geradeaus weiter, ignorieren aber, dass der mit der blauen Raute markierte Weg rechts abknickt und richten uns stattdessen nach der gelben Raute. Es geht hinab zu einem querenden Forstweg, danach auf einem mit der gelben Raute markierten zeitweise recht schlechten Weg bis zu einem Sträßchen mit dem Schild **Waldhans** (630 m) 4.

Heinrich Hansjakob

Der Volksschriftsteller Heinrich Hansjakob (1837–1916) besuchte 1896 auch St. Roman, wobei er im Gasthaus Adler einkehrte. Damals war der Wirt der ehemalige Bachvogt aus der Zeit der Flößerei auf dem Heubach. Hansjakob schrieb über ihn, dass er »Vater von 24 lebendigen Kindern« war. Der aus Haslach stammende Hansjakob war auch Pfarrer in Hagnau am Bodensee und in Freiburg. Zudem war er politisch tätig und ein beliebter Volksschriftsteller. Ihm ist der 54 Kilometer lange Hansjakobweg gewidmet, der auch durch St. Roman führt.

Hoch zur Aussicht Nun orientieren wir uns links. Wir wandern links an dem Hof vorbei und steigen im Wald bergauf. Nach dem Wald liegt rechts der Hof Waldlehne, links steht das Schild **Kohlplatz** (725 m) 5. Hier bietet sich uns eine schöne Aussicht hinab zum Klausenhansenhof und über die Höhen des Schwarzwalds.

Wir gehen geradeaus weiter, vorbei am Schild St. Romaner Höhe (725 m) zum Schild Jehlebasche (715 m). Dort spazieren wir geradeaus zum Waldrand, wo wir auf das Schild **Schlegelsbühl** (705 m) 6 stoßen, an dem wir rechts abbiegen. Der Weg zieht gleich nach links und führt uns als breiter Forstweg in vielen Windungen am Hang entlang. Wir passieren ein Schwarzwaldhaus, das rechts versteckt im Wald steht, und erreichen schließlich das Schild **Langenberg** (605 m) 7. Hier geht es links ab und etwas bergauf. Nach einem Baum mit mehreren Stämmen fällt es auf einem Naturweg steil ab zum breiten Oberbauernhofweg. Nun halten wir uns links.

Wir stoßen auf eine ausgeprägte Linkskurve, nach der wir links auf den Eckleschleifweg abzweigen. Er führt uns hinauf zum Eckenhöhenweg, wo wir links abbiegen. Kurz darauf weist uns die gelbe Raute nach links, was wir aber ignorieren. Stattdessen wandern wir geradeaus weiter zum Waldrand. Zwischen Wald und Wiesen kommen wir zum **Alexenhof** (683 m) 8, an dem wir einen prächtigen Blick auf die Wallfahrtskirche von St. Roman haben.

Wir biegen vor dem Hof links ab und wandern hinab zum Benzenhof (675 m). Dort biegen wir rechts ab und kommen hinab zu den Parkplätzen vor St. Roman.

Blick vom Alexenhof zur Wallfahrtskirche

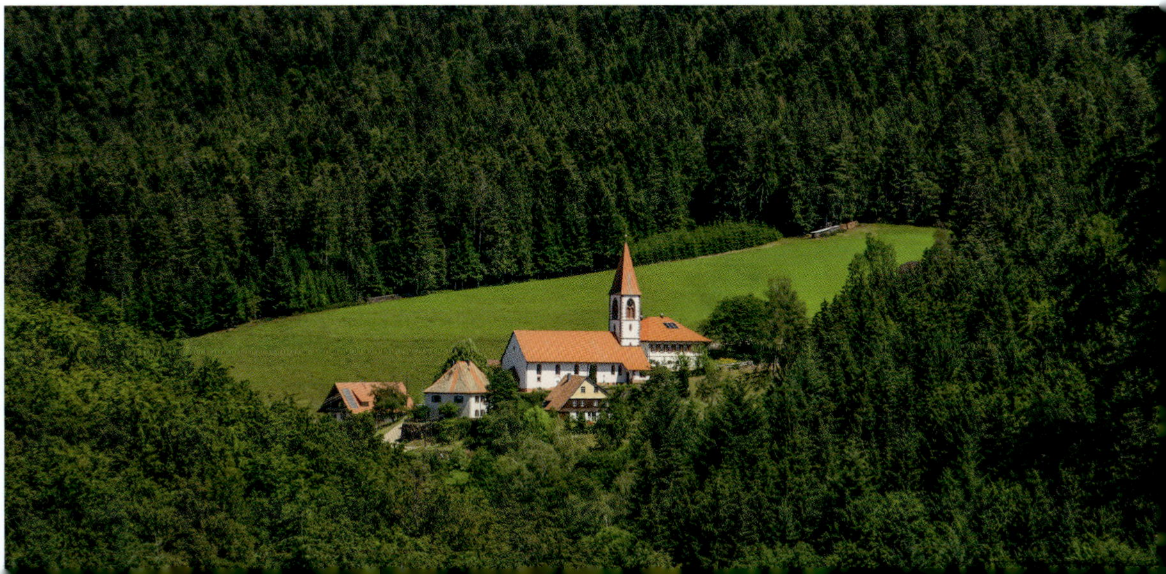

25 Vom Kloster zum Aussichtsturm

Kloster Wittichen und Teisenkopfturm

schwer	12,3 km	360 Hm	3.40 Std.

Tourencharakter
Die Wanderung verläuft auf festen Wegen und Pfaden. Am Anfang muss man gut auf die Zeichen achten.

Tourenverlauf
Kloster Wittichen – Mattenweiher 1.00 Std. – Teisenkopf 0.20 Std. – Salzlecke 1.10 Std. – Oberwittichen 0.40 Std. – Kloster Wittichen 0.30 Std.

Höchster Punkt
Zwischen Teisenkopfturm und Salzlecke, 788 m

Ausgangspunkt/Endpunkt
Schenkenzell, Kloster Wittichen, Parkplatz, 500 m

Karte
Freizeitkarte F504 Freudenstadt, 1:50 000, Landesamt für Geoinformation und Landentwicklung Baden-Württemberg (LGL)

Informationen
www.schenkenzell.de

Vom ehemaligen Kloster Wittichen steigt man durch den recht urtümlichen und naturnahen Wald hinauf zum Aussichtsturm des Schwarzwaldvereins auf dem Teisenkopf. Er gewährt einen weiten Blick über den mittleren Schwarzwald. Am Schluss sollte man sich die ehemalige Klosterkirche mit schönem Altar und Kanzel, Skulpturen und Gemälden ansehen.

Durch wilden Wald zum Mattenweiher Vom oberen Parkplatz aus gehen wir mit der gelben Raute in den Wald. Dort steigen wir entlang des munter plätschernden Beckelsbächles auf einem Pfad hinauf zu einem querenden Forstweg. Wir spazieren noch kurz in Gehrichtung weiter, doch gleich darauf beschreibt der Weg eine scharfe Linkskurve und wir zweigen rechts ab. Nun

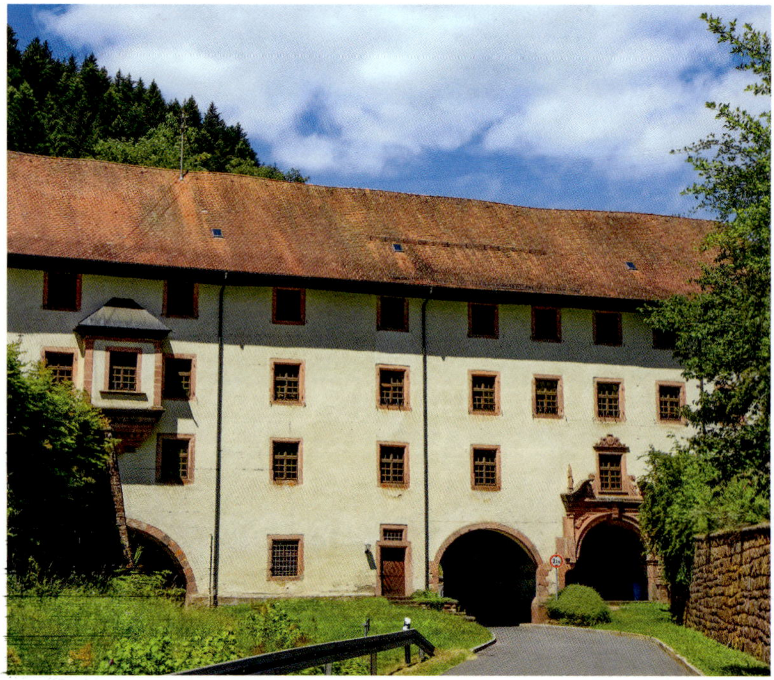

Durch ein Rundbogentor führt die Straße hinein in die Klosteranlage Wittichen.

folgen wir dem nur noch rudimentär befestigten Weg. Am ersten links abgehenden Weg steht links oben eine Hütte, wir halten uns aber geradeaus und biegen erst etwas später in den nächsten links abzweigenden Weg ein. Das Zeichen sehen wir kurz darauf nach der Linkskurve.

Anfahrt

Auto: A 81 bis Ausfahrt Oberndorf am Neckar, dann über Oberndorf, Fluorn-Winzeln und Rötenbach zur B 294 bei Alpirsbach. Hier nach Süden nach Schenkenzell, dort rechts ab nach Wittichen. Gleich nach der Durchfahrt durch das große Gebäude liegt links oberhalb ein Parkplatz; GPS 48.334936, 8.346717 Ein Ausweichparkplatz befindet sich vor der Anlage.

Bus & Bahn: Bahn und S-Bahn bis Offenburg oder Freudenstadt, weiter mit dem Bus; Info: www.efa-bw.de

Nun steigen wir auf einem teilweise breiteren Naturweg aufwärts. Wir überqueren einen Forstweg, marschieren ein Stück bergauf und stoßen bald auf den nächsten Forstweg. Ihm folgen wir, nun eben, nach links bis zur Kurve einer Straße. Dort sehen wir das Wanderschild **Waldhäusle** (630 m) ❶, auf dem »Teisenkopf« bereits angeschrieben steht. Wir gehen auf dem zweiten Weg von links weiter aufwärts und an dem rechts oben stehenden Gebäude vorbei. Wo der Zufahrtsweg zu diesem nach rechts abknickt, folgen wir dem Pfad in Richtung »Mattenhöhe«. Nun bleiben wir eine Zeitlang auf einem schönen, nur mäßig ansteigenden Pfad durch einen naturnahen Wald bis zu einem großen Platz mit den Schildern Mattenweiher (636 m) und **Mattenhöhe** ❷. Hier wenden wir uns mit der roten Raute des Mittelwegs nach rechts.

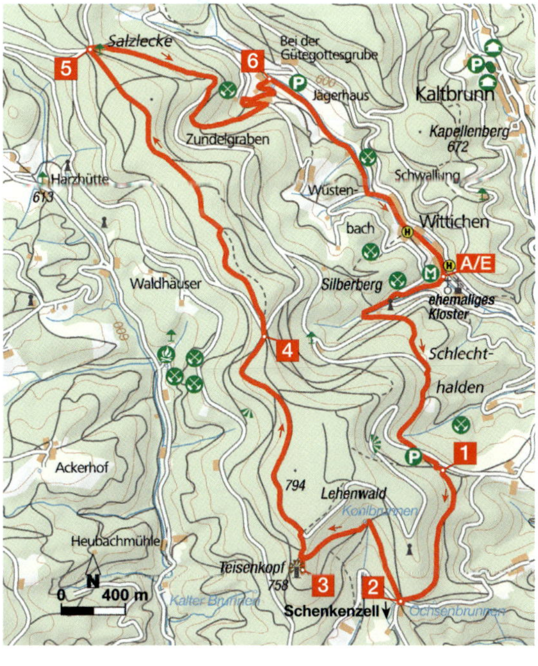

Auf den Teisenkopfturm Gleich darauf an der Verzweigung nehmen wir mit dem Zeichen den linken Weg. Es steigt mäßig an bis zu einer Linkskurve. Hier steht der Kohlbrunnen (668 m). Vor ihm kann man nach links zu einer Quelle hinabgehen, auf der linken Seite sehen wir auch eine mächtige Tanne. Nach dem Brunnen stoßen wir auf einen anderen Forstweg. Wir wandern noch kurz aufwärts, dann folgen wir dem Zeichen nach rechts auf einen steil ansteigenden Naturweg.

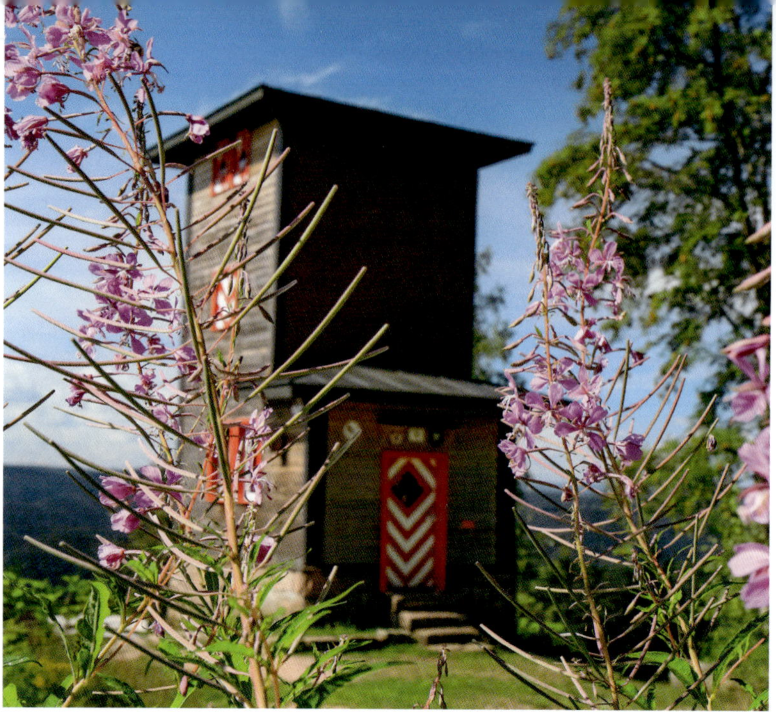

Von Blüten eingerahmt:
der Teisenkopfturm

Kloster Wittichen

Wittichen wurde 1091 als Wittichiwileri erstmals erwähnt. Das Kloster Wittichen, ein ehemaliges Klarissinnenkloster, wurde 1325 von der seligen Luitgard und 34 Mitschwestern als Klause gegründet, seine Blütezeit war im 14. und 15. Jahrhundert; 1376 wurde die Zahl der Nonnen von Gregor XI. auf 50 beschränkt. 1540 wurden die Nonnen verjagt und der Besitz eingezogen. Später kehrten sie zwar zurück, das Kloster konnte jedoch seine einstige Bedeutung nicht wiedererlangen. Nach einem Brand 1603 wurde es erst 1681 wiederaufgebaut. Die Nonnen mussten im Dreißigjährigen Krieg dreimal fliehen. 1803 wurde das Kloster von den Fürstenbergern säkularisiert, aber heute noch ist es ein beliebtes Ziel für Pilger. Beachtenswert sind die barocke Kirche mit dem Grab der Luitgart und einem Grabrelief des Herzogs Rainold IV. von Urslingen sowie das Klostermuseum. An der Außenseite des Abteigebäudes (17. Jh.) befinden sich ein prächtig geschmücktes Portal sowie ein Erker. In der 1681 auf einem gotischen Vorgängerbau errichteten Kirche findet man einen Hochaltar aus der Erbauungszeit mit einem Gemälde der Marienkrönung, eine Allerheiligendarstellung sowie eine schöne Kanzel (um 1720) mit der Figur der Luitgard auf dem Schalldeckel.

Während des Dreißigjährigen Krieges ging der hiesige Bergbau fast vollständig zurück, erst am Beginn des 18. Jahrhunderts blühte er wieder auf. Abgebaut wurden unter anderem Silber, Kobalt, Fluss- und Schwerspat. Das Kobalt wurde in einem Werk bei Wittichen vearbeitet; auch das Delfter Blau des niederländischen Porzellans stammt vermutlich teilweise aus den Witticher Gruben. Und das Mineral Wittichenit ist nach dem Ort benannt.

Das Klostermuseum ist nach Anmeldung geöffnet (Tel. 0 78 36/93 97 51).

Dieser bringt uns hinauf zu einer Verebnung mit dem Schild Teisenkopf (780 m). Zum **Aussichtsturm** ❸ geht es 200 Meter nach links. Dort finden wir auch Tische und Bänke zum Rasten – ist es kalt oder regnerisch, kann man sich auch in seinem Inneren ausruhen.

Forstweg mit Aussicht Danach spazieren wir zurück zum Wanderschild. Nun folgen wir dem Mittelweg in Richtung »Salzlecke«. An der Verzweigung nehmen wir den rechten etwas ansteigenden Weg. Er bringt uns zu einem querenden Forstweg, dem wir in Gehrichtung folgen. Auf ihm wandern wir nun eine Weile eben weiter; nach links haben wir ab und zu einen schönen Ausblick auf die Landschaft.

An einem **großen Platz** ❹ mit einigen abgehenden Wegen wählen wir den zweiten Weg von links. Später fällt der Weg ab und wir kommen zu einer Kreuzung mit einer Hütte. Vor ihr steht das Schild **Salzlecke** (763 m) ❺. Wir zweigen gleich nach der Hütte rechts ab und folgen dem Forstweg ein paar Minuten. Nach einer Rechtskurve dürfen wir aber den links abgehenden Pfad mit den Zeichen des Hansjakobswegs (Hut) und des Kinzigtaler Jakobuswegs (stilisierte Jakobsmuschel) nicht verpassen.

Nun führt uns ein Naturweg steil hinab zu einem asphaltierten Weg. Wir halten uns links, biegen aber kurz darauf nach der Rechtskurve scharf rechts ab. Etwas später erreichen wir das Tal beim Schild **Hinterwittichen** (550 m) ❻. Wir orientieren uns rechts und wandern auf dem Sträßchen zurück zum Ausgangspunkt.

Auch vor dem Teisenkopfturm kann man bei schönem Wetter eine Rast einlegen.

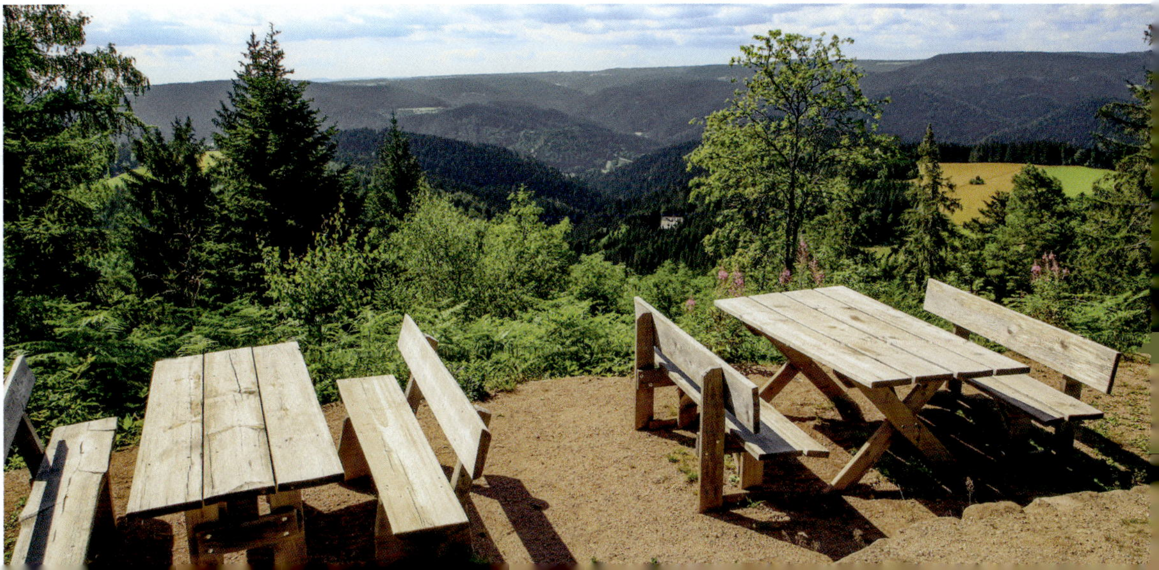

Register

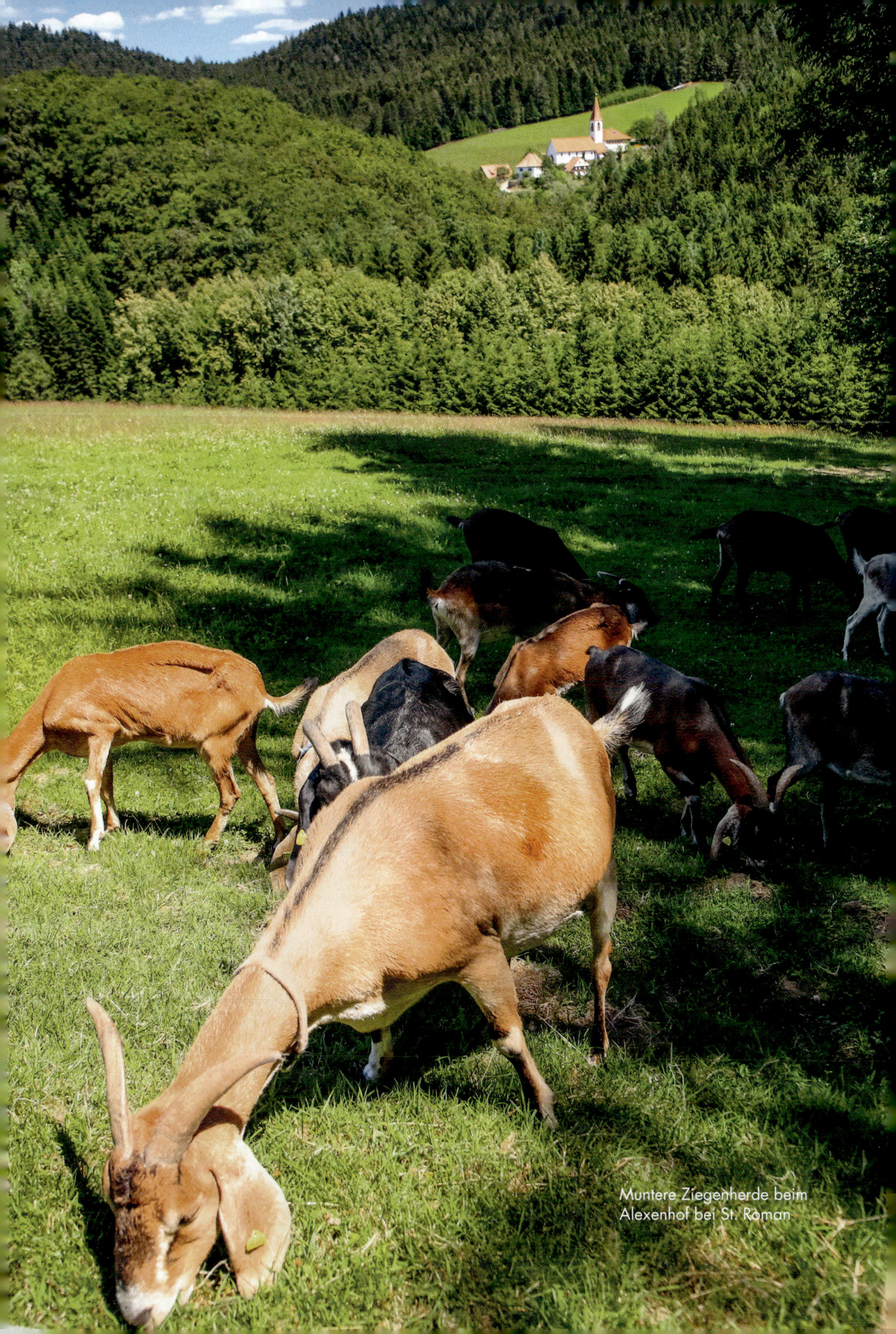

Muntere Ziegenherde beim Alexenhof bei St. Roman

Impressum

Verantwortlich: Stefanie Krüger, Miriam Gieler
Lektorat und Satz: Verlagsbüro Wais & Partner, Stuttgart
Repro: Cromika
Kartografie: Bruckmann Verlag GmbH, Heidi Schmalfuß
Herstellung: Stephanie Schlemmer
Printed in Slovenia by Florjancic

★★★★★

Sind Sie mit diesem Titel zufrieden? Dann würden wir uns über Ihre Weiterempfehlung freuen. Erzählen Sie es im Freundeskreis, berichten Sie Ihrem Buchhändler oder bewerten Sie beim Onlinekauf. Und wenn Sie Kritik, Korrekturen, Aktualisierungen haben, freuen wir uns über Ihre Nachricht an Bruckmann Verlag, Postfach 40 02 09, D-80702 München oder per E-Mail an lektorat@verlagshaus.de.

Unser komplettes Programm finden Sie unter www.j-berg-verlag.de

In diesem Buch wird aus Gründen der besseren Lesbarkeit das generische Maskulinum verwendet. Weibliche und anderweitige Geschlechteridentitäten sind dabei ausdrücklich mitgemeint, soweit es für die Aussage erforderlich ist.

Empfehlung der Redaktion
Sie sind auf der Suche nach weiterführender Literatur? Dann empfehlen wir Ihnen den Titel »Erlebnis-Wanderungen Nationalpark Schwarzwald« von Dieter Buck. Oder Sie werfen einen Blick in die Zeitschrift »Schöner Südwesten«. Hier werden Sie bestimmt fündig.

Bildnachweis: Alle Bilder im Innenteil und auf den Umschlagseiten stammen vom Autor mit folgenden Ausnahmen: Umschlagvorderseite (mauritius images/RODRUN/Knöll), Autorenfoto (© Melanie Buck)
Umschlagvorderseite: Felsgruppe mit Treppe im Wald bei der Ruine Waldeck (Tour 13)
Umschlagrückseite: Panoramaweg mit Blick über die Schwarzwaldhöhen (Tour 17)

Die Deutsche Nationalbibliothek verzeichnet diese Publikation in der Deutschen Nationalbibliografie; detaillierte bibliografische Daten sind im Internet über http://dnb.d-nb.de abrufbar.

Infanteriestraße 11a
80797 München

ISBN 978-3-86246-761-7